Das Böse

Mit Beiträgen von

Regina Ammicht Quinn
Eugen Biser
Wolfgang Bonß
Renate Breuninger
Wolfgang Gantke
Horst-Jürgen Gerigk
Hansjörg Hemminger
Micha Hilgers
Hans-Klaus Keul
Peter L. Oesterreich
Lutz Richter-Bernburg
Rüdiger Safranski
Wilhelm Schmidt-Biggemann
Hans Schwarz
Peter Welsen

HUMBOLDT-STUDIENZENTRUM
Universität Ulm
2003

Bibliografische Information der Deutschen Bibliothek
Die Deutsche Bibliothek verzeichnet diese Publikation in der Deutschen Nationalbibliografie;
detaillierte bibliografische Daten sind im Internet über http://dnb.ddb.de abrufbar.

(c) 2003, *HUMBOLDT-STUDIENZENTRUM*, Universität Ulm
Umschlaggestaltung: Graphikdesign Verlagsservice Reutlingen
Herstellung: Zentrale für Photo, Graphik und Reproduktion,
Am Hochsträß 8, 89081 Ulm.

Auslieferung: *HUMBOLDT-STUDIENZENTRUM*, Universität Ulm
Albert-Einstein-Allee 11, 89081 Ulm
Printed in Germany ISBN 3-928579-19-3

Bausteine zur Philosophie
Interdisziplinäre Schriftenreihe des Humboldt-Studienzentrums
Universität Ulm
herausgegeben von Renate Breuninger
begründet von Klaus Giel

Band 20: Das Böse

Übersicht

	Seite
Vorwort	7
Renate Breuninger Einleitung	9

I) Einzelwissenschaftliche Aspekte

Micha Hilgers Gute Gründe für das Böse? Psychoanalytische Überlegungen zu Terror und Gewalt	29
Wolfgang Bonß Das Böse als soziales Phänomen	45
Horst-Jürgen Gerigk Dostojewskijs Begriff des Bösen	71
Hansjörg Hemminger Das sogenannte und das wahre Böse: Aggression, Schmerz und Tod in Natur und Kultur	85

II) Religion und Theologie

Hans Schwarz Das Böse im Alten Testament	93
Eugen Biser Nur der Friede rettet die Welt. Anstöße zu einem neuen Friedensbewusstsein	107

Lutz Richter-Bernburg
Das Böse im Islam   121

Wolfgang Gantke
Das Problem des Bösen
in religionsgeschichtlicher Perspektive   137

III) Philosophie

Peter Welsen
Das Böse und das Problem der Freiheit   169

Hans-Klaus Keul
Die verkehrte Ordnung des Sittlichen.
Zu Kants Philosophie des radikal Bösen   187

Peter L. Oesterreich
Das primum movens aller Geschichte:
Schellings anthropogenetische Lehre vom Satan   209

Renate Breuninger
Das Böse in der Philosophie der Subjektivität   223

Wilhelm Schmidt-Biggemann
Das Böse. Aphorismen und Aporien   243

Rüdiger Safranski
Das Böse und die Freiheit   259

Regina Ammicht Quinn
Die Theodizeefrage und ihr Kontext.
Ein neuer Blick auf Lissabon und Auschwitz   283

Die Autoren   309

Vorwort

Nicht nur aus dem aktuellen Anlass des 11. Septembers 2001, sondern als ein Grundproblem menschlicher Wirklichkeit, war das Böse Thema des Philosophischen Salons und des 3. Ulmer Humboldt-Colloquiums beim Humboldt-Studienzentrums, wo Philosophen, Theologen, Mediziner und Psychotherapeuten, Kultur- und Literaturwissenschaftler, Verhaltens- und Naturwissenschaftler ins Gespräch gekommen sind. Der vorliegende Band 20 der Reihe "Bausteine zur Philosophie" dokumentiert dieses Symposion, das die Bezeichnung "interdisziplinär" mit vollem Recht trägt.

Danken möchten wir allen Beitragenden, die sich trotz vielfältiger Verpflichtungen der Mühe einer schriftlichen Fassung ihres Vortrages unterzogen haben. Zu danken ist ebenso Frau Marie-Luise Hefuna und Herrn Sebastian Rösler, die für die Textaufbereitung zuständig waren. Danken möchten wir schließlich der Ulmer Universitätsgesellschaft, insbesondere Herrn Ludwig und Herrn Engmann sowie Herrn Mayer, die uns die Durchführung und nun auch die Drucklegung der Ulmer Humboldt-Symposien ermöglicht haben.

November 2003   Renate Breuninger

Einleitung

Das nachmetaphysische Denken hat unendliche Mühe mit dem Bösen. Es scheint, dass es keinen Raum und keine Sprache mehr hat, das Böse zu fassen. Von der „Präsenz des Bösen" ist die Rede, einer Gegenwärtigkeit, die erst ex post nachvollzogen und nicht begrifflich erklärt werden kann. Das Böse ist die Chiffre für das Unbegreifliche, das Unerklärliche, das in die Welt einbricht und diese korrumpiert. Und in diesem Sinne hat Rüdiger Safranski wohl recht, wenn er hervorhebt: „Das Böse ist kein Begriff, sondern ein Name für das Bedrohliche, das dem freien Bewußtsein begegnen und von ihm getan werden kann: es begegnet ihm in der Natur, dort, wo sie sich dem Sinnverlangen verschließt, ...in der Kontingenz,... im Fressen und Gefressenwerden. In der Leere draußen im Weltraum ebenso wie im eigenen Selbst, im schwarzen Loch der Existenz."[1]

Nicht von ungefähr war das Böse in der langen Tradition der Philosophie immer in Bezug auf seine theologische Rechtfertigung gesehen worden. Ohne Zuhilfenahme des theologischen Erbes konnte die Philosophie nicht vom Bösen reden. Da war zum einem vom *Malum metaphysicum* die Rede, als das Böse, das zur Welt gehört, weil diese immer unvollkommen ist. Das Böse gehört zur Verfassung des Menschen, es ist mit seiner Endlichkeit gegeben. Es ist der Mangel des Guten, gut im Sinne von Vollkommenheit. Gut kann nur Gott sein, der Mensch als sein Geschöpf hat einen geringeren Grad an Vollkommenheit. Da ist zum anderen vom *Malum physicum* die Rede, das als Übel und Leiden unabhängig und nicht verschuldet vom Menschen in der Welt ist. Schließlich wird noch vom *Malum morale* geredet, dem Bösen, das in Bezug zum Menschen steht und das er selbst begangen hat. Doch ist hier nicht geklärt, ob das Malum morale dem

---
[1] Rüdiger Safranski, Das Böse oder das Drama der Freiheit, S. 14.

Menschen selbst innewohnt, ihm quasi als Erbsünde mitgegeben wurde oder ob es selbst verschuldet ist, also hätte vermieden werden können.

So erscheint das Böse trotz Aufklärung bis heute als ein feindliches Prinzip, das in der gläubigen Rede als Satan, Teufel, Luzifer usw. bezeichnet wird. Selbst dann, wenn das Böse nicht so personifiziert und dem Menschen selbst zugesprochen wird, gilt es als unheilvoll und wird aus der Gesellschaft ausgegrenzt. Dabei ist auch dem aufgeklärten Bewusstsein klar, dass das „Böse" nicht wegrationalisiert werden kann, dass es nicht aus der Welt auszuschließen ist. Hinter der Bezeichnung „böse" verbirgt sich wohl die Annahme einer Macht, die das Übel in der Welt bewirkt. In dieser Annahme scheint auch der substantivische Gebrauch von böse (das Böse) gerechtfertigt zu sein. Es erhebt sich hier aber sofort die Frage, ob sich in dieser Annahme einer feindlichen Macht nicht ein Rechtfertigungsversuch verbirgt. Alles Übel wird dieser Macht angelastet, wodurch der Mensch sich zu entlasten strebt. So empfiehlt es sich also, von einem adjektivischen Sprachgebrauch auszugehen. „Böse" sind zunächst einmal die Übel, von denen man betroffen wird, die Krankheit, der Tod, die Unfälle, die Schicksalsschläge, die einem zustoßen. Damit wären wir aber wieder beim *Malum physicum* angelangt. Die Aufklärung hat die Übel der Welt auf erkennbare Ursachen zurückzuführen versucht und sie damit ihrer metaphysischen Qualität beraubt. In einer rational berechenbaren Welt hat das Böse keinen Platz mehr. In der Folge wird das Böse zu einer sittlichen Kategorie. Böse kann nur der menschliche Wille sein, aus dem Handlungen hervorgehen, die dem Menschen unzuträglich sind. Vor diesem Hintergrund wurde die Frage nach dem Bösen zur Problematik der Verkehrung des an sich vernünftigen Willens. Kant hat sich – bezeichnenderweise in seinen religionsphilosophischen Schriften – mit dem „faulen Fleck" der Gattung angemüht, vor dem niemand gefeit ist.

Der Schrecken des Bösen liegt darin, dass es nicht leicht zu durchschauen ist, sondern erst dann, wenn es schon Besitz von unserer Welt genommen hat. Noch schlimmer: Selbst dann, wenn wir es gar nicht wollen, fügen wir anderen Böses zu. Ja, selbst unsere besten Absichten verkehren sich mitunter ins Gegenteil und lassen uns schuldig werden. Ist das nun der theologische Rest, der immer noch dem Umgang mit dem Bösen anhaftete, sozusagen die theologische Eierschale, aus der es geschlüpft ist und die das Böse nie los wird?

Worin liegt also die innere Problematik des Bösen? Die Schwierigkeit besteht gerade auch für Kant darin, das in einem genuin theologischen Vokabular Ausgesagte in die Sprache der Philosophie zu übersetzen. Die Philosophie hat die Theologie sozusagen beerbt, ein Umstand, der freilich auch auf die Ursprünge der Philosophie verweist. Dies wird nicht zuletzt am Beginn der neuzeitlichen Metaphysik deutlich. Die neuzeitliche Erkenntnislehre, die die Vernunft als einzige Quelle des Erkennens gelten lässt, war, wenn die Erkenntnisse wahr sein wollen, zur Annahme einer vernünftig geordneten Wirklichkeit gezwungen. Descartes musste daher zur Stützung der Vernunfterkenntnis den Gottesbeweis einführen.

In einer vernünftig geordneten Welt, wo die Vernunft zum Subjekt der Wirklichkeit erhoben wurde, sind die Übel nur in einem die Schöpfungsordnung rechtfertigenden Diskurs, in der Theodizee, zu behandeln. Noch im Nachhall der Theodizee wird dem Bösen als „Preis der Freiheit" oder als „Preis des Guten" ein theoretischer Ort zugewiesen. Das aber wiederum, so wird in der neueren Literatur festgestellt, führt zu einer „Depotenzierung des Bösen".[2] Der Blick auf das Ganze spricht dem Bösen Sinnhaftigkeit zu, wodurch gerade der Schrecken und das Entsetzliche, das Unerklärbare des Bösen getilgt und verharmlost werden. Denn dann nämlich, wenn das Böse zum „Drama menschlicher Freiheit"

---

[2] Willi Oelmüller, Ist das Böse ein philosophisches Problem? In: Philosophisches Jahrbuch 98 (1991), S. 259.

(Safranski) gehört, ist der Mensch nicht mehr der Urheber des Bösen. Das Ganze vermag er nicht mehr zu durchschauen, und somit ist er auch nicht mehr in der Lage, selbstbestimmt zu handeln. Der Mensch ist in Prozesse verwickelt, für deren Dynamik er letztlich nicht mehr verantwortlich ist. Erklärt sich von hier der obenbeschriebene Sachverhalt der Perversion des Guten in das Böse?

Selbst noch Freuds Ausführungen zum „Todestrieb" scheinen sich im Horizont einer – allerdings paradox gewordenen – Theodizee „ohne Gott" zu bewegen. Indem im Todestrieb ein dem Menschen immanentes Prinzip, das quer zum Lebenstrieb steht, konstruiert ist, wird darin die ontologische These von der verfehlten Schöpfung aufgenommen. Das Böse gilt somit als eine vorgeschichtliche „Hypothek" des Daseins, als der „Sündenfall", der mit dem Leben selbst beginnt. Die Willensmetaphysik Schellings und Schopenhauers wird darin, in moderner Instrumentalisierung, weitergedacht. Denn Schellings „dunkler Grund, auf dem alle Persönlichkeit ruht" und Schopenhauers „dunkler Drang" fassen dementsprechend das Böse als Abgrund, der sich im Menschen selbst auftut. Und auch Kant redet von einem nicht weiter zu definierenden Hang zum Bösen.

Wird darin einfach nur das Böse, das ehemals auf eine den Menschen transzendierende Macht projiziert wurde, zurückgenommen und dem Menschen zugeschrieben? Damit bliebe aber doch die vorgeschichtliche Gestalt des Bösen als einer nicht berechenbaren Macht erhalten. Nicht von ungefähr waren es die Dichter, die vom Bösen fasziniert waren und es in seinem düsteren Glanz beschworen haben. Das Böse wurde geradezu als eine ästhetische Kategorie beansprucht.

Wie kann heute sinnvoll vom Bösen geredet werden? Nehmen das Böse und seine spezifischen Formen und Ausprägungen überhand? Sind wir es, die den Anderen als böse bezeichnen, ihn etikettieren, ihn stigmatisieren? Ist das Böse eine Frage der Etikettierung und damit immer auch der Wahrnehmung und Interpretation? Überspitzt geredet: Ist das Böse relativ – je nach herrschender Gesellschaftsordnung? Auf jeden Fall steht fest, dass das Böse immer wieder an bestimmten Personen und Gruppen festgemacht, quasi personifiziert wird, um es zurechenbar, benennbar und damit auch verfügbar zu machen. Hier hat sich seit den Hexenverfolgungen nichts geändert. Schon die Autoren der „Dialektik der Aufklärung" haben festgestellt, dass auch eine noch so radikal betriebene Aufklärung an ihr Ende kommt und das Böse sich hartnäckiger und radikaler erweist als gehofft. Waren es einst die dämonischen Mächte, denen wir das Böse zuschrieben, so scheint es heute so zu sein, dass die komplexen Funktionszusammenhänge den Einzelnen keinen eigenen Spielraum mehr einräumen. In der einen Gesellschaft wird etwas als böse bezeichnet, was in einer anderen noch als gut benannt wird. Böse sind nicht wir, sondern die Anderen, die uns wiederum für böse halten und von daher die Rechtfertigung ihres Kampfes nehmen. Sind gut und böse relative Werte? Dennoch: Muss es nicht so etwas wie anthropologische Grundkonstanten geben, denen sich jede Gesellschaft zu verpflichten hat, wie beispielsweise die Menschenrechte?

Entscheidend ist die Frage, ob in einem differenzierten Begriff des Bösen Grundzüge der menschlichen und geschichtlichen Wirklichkeit erhellt werden können. Muss sich der Mensch immer selbst erhöhen und verlangt sein Handeln im Namen „höherer" Ordnungsprinzipien (Menschen-)Opfer? Die Möglichkeit oder Unmöglichkeit, über das Böse in begrifflicher Form zu reden, ist unter Hinblick auf den Aufbau einer zeitgemäßen Ethik von höchster Bedeutung. Es scheint, dass von der Wahrnehmung des Bösen auch die Wahrnehmung der Moral abhängt.

Ziel des vorliegenden Bandes ist es nun keineswegs, das Böse in seiner ganzen historischen und systematischen Breite zu erfassen. Es ging uns nur darum, einzelne entscheidende Knoten- und Schlüsselpunkte auszuleuchten. Dabei ergab sich eine Dreiteilung. In einem ersten Teil sind die verschiedenen Einzelwissenschaftler zu Wort kommen: der Psychoanalytiker, der Soziologe, der Verhaltens- und der Literaturwissenschaftler. In einem zweiten Teil werden die Beiträge der

Religionswissenschaft und Theologie aufgeführt. Und schließlich wird die Philosophie das Wort ergreifen.

Wir hoffen, die vielfältigen Facetten am Ende zu einem großen Ganzen zusammenknoten zu können, um wenigstens Impulse und Denkanstöße zu vermitteln.

I. Das Böse in den Einzelwissenschaften

Horst-Jürgen Gerigk findet eine erste Antwort in Dostojewskis großem Roman „Schuld und Sühne" und „Die Brüder Karamasow". Das Böse, so Gerigk, erweist sich in der Psychopathologie der Täterpersönlichkeit. Es ist nicht einfach nur in der Welt vorhanden, sondern kann als der Wahnsinn des Eigendünkels begriffen werden. Das Böse ist in der Welt, weil es vom Menschen gewünscht wird. Es ist, was Menschen aneinander antun. Es liegt im freiheitlichen Tun des Täters, der nichts dem Zufall überlässt, sondern planmäßig kalkulierend vorgeht, so dass das Opfer sich im Zustand völliger Wehrlosigkeit befindet. Der Täter hat bei Dostojewski bis zuletzt die Möglichkeit, von seinem Tun abzulassen. Nur ein einziges Mal schildert Dostojewski in der Person des Dimitrij Karamasow programmatisch, wie der Täters seine Freiheit positiv nutzen kann. Dimitrij Karamasow, der fest entschlossen ist, seinen Vater umzubringen, hat schon seine Mordwaffe, einen Mörserstößel, erhoben, als er plötzlich, ohne die Tat begangen zu haben, das Weite sucht. ~~Für das Ablassen von der Tat ist ausschlaggebend, dass der Täter den Anblick des von Krämpfen heimgesuchten Opfers nicht mehr ertragen kann und fliehen muss.~~

Gerigk weist in den „Brüder Karamasow", dem letzten Roman Dostojewskis, in dem dieser die Summe seines Nachdenkens über die Schuld zieht, drei Phasen der Wirklichkeit des Bösen nach, die drei Haltungen des Menschen zu bösen Wünschen entsprechen. Damit das Böse wirklich werden kann, muss es zuvor ausdrücklich gewünscht werden. In dieser ersten Phase, in der das Böse nur einer Ahnung einer Möglichkeit gleichkommt, kann es noch abgewiesen werden. Erst wenn der Wunsch in der zweiten Phase in eine offene Bejahung übergeht und gewollt wird, verwirklicht sich das Böse. Schließlich gehört zum Bösen als dritte Phase die Exekutive, die Tat. Spannend an diesem Phasenmodell ist, dass das Böse eben nicht nur die Ausführung der Tat ist, sondern bereits der Wunsch, der bloße Gedanke, gleichermaßen dazugehören. Schuldig sind wir nicht allein durch unser Tun; der Wunsch, ja schon der Gedanke konstituiert das Böse, so lautet die Antwort des russischen Dichters. Genau aus diesem Grund wird auch Dimitrij schuldig: Er, der die Tat nicht begangen hat, hat dennoch das Verbrechen durch Wunsch und Bejahung faktisch erwirkt.

Wie sieht es heutzutage mit dem Bösen aus? Nimmt es überhand und kann angesichts der allgegenwärtigen Gewalt in der Gesellschaft von einer Renaissance des Bösen gesprochen werden? Erreicht das Böse gerade heutzutage nie gekannte Ausmaße? „Gibt es gute Gründe für das Böse?" so nennt der Psychiater *Micha Hilgers* seine psychoanalytischen Überlegungen zu Terror und Gewalt. Dabei lautet seine These: Gewalttaten sind nicht Ausdruck des Verlustes von Werten oder Orientierung, sondern stehen durchaus im Einklang mit dem Gewissen und damit mit höchsten Werten und Idealen. Terror- und Gewaltakte werden nicht von skrupellosen „Unmenschen", sondern als Akte der Gerechtigkeit oder der Befreiung im Namen Gottes, des Volkes, einer Nation, einer Utopie oder des eigenen Selbst begangen. Gewalttaten werden daher vom Einzelnen nicht als böse, sondern immer im Einklang mit dem Gewissen als gerecht oder gut bezeichnet. Das Entstehen von Ressentiments und damit verbundene destruktive Hassgefühle lassen das Gewissen totalitär werden, so dass sich dieses mit dem Gefühl dauerhafter Ungerechtigkeit verbindet. Erst durch die subjektiv wiederhergestellte Gerechtigkeit, dann, wenn der Andere, der „böse" Widersacher, seine „gerechte" Strafe erfahren hat, stellt sich der zutiefst gestörte narzisstische Gleichgewichtszustand der eigenen Person wieder her. Die „gerechte" Strafe geht hierbei bis an ihre äußerste Grenze; selbst der eigene Tod kann noch als gerechtfertigt erscheinen.

In der Soziologie, so die Ausführungen von *Wolfgang Bonß*, ist das Böse keine originäre Kategorie. Wie schon Nietzsche in seiner „Genealogie der Moral" gezeigt hat, sind gut und böse keine ethischen, sondern soziale, das heißt vom Menschen selbst geschaffene Kategorien. Im 18. Jahrhundert setzt eine Entzauberung des Bösen ein: Das Böse wird vermenschlicht. Es gibt keinen Teufel mehr, der das Böse personifiziert. Damit verbunden ist ein Perspektivenwechsel von Gut/Böse zu „Normal/Anormal", wie Foucault nachgewiesen hat. Das Böse wird nun als behandlungsbedürftig ausgegrenzt und in psychiatrische Anstalten oder Gefängnisse weggesperrt.

Der Überzeugung von der Rationalisierbarkeit des Bösen tritt Freud mit großer Skepsis gegenüber. Wenn er in seinem Spätwerk neben einem Lebenstrieb von einer angeborenen Neigung zur Destruktion spricht, muss aus soziologischer Perspektive Vorsicht bei der Verknüpfung des Bösen mit der conditio humana geboten werden. Die Sozialwissenschaftler des 20. Jahrhunderts sind einhellig der Meinung, dass das Böse ein notwendiges Übel aller Vergesellschaftszusammenhänge sei und nicht beseitigt werden könne. Gestützt wird diese Position durch die Erfahrungen des Zweiten Weltkrieges und besonders des Holocaust, die endgültig den Aufklärungshoffnungen der Moderne den Garaus machen. Hannah Arendts These von der „Banalität des Bösen" bringt eine neue Akzentsetzung und zwar dadurch, dass das Böse nicht mehr mit einem „teuflischen Subjekt" verknüpft, sondern als der „bürokratischen Rationalität" entsprungen angesehen wird. Das Böse entsteht absichts- und intentionslos, es ist immer verbunden mit der Neigung, es zu simplifizieren und zu personalisieren.

Der Begriff des Bösen in der Soziologie steht immer in Zusammenhang mit „Norm", „Abweichung" und „Sanktion". Ab wann ist aber eine Normbefolgung als „gut" und eine Normabweichung als „böse" zu bewerten? Bewertungen sind demzufolge immer eine Sache der jeweiligen Praxis einer Gesellschaft und fallen somit in den Bereich der Akzeptanz und Legitimation. Verhaltensmuster, die in einer Gesellschaft als „gut" klassifiziert werden, können in einer anderen sehr wohl als „böse" angesehen werden. Weitere Merkmale zur Bestimmung des Bösen sind Schaden, Unerwartbarkeit und Unberechenbarkeit. Als böse wird etwas bezeichnet, wenn es Schaden an „Vermögen, Leib und Leben" verursacht und ebenso, wenn es plötzlich und unvorhersehbar auftritt.

Für die Soziologie, so Bonß, lassen sich abschließend in Bezug auf das Böse drei Theoreme, mit denen es beschrieben wird, feststellen: die Devianz und Kriminalität, die Korruption und schließlich die Aggression und Gewalt. Dabei ist wichtig, dass Kriminalität sozial strukturiert ist. Dennoch scheint das Böse auch dann, wenn sich die sozialen Kontexte verändern, in der Welt zu sein. Auch eine noch so aufgeklärte Gesellschaft muss mit dem Bösen rechnen und leben.

Was sich in der Philosophie noch als dunkler Drang oder dunkler Wille artikuliert, erscheint in der naturwissenschaftlich orientierten Terminologie als Aggression und Luststreben. Der Verhaltensbiologe *Hansjörg Hemminger* führt ganz in der Weise von Konrad Lorenz aus, dass Aggression und aggressive Verhaltensweisen durchaus einen lebenserhaltenden Sinn haben und sozusagen noch als Rest archaischer Stammeskulturen in jedem Menschen erhalten sind. Werden sie unter bestimmten Umständen freigesetzt, somit ihrer natürlichen Grundlage beraubt, pervertiert diese naturgegebene Aggressivität zum Bösen und entfaltet ein zerstörerisches Potential. Hemminger weist auf die bekannten Gefängnis-Experimente von Zimbardo in Stanford hin, denen zufolge die Verführbarkeit durch eine Autorität ungeahnte Grausamkeit gegenüber anderen freisetzt. Formen der Aggression sind durchaus auch heute noch vorhanden, sie zeigen sich in Neid, Missgunst, Eifersucht oder auch Mobbing. Aggressivität wird somit zwar in einer Gesellschaft gebändigt, aber zugleich auch wieder freigesetzt. Hemminger spricht von einer „Rückkopplungsschleife". Genetische Information kann durch Lernen als Kulturleistung des Menschen verändert werden. Wie weit also Aggression ausgelebt werden kann, hängt somit wiederum damit zusammen, wie weit eine Gruppe und ihre gültige Ordnung dies sanktioniert oder verhindert. Dass das Potential dazu vorhanden ist, steht außer Frage.

II. Religion und Theologie

Für den Theologen kann Gott nicht für das Böse verantwortlich gemacht werden, es liegt ausschließlich in der Eigenverantwortung des Menschen. Das Böse ist gottwidriges Verhalten und von daher sündhaft. Der Terminus „Sünde" ist die Bezeichnung für das von Menschen verursachte Böse. Woher das Böse kommt, dafür gibt es keine Antwort. Das Böse gilt daher, so der Alttestamentler *Hans Schwarz* als vorgeschichtliche „Hypothek" des Daseins, als der „Sündenfall", der mit dem Leben beginnt. Ist es damit der conditio humana eingeschrieben und wenn ja, wie kann die Eigenverantwortlichkeit des Menschen wieder zum Zuge kommen? Schwarz betont immer wieder, dass der Mensch und nicht eine Macht außerhalb seiner das Böse schaffe. Die Ursache des Bösen aber bleibt nach wie vor „rätselhaft". Hier kann auch die Figur des Satans, auf den die Aktivierung des Bösen in der Menschheit zurückgeführt wird, nicht weiterhelfen.

Um diesem Dilemma zu entgehen, sucht die Theologin *Regina Ammicht Quinn* eine Antwort auf die Frage der Theodizee nicht mehr in der theoretischen, sondern der praktischen Theologie zu finden. Theodizee ist in nichts anderes als ein Rechtfertigungsversuch des Menschen, die oben erwähnte „Depotenzierung des Bösen" findet hier statt. Gott wird für das Böse verantwortlich gemacht, er wird vor den Richterstuhl geführt, der Mensch entmächtigt sich selbst. Die Frage nach der Theodizee aber, so weist Ammicht Quinn nach, muss in theoretischer Hinsicht offengelassen werden. Denn alle Denkwege münden in einer Sackgasse, in einem Dilemma.

Die praktische Theologie ist in der Lage, die Erinnerung zu aktivieren; darin liegt die angemessene Antwort auf die Frage nach der Theodizee nach Auschwitz. Die praktische Theologie konkretisiert diese Auffassung in drei Grundhaltungen: die des Trostes, der Anklage und des Protests. Trost konkretisiert sich als Anwesenheit eines möglichen Gegenübers, das die Einsamkeit des Schmerzes durchbrechen könnte. Klage fungiert als Sprachfindung und Protest als Veränderung einer Praxis, die ohne Rechtfertigungsgrund einem Handeln aus Liebe gleichkommt. Es ist ein Handeln, das ohne Verrechnen und Nutzenabwägung Platz in einer Welt hat und damit Identitätsfindung ermöglicht. Die in diesem Handeln aktualisierte Erinnerung ist weder bloße Anklage noch Umverteilung von Schuld, sondern zukunftsweisend. Erinnerung ist dann zu einem Hoffnungszeichen geworden.

Ganz anders versucht einer der führenden Theologen unserer Zeit, *Eugen Biser*, die Frage der Theodizee zu beantworten. Er will Anstöße zu einem neuen Friedensbewußtsein geben. In seinem Vortrag „Nur der Friede rettet die Welt" führt er aus, dass, wie der Teufel nicht als Gegensatz Gottes, der Krieg nicht als Gegensatz zum Frieden gelten könne. Vom Frieden könne es keine Definition geben, dort, wo der Friede in Erscheinung trete, leuchte er auf. Notwendig seien Friedensbereitschaft und Friedensfähigkeit des Menschen.

Wodurch wird der Mensch böse? Biser sieht den Anreiz zum Bösen in der Todverfallenheit des Menschen. Die wirkliche Religion der Todüberwindung sei die christliche, in deren Mitte der Glaube an die Auferstehung Gottes stehe. Der Mensch, so Biser, müsse seine Gotteskindschaft annehmen, denn dadurch überwinde er nicht nur die Todverfallenheit, sondern auch die Angst, denn sie sei es, die einerseits den Menschen von sich entfremde und andererseits in Aggressivität umschlage. Das Christentum als Religion der Angstüberwindung, so Biser, überwinde gleichermaßen auch die Todesverfallenheit. Dadurch werde die Voraussetzung für den Frieden in der Welt geschaffen.

Vom Bösen, das wurde bei den bis jetzt erwähnten Beiträgen klar, kann nur dann die Rede sein, wenn ein ganz bestimmtes Wissen vom Wesen des Menschen und dessen eigentlicher Bestimmung vorausgesetzt wird. Genau dann, wenn dieses Wesen angegriffen oder in Frage gestellt wird, zeigt sich das Böse. Umgekehrt wird aber wiederum etwas als böse etikettiert, wenn die Lebensordnung, die der Andere für sich als wahr und human empfindet, bekämpft oder angegriffen wird. Das Böse liegt somit immer im willentlichen oder bewussten Angriff auf die vorgezeichnete menschengemäße Ordnung. In diesem Sinn sind auch heute die Feinde der demokratischen Ordnung böse oder umgekehrt die Feinde des Islams und der darin verkündeten Lebensordnung der Scharia.

Der Islamwissenschaftler *Lutz Richter-Bernburg* zeigt auf, dass der Koran den Menschen eine geheiligte Ordnung vorgibt, derzufolge Anders- d.h. Ungläubige zu Feinden erklärt werden, so dass die Ordnung notfalls auch mit Gewalt verteidigt und geschützt werden muss. Im Koran wird nicht erst definiert, was als gut und böse zu gelten hat, sondern ein von jeher eingeborenes Bewusstsein über gut und böse vorausgesetzt, das selbst dann, wenn die Sitten reformiert würden, unverändert bliebe. Normsetzend ist für den Koran einerseits das Vorbild Mohammeds und andererseits die gegenseitige Durchdringung von griechischen, iranischen und islamischen Vorstellungen, die am Primat der Gerechtigkeit als religionsinvariantem Wert festhält, der dadurch sozusagen eine Mimimalbedingung für jeden sozialen Umgang ist. Die Ablehnung des Korans kommt einem Unglauben gleich. Das Böse im Koran ist demnach Häresie oder Unglaube. Innerhalb des Korans selber kann es kein widergöttliches Prinzip geben. Trotz dieser klaren Diktion eines orthodoxen Monotheismus muss dennoch noch an die gesellschaftlich-politisch Rückbindung gedacht werden.

Ist also das Böse ein gänzlich relativer Begriff? Der Mensch selbst zeichnet für seine Lebensordnung verantwortlich. Es gibt keine schlechthin gültige Ordnung, sie besteht nur auf Zeit. Innerhalb dieser Lebensordnung wird das Böse gebändigt, wie gleichsam jede Lebensordnung sich immer neu formieren und verteidigt werden muss. So kann jeder für sich die in seiner Lebensordnung gültigen Werte und Normen als das Gute bezeichnen, während er die der anderen, insofern sie die seinige gefährden und bedrohen, als böse etikettiert.

Zeichnet der Mensch der Moderne aber wirklich als Schöpfer seiner Lebensordnung und seines Handels verantwortlich? Kann der Mensch des 21. Jahrhunderts sich tatsächlich eine vernünftige, d.h. gerechte Lebensordnung schaffen? Ist die Grenzlinie zwischen gut und böse in einer immer unübersichtlich werdenden Zeit so eindeutig zu ziehen? Hier liegt der Ansatzpunkt in *Wolfgang Gantkes* Untersuchung über „Das Problem des Bösen aus religionsgeschichtlicher Perspektive". Der moderne Mensch meint, das Problem des Bösen aus eigener Kraft durch rationale Problemlösungsstrategien lösen zu können und muss doch erkennen, dass das Böse nicht aus der Welt geschafft werden kann. In seiner Fortschritts- und Wissenschaftsgläubigkeit ist dem modernen Menschen das fraglose Vertrauen auf göttlichen Beistand in Not- und Krisenzeiten abhanden gekommen. Dadurch entsteht ein erhöhtes Sekuritätsbedürfnis, das die Moderne nicht befriedigen kann. Darin ist wohl der Grund für die ungeheure Faszination der außereuropäischen Religionen, wie Buddhismus, Hinduismus und Taoismus zu suchen. Die drei mythischen Einheitsreligionen Asiens veranschlagen die Selbsterlösungsmöglichkeiten des Menschen als sehr hoch.

Böse ist hier der Mangel an Heilswissen, den der Mensch durch kontinuierliche eigene Arbeit zu überwinden strebt. Es ist der Ichbehauptungswille, der das Böse verursacht, das sich in allen Formen des Abschottens, des Abschließens, der mangelnden Offenheit zeigt – ein Gedanke, der sich in der Philosophie bei Kant und besonders in der Spätphilosophie Schellings wiederfindet. Der Weg der Selbstdisziplinierung erweist sich als Heilsweg, in dem die verloren gegangene Alleinheit des Menschen mit sich selbst und dem Kosmos angestrebt wird, so die von dem Religionswissenschaftler Gantke vertretene These. Der Mensch kann aus eigener Kraft das Leid und das Böse überwinden, durch die Überwindung des Bewusstseins seiner individuellen Sonderexistenz und der darin möglich gewordenen Verschmelzung mit der ursprünglichen Einheit. Die Vorstellung von der Erbsünde ist dem Buddhismus fremd, der Mensch tritt hier nicht als Sünder in die Welt. Das Böse ist kein subjektives oder psychisches Phänomen, das im Menschen zu lokalisieren ist und dann „ausgelagert" außerhalb des eigenen Wesens auf eine höhere Macht übertragen werden muss. Woher das Böse und damit die Unwissenheit des Menschen kommt, fragt der Buddhist nicht, das gehört zu den Grundproblemen der Menschheit, deren Kennzeichen die Unlösbarkeit ist.

III. Philosophie

Es ist nun die Philosophie, deren Kompetenz gefragt ist. Doch auch sie kann nicht ad ovo beginnen, sie muss sich auf ihr theologisches Erbe und damit auf die Frage der Theodizee besinnen: Wo können in einer vernünftig geordneten Welt das Böse oder die Übel in der Welt angesiedelt werden? Mit diesen Fragen beschäftigt sich die Theodizee, die den Versuch unternimmt, das Übel oder das Leiden in der Welt zu rechtfertigen. Noch immer im Nachhall dieser Theorie wird dem Bösen als „Preis der Freiheit" oder als Preis des Guten ein theoretischer Ort zugewiesen, so zumindest sieht es der Trierer Philosoph *Peter Welsen*, der in seinem Vortrag „Das Böse und das Problem der Freiheit" zu zeigen versucht, dass das Problem des Bösen im Rahmen des Theismus mit folgendem Dilemma verbunden ist: Entweder gründet das Böse nicht in menschlicher Freiheit, so dass es verfehlt wäre, den Menschen dafür verantwortlich zu machen, oder es resultiert aus der Freiheit, doch dann wäre es nicht dem Menschen, sondern Gott anzulasten, der dem Menschen mit der Freiheit die Möglichkeit zum Bösen gegeben hätte.

Wilhelm Schmidt-Biggemanns grundsätzlicher Vortrag ist mit: „Aphorismen und Aporien" untertitelt. Das Böse dingfest zu machen, ist schwierig. Im ersten Teil seiner Ausführungen listet Schmidt-Biggemann die Aporien der Metaphysik im

Bezug auf das Böse auf, um es dann im zweiten Teil in die Opposition von gut und schlecht zu überführen. In einem völlig neuem Licht behandelt er dann im dritten Teil das Problem des Bösen. Dabei geht er von der Unberechenbarkeit der Zukunft aus. In der Kontingenz des unvorhersehbar Zukünftigen liegt der Terror der Zukunft. Gleichzeitig aber sieht er in der Kontingenz des Zukünftigen die Emmanation der Realität in der Zeit. Diese Emmanation der Realität wird in der Kategorie des Anfangs fassbar. Hier wird das Indifferente der Zukunft aufgehoben. „Das Indifferente, Allumfassende, Undefinierte wird zum Differenten, Gefassten, Definierten, zum konkret-Individuellen im realen Hier und Jetzt. Es wird zugleich zum Begreifbaren, wenn wir es denn ertragen können und nicht an ihm zugrunde gehen." So ist im Moment des Anfangs der ursprüngliche Terror der Zukunft gemildert. Im Anfang liegt für Schmidt-Biggemann ein Versöhnungsmoment, das hinsichtlich seines unvorhersehbaren Eintretens als ein Zu-sich-selbst-Kommen „des Absoluten im Prozess des anfänglich und ständigen Werdens" vorgestellt werden kann. Gleichzeitig bleibt jedoch im Moment des Anfänglichen ein Rest peinlich zu tragen, insofern das Eintreten nicht voll und ganz in dem Begriff des Anfangs aufgehoben werden kann. So liegt im Moment des Anfangs eine ursprüngliche Entzweiung: das Moment der Versöhnung, vor dem Hintergrund eines dunklen Grundes.

Rüdiger Safranski, der ein Bestseller-Buch über „Das Böse oder das Drama der Freiheit" geschrieben hat, stellt das moderne dem mythischen Denken gegenüber. Empirische Wissenschaft mit ihrer entmoralisierenden Methode steht einer religiösen und moralischen Interpretation der Welt gegenüber, in der die Kategorie des Sinns noch anwesend war. Kant war es, der mit seiner Zweiweltentheorie neben der naturwissenschaftlichen Weltsicht auf Freiheit und Moralität setzte, weil er wusste, dass die Wissenschaft das Sinnverlangen nicht befriedigen kann. Das Gewissen wird für ihn zur aufgeklärten und metaphysischen Rückzugsposition der Moderne, das aber später noch naturalisiert wird und als metaphysische Restgröße verschwindet.

Das Böse ist für Safranski auch die Wildnis, das Sinnabweisende, das Stumme und das Kontingente. Folgerichtig beginnt Marquis de Sades Karriere mit der Verfluchung der schweigenden Natur. De Sade will eine Neubegründung einer naturalistischen Moral im Menschen – denn diese legt keinen Wert auf die Individuen. Die Natur ist moralisch indifferent, es gelten Gesetze der Selbsterhaltung und der Selektion des Stärkeren. Moral ist dementsprechend nichts anderes als ein Werk der Künstlichkeit, der lebensdienenden Fiktion. Gibt es hierfür Letztbegründungen und wo haben sie ihren Ort?

Mit dem Anthropologen Plessner fragt Safranki, ob die moralische Vernunft als anthropologische Konstante wirksam sei. Safranski ist zutiefst von der Notwendigkeit der Moral überzeugt. Auch wenn diese gänzlich eine Angelegenheit der gesellschaftlichen Übereinkunft, somit Produkt der jeweiligen Kultur und ihrer geschichtlichen Wandlungen sei, brauche der Mensch Selbstregulierung durch Kultur und das heißt durch Moral. Moral sei ein Instrument der Selbstbindung und Selbstregulierung. Gerade, weil der Mensch weltoffen, mit Plessner exzentrisch sei, sei er auf Künstlichkeit angewiesen.

Für Kant, auf dessen Schrift „Religion innerhalb der Grenzen der bloßen Vernunft" *Hans-Klaus Keul* kenntnisreich eingeht, liegt das Moralisch-Böse ausschließlich in der Eigenart menschlicher Natur: „Was der Mensch im moralischen Sinne ist oder werden soll, gut oder böse, dazu muss er sich selbst machen oder gemacht haben." (Rel 44) Der Mensch hat sowohl Anlagen zum Guten als auch den Hang zum Bösen. Das Böse ist dann selbst verschuldet, wenn der Mensch Selbstliebe oder Genuss zur obersten Maxime seines Handelns macht und damit vom moralischen Gesetz aus freien Stücken abweicht. Radikal böse – so das berühmte kantische Diktum – wird das Böse dann, wenn die sittliche Ordnung bewusst verkehrt wird. Bewusst daher, weil sich das moralische Gesetz jedem aufdrängt und der Mensch selbst es ist, der die Triebfeder der Sinnlichkeit zum Primat und damit zur Befolgung des moralischen Gesetzes macht. Kant nennt das Böse „radikal", weil es das Grundverhältnis beider Prinzipien auf den

Kopf stellt und die oberste Maxime allen Handelns verdirbt. Die Gesinnung des Menschen wird korrumpiert. Diese Unlauterkeit, durch die der Mensch vorsätzlich Schuld auf sich lädt und der Hang, sich selbst zu betrügen, wird in der Religionsschrift zum „faulen Fleck" der Menschengattung erklärt (Rel 38).

Von der Kantischen Lehre vom radikal Bösen als dem Dreh- und Wendepunkt seiner praktischer Philosophie nimmt sein Konzept des Fortschritts seinen Ausgangspunkt, von dem Kant sowohl eine Umwandlung der Denkungsart als auch die Gründung eines Charakters erwartet. Dabei war Kant der Meinung, dass der „Keim zum Guten" im menschlichen Gemüt – und sei es das des schlimmsten Bösewichts – nie ganz erstickt werde. Wenn der Grundstein zur sittlichen Ordnung – und dies geschieht dann, wenn die Vernunft einen angemessenen Gebrauch der Willkürfreiheit tätigt – gelegt ist, folgt nach einer Revolution der Denkungsart eine Reform der Sinnesart; der Mensch schreitet dann beständig vom Schlechteren zum Besseren voran. Kant nennt dieses „Bewusstsein seines Fortschritts im Guten" die „moralische Glückseligkeit", das meint die Gesinnung eines standhaften Zutrauens zu sich selbst und das Vertrauen in das Glücken seines eigenen guten Lebenswandels.

Das noch bei Kant vorhandene Vertrauen in die Vernunft wird schon bei dessen Nachfolger erschüttert. Das Böse ist das, das sich als solches nicht zu erkennen gibt, vielmehr die Maske des Guten wählt und dieses unterwandert. Das Böse, das genau kalkuliert und rational geplant wird, ist das eigentlich Gefährliche. Ist das Böse also eine dem Menschen immanente, inhärente Kraft? In der Philosophie des Idealismus und hier besonders von F.W. Schelling wird das Böse in das Subjekt zurückgenommen. Das wird in den Vorträgen von Peter Oesterreich und Renate Breuninger beleuchtet.

Das Böse, so die Ausführungen von *Renate Breuninger*, ist der dunkle Grund der Freiheit, wogegen sich die Vernunft als machtlos erweist. Es gibt etwas, das hinter oder vor der Vernunft steht und unser Handeln leitet. Für Schelling ist dies der Wille als Dynamik der Vernunft, ein innerer Antrieb und somit der Trieb zur Freiheit. Das besagt, dass die Vernunft auf einem dunklen, noch nicht erhellten Grund aufbaut. In ihrem Rücken liegt gleichsam eine nicht ins Bewusstsein holbare Kraft, die uns handeln lässt. Schelling nennt sie den Eigenwillen der Kreatur, ihr Ursein. Die Grundaussage der Freiheitsschrift lautet: „Nur in der Persönlichkeit ist Leben; und alle Persönlichkeit ruht auf einem dunklen Grund..." Schellings „dunkler Grund" wird in der Nachfolge bei Schopenhauer zu einem „dunklen Drang", das Leben zu einem einzigen Tretrad, das sich sinn- und ziellos weiterdreht.

Ist das Böse der Abgrund, der sich im Menschen selbst auftut? Gibt es Möglichkeiten der Bändigung, der Disziplinierung? Wenn für Schelling das Böse der Egoismus, der Wille zur Selbsterhaltung ist, so ist dieser nicht per se böse. Böse wird er dann, wenn er sich ausdehnt und pervertiert, wenn er sich über die Vernunft setzt und diese bestimmt. Dann, wenn der dunkle Wille zur eigentlichen Triebfeder unseres Handeln wird und sich der Vernunft bedient, dann erst entsteht das Böse. Schelling war es, der sehr klar erkannt hat, dass das eigentlich Böse als Perversion der Freiheit zu verstehen sei.

Peter L. Oesterreich veranschaulicht diese These von der Perversion der Freiheit in einer scharfsinnigen Analyse von „Schellings anthropogenetischer Lehre vom Satan". Der späte Schelling entwickelt hier unter Anwendung seiner in der Freiheitsschrift entwickelten Grund-Existenz-Ontologie eine ganz eigenständige Idee von Satan: Danach ist er kein ewiges und unerschaffenes, sondern ein vom Menschen ausgehendes geschichtliches Prinzip. Schon immer als „Grund" dem Menschen inhärent, erlangt es durch „die unvordenkliche Tat des Menschen" seine Existenz, das heißt, der Satan wird im Menschen selbst entfesselt und freigesetzt und tritt nun als ein selbständiges und sich immer weiter ausdehnendes Prinzip diesem entgegen und bedroht ihn. Als ein von Gott anerkanntes Prinzip bringt der Teufel das im Menschen verborgene Böse an den Tag, ohne jedoch selbst böse zu sein. Erinnert sei hier an den literarischen Faust als eine Kraft,

„die stets das Böse will und stets das Gute schafft." Satan wird zu einer Macht des Menschen, der ihn auf die Probe stellt. Von hierher versteht sich, dass der Satan immer eine verführerische Macht ist, etwas, das drehen, wenden, maskieren kann, das dem Menschen etwas vorspiegelt, ihn täuscht und schließlich verführt. In diesem spielerischen und unerschöpflichen Rollenwechsel Satans zeigt sich, so weist Oesterreich nach, das romantische Erbe Schellings: Das Satan ist eine ironische Figur. In Schellings Spätphilosophie wird er zu einem „nothwendigen primum movens aller Geschichte". Oesterreich sieht drei Hauptmerkmale der satanischen Macht bei Schelling:

1) Als diabolischer Geist treibt er schon latent im Menschen vorhandenes Böses hervor.

2) Das Diabolische wird entindividualisiert, es erhält somit den Charakter eines allgegenwärtigen geistigen Prinzips.

3) Dieses gründet im Menschen selbst, verselbständigt sich und wendet sich gegen diesen.

Schellings Satanologie steht als anthropologischer Grund für die besondere Anfälligkeit der menschlichen Freiheit für das Böse, zeigt Gefährdung und Verführbarkeit des Menschen zum Bösen, denen besonders die künstlerischen und imaginationsreichen Naturen erliegen. Allerdings ist mit dem Bösen immer und überall zu rechen, auch dann, wenn es sich nicht als dieses zu erkennen gibt, wenn es sich schminkt, tanzt, Sprünge macht und dann schließlich die im Menschen immer latente Gefahr der Möglichkeit zum Bösen Wirklichkeit werden lässt.

Das Böse ist in uns, es tritt auf den Plan nach einer tiefen Kränkung, einer als groß empfundenen Benachteiligung, einem tief empfundenen Unrecht, immer dann, wenn der Einzelne sich ausgegrenzt sieht. Die Empfindung von Kränkung und Benachteiligungen ist aber von dem Erlebnishorizont abhängig, den wir in uns und mit uns tragen. Mit dem Bösen, so sind sich alle Beteiligten einig, ist immer und überall zu rechnen. Nie wird es sich aus der Welt ausrotten lassen – gleichwohl müssen wir immer wieder versuchen, mit ihm zu leben, humane Lebensformen finden, in denen wir mit Kränkungen, Erniedrigungen und anderen Nährquellen des Bösen umgehen lernen und in denen das Böse eingedämmt werden kann.

Renate Breuninger

Micha Hilgers

Gute Gründe für das Böse?
Psychoanalytische Überlegungen zu Terror und Gewalt

1. Einleitung

Was für kranke Hirne denken sich Taten wie die Anschläge auf das World Trade Center aus? Sind das noch Menschen, die einen Amoklauf in einer Schule begehen? So oder ähnlich lauten unmittelbar nach dem Geschehen die Fragen nach Hintergründen und Motiven der Täter. Doch die Art der Fragen liefert zwangsläufig Antworten, die eine möglichst große Distanz gegenüber jenen schafft, die US-Präsident George W. Bush gefestigt für die Inkarnation des Bösen hält. Entmenschlichung von Gewalttätern bringt zwar kurzfristig - eventuell notwendige - Erleichterung für die ohnmächtigen Zeitzeugen, langfristig aber keinerlei Klarheit, geschweige denn Strategien gegenüber den Phänomenen Terror oder Gewalt. Doch unterläuft uns hier ein methodischer Fehler, denn das Thema des Colloquiums lautet „Das Böse", nicht etwa Gewalt, Terror, Destruktivität oder Perversion. Das sogenannte Böse bedarf der Konkretisierung oder umgekehrt, manche Gewalttaten halten wir für böse - andere jedoch nicht. Ich werde mich in meinen Ausführungen auf das gewalttätige sogenannte Böse beziehen.

Erschwert wird mein Vorgehen jedoch dadurch, dass ich meinen heutigen Vortrag selbstverständlich im Kreise friedfertiger Menschen halte, wir also lediglich rein theoretisch von einem Phänomen wissen, das uns selbst so gänzlich fremd ist. Niemand von uns erhob jemals die Hand gegen seinen Nächsten, fasste seine Kinder an, berührte gar den Liebespartner anders als zärtlich. Unter den ehrenwerten Anwesenden findet sich natürlich auch niemand, der jemals Gewaltvideos angesichtig wurde und falls doch, ausschließlich zu Forschungszwecken. Lediglich der Vollständigkeit und der wissenschaftlichen Correctness halber sei ergänzt, dass uns allen jedwede Fantasie über die aktive Schädigung, gar die Vernichtung des Liebesrivalen oder des Berufskonkurrenten, des blöden Dränglers im Straßenverkehr oder die gerechte Bestrafung des dämlich-schläfrigen Postschalterbeamten fehlt. Die etwas weniger Standfesten unter uns werden an dieser Stelle von ersten - zweifellos unnötigen - doch immerhin quälenden Selbstzweifeln befallen: Was ist mit dem heimlich wiederkehrenden Gedanken, man sollte die ganze braune Soße zum Teufel schicken (der sie im übrigen offenbar gar nicht in Empfang nehmen möchte), was mit dem befreienden Schlachtruf - Verzeihung, der Parole, der Empfehlung muss es heißen „Nazis raus!"? Juden raus, Ausländer raus, Nazis raus. Fest steht allemal: Das Böse muss raus. Bedauerlicherweise bewegen wir uns bereits nach wenigen Minuten meines Vortrages auf dem Niveau eines Gedankens von Wilhelm Busch: „Das Gute, dieser Satz steht fest, ist stets das Böse, was man läßt".

2. Leugnungen des Bösen

Mithin, die Debatte über die Hintergründe und Motive für Anschläge, Amokläufe und zahlreiche andere jeweils mit Abscheu betrachteten Gewalttaten ist durch zahlreiche Leugnungen geprägt:

- Kein menschliches Wesen ist angeblich zu derartig intelligenten Grausamkeiten fähig - womit wir kurzerhand die Traumatisierung durch Auschwitz leugnen.

- Wir befinden uns scheinbar in einem stetig fortschreitenden Prozess der sogenannten Zivilisation, der uns gegenüber Rückfällen in archaische oder perfide Gewaltausbrüche immer immuner macht.

- Wir sind angeblich darüber hinaus in den westlichen Gesellschaften vor den ärgsten Attacken durch Sicherheitskräfte und Kulturerrungenschaften geschützt.

- Die stets lauernde Gefahr totaler Vernichtung der Menschheit scheint uns gebannt.

- Das an sich aufklärerische und emanzipatorische Prinzip Hoffnung (Bloch) missverstehen wir in der Weise, dass wir uns über die immer existente Möglichkeit massiver individueller oder kollektiver Regression hinwegtäuschen.

- Wir täuschen uns über die beständig lauernde Gefahr religiöser Systeme und Ideologien - auch der eigenen - hinweg, die zur rigiden Verabsolutierung von Normen tendieren und damit ihre Alternativen buchstäblich verteufeln.

- Wir glauben, jeder Mensch sei frei in der Wahl seiner Werte und Überzeugungen und komme sozusagen durch reife Überlegung zu Abwägungen, welche Handlungen gut oder böse seien - unabhängig von seinen persönlichen Affekten und der sozialen Lage seines Kollektivs.

Der emotionalisiert vorgetragene Versuch, Täter zu Bestien zu enthumanisieren, soll uns vor dem Zerfall der vorgenannten Illusionen schützen, denn: Wenn es sich um Bestien handelt, so müssen wir uns gegen diese wehren, sind aber als Menschheit vor den Gefahren des Rückfalls in archaische Auseinandersetzungen und Ausbrüche gefeit. Vollends außerhalb der human community erscheint uns schließlich die Entschlossenheit, das eigene Leben und das anderer zu opfern, um damit einer Idee, einem Rachegedanken oder gar radikalen religiösen Vorstellungen zum Durchsatz zu verhelfen. Naheliegenderweise wird dann vom Kampf der Zivilisation gegen das Böse, die Barbarei oder den Terrorismus gesprochen.

All das ist psychisch erleichternd, nichts von dem ist wahr.

Unversehens sehen wir uns bei der bisherigen Argumentationslinie mit einem allzu schlichten Schwarz-Weiß-Denken konfrontiert, das uns vor dem Verdacht bewahrt, längst von dem infiziert zu sein, was uns als „das Böse" erscheint: Wer böse handelt, tut dies ohne oder bestenfalls gegen sein Gewissen. Weshalb wir uns in gerechter Empörung ergehen können: Sind das überhaupt Menschen? Wir erinnern uns an die rhetorische Frage des KZ-Häftlings Primo Levi angesichts eines kalt-sadistischen KZ-Arztes: „Ist das ein Mensch?" Die beunruhigende Antwort lautet: Es ist einer. Er ist einer von uns.

Die wirklich beunruhigende Erkenntnis ist diese: Gewalttaten, wahlloses oder gezieltes Töten ist mitnichten Ausdruck eines Verlustes an Werten und Orientierungen, sondern es steht umgekehrt im Einklang mit dem Gewissen, nicht selten mit höchsten Werten und Idealen.

Wir werden uns daher von zwei Grundannahmen trennen müssen:

1. Das Böse ist immer das der anderen, auf die wir unsererseits dann zu Recht böse sein dürfen.

2. Das Böse geschieht ohne Gewissen oder allenfalls gegen die Gewissensinstanz.

Tatsächlich werden Terror- und Gewaltakte nicht etwa von skrupellosen Existenzen oder Unmenschen begangen, sondern als Akte der Gerechtigkeit oder der Befreiung. Sie werden verübt im Namen Gottes, des Volkes, der Nation, der Ethnie, sozialer Utopien oder im Namen des Selbst.

Daher lautet meine zentrale These: Das Gewissen ist immer mit dem sogenannten Bösen, es ist einverstanden und betrachtet die Taten von Individuum oder Gruppe nicht als böse, sondern als gerecht, angemessen, gut, wohltätig, heilig, gottesfürchtig oder emanzipatorisch.

3. Gute Gründe für das Böse: Ressentiments und Revanchewünsche

Die unverhohlene millionenhafte Freude nach den September-Anschlägen vor allem in den sogenannten Ländern der Dritten, der armen und ausgebeuteten Welt, kann nicht einfach durch den Hinweis auf Bestien und Unmenschen, Feinde der Zivilisation oder irregeleitete Kleingeister abgetan werden. Vielmehr macht sie schlaglichtartig deutlich: Es handelt sich tatsächlich um einen Konflikt der Werte, allerdings in einem ganz anderen Sinne, als dies hierzulande gerne verkürzend dargestellt wird. Arroganz der ersten Welt und jahrhundertelange Ausbeutung, die im Westen allenfalls als bedauerlicher Kollateralschaden freier Wirtschaft und Globalisierung betrachtet wird, führt zu mächtigen Ressentiments und dem Wunsch, die beschämende und demütigende Unterlegenheit endlich in ihr Gegenteil zu verkehren. Konsequenterweise wurden die Symbole westlicher Macht, Unterdrückung und eigener Unterlegenheit zum Ziel der Zerstörung, die ebenfalls demütigen sollte: World-Trade-Center, Pentagon und die Präsidenten-Maschine verkörpern den Gegner, der jedenfalls einstweilen nicht in Gänze, sondern eben nur symbolisch getroffen werden kann. Die Verkörperung des sogenannten Bösen für die verelendeten Millionen der Dritten Welt sind die Symbole westlicher Macht, Ausbeutung und Unterdrückung. In der Folge - wir erleben dies gerade - führt dies rasch zu einer sich immer schneller drehenden Rotation der gewalttätigen Demütigungen des jeweils als Inkarnation des Bösen erlebten Gegners. Um nicht missverstanden zu werden: Es kann weder ein Zweifel am zu bekämpfenden Unrecht durch Selbstmordanschläge, Attentate oder islamistisch-totalitäre Vereinigungen geben, noch an jenem, das durch die gezielte und wissentliche Ausbeutung und Verelendung des überwiegenden Teils der Weltbevölkerung verursacht wird. Dass ich dies aber an dieser Stelle vorsichtshalber wiederholen muss, beweist die Affektualisierung der Debatte, wenn es um die Identifikation des Bösen geht: Affekte, nicht vernunftgeleitete Überlegungen bestimmen den Diskurs.

4. Die Psychodynamik des Ressentiments

Eine wesentliche Rolle bei dieser affektgeladenen Debatte über das sogenannte Böse spielt das Ressentiment:

1. Voraussetzung für das Entstehen von Ressentiments ist eine wahrgenommene Verletzung der Gerechtigkeit. Dies bedeutet per definitionem, dass im Über-Ich Werte, Ideale und Überzeugungen verankert sind, mit denen Individuum oder Kollektiv bei der Beurteilung von Gerechtigkeits- oder Fairnessfragen arbeiten.

2. Individuum oder Gruppe sehen sich der erlebten Ungerechtigkeit hilf- und machtlos ausgesetzt, erreichbare Mittel für die Wiedereinsetzung der Gerechtigkeit stehen nicht zur Verfügung.

3. Der resultierende Affekt ist Wut auf die beneideten Mächtigen oder Besitzenden.

4. Der ohnmächtige Zorn bleibt jedoch nicht auf konkrete Ziele, Objekte oder Personen beschränkt, sondern Rache- und Revanchewünsche werden auf Großgruppen verschoben und verallgemeinert, wie zum Beispiel „die Juden", „die Ausländer", „die Moslems", „die Politiker" oder eben „die Amerikaner" oder „die Ungläubigen".

Ressentiments und die aus ihnen erwachsenen außerordentlich destruktiven Hassgefühle erwachsen also aus einer Gewissensentscheidung, aus einem Werturteil, nicht gegen oder ohne Gewissensinstanz. Das Gewissen verbündet sich mit den entfesselten Affekten, es rechtfertigt die Revanchewünsche, statt sich ihnen entgegen zu stellen. Um es noch genauer zu sagen: Das Gewissen wird totalitär, wenn es unter den Einfluss massiver Affekte gerät, die sich mit dem Gefühl dauerhafter Ungerechtigkeit verbinden.

5. Gute Gewinne für das Böse

Erhard Eppler konstatiert eine zunehmende Vermischung von Terror, Fanatismus und kommerzialisierter Gewalt: Die Rebellen Kolumbiens, die Abu Sayyaf oder tschetschenische Widerstandskämpfer finanzieren sich selbst durch Entführungen, Erpressungen und Terror, das sogenannte Böse erzielt materielle Gewinne und bedient zugleich eine ideologische Mixtur aus Religion, sozialer Utopie und Totalitarismus (vgl. Eppler 2001). Neben dem materiellen Profit für die Habenichtse steht jener unbezahlbare Gewinn, der das Selbstwertgefühl betrifft, das Gefühl ein Jemand statt ein Irgendjemand zu sein (Horst Münzberger über seinen Vater Gustav Münzberger, verantwortlich für die Gaskammern in Treblinka).

Der Amoktäter von Erfurt erzielte bei seiner Tat keinerlei materiellen Gewinn und kalkulierte seinen Tod mit ein. Die lange vorbereitete Tat unterstreicht das rationale Kalkül, welches einer psychischen Logik folgt: Das Ressentiment über die scheinbare oder tatsächliche ungerechte Behandlung mündet in ein Gefühl der Erniedrigung der eigenen Person, die durch den Show-Down in einen finalen Triumph verwandelt wird. Durch die subjektive Wiedereinsetzung der Gerechtigkeit wird das lädierte narzisstische Gleichgewicht der eigenen Person wiederhergestellt, die vermeintlich bösen Misshandler der gerechten Strafe zugeführt und zugleich eine inflationäre mediale Beachtung erreicht, die auf anderem Wege kaum oder nur mit großen Anstrengungen hätte erzielt werden können.

Nun mag man einwenden, der Täter könne doch seinen Triumph gar nicht auskosten, da er ja vorab weiß, dass er seine Tat nicht überleben wird. Fälschlich gilt die Erhaltung des eigenen Lebens oder das naher Angehöriger als höchste Priorität menschlichen Handelns. Doch bereits jeder einfache Suizid beweist, dass unter gewissen Umständen der eigene Tod wenigstens subjektiv als das kleinere Übel erscheint. Tatsächlich ist der Erhalt des Selbstwerts und die Integrität der Persönlichkeit ein Motiv menschlichen Handelns, das höher wiegen kann als die eigene Existenz. Der Selbsttod wird mehr oder weniger unbewusst doch mit einem Weiterleben nach dem Tod verbunden - nicht selten mit einem besseren, wozu es gar keiner Gläubigkeit bedarf: Suizidanten phantasieren sich die Reaktionen ihres trauernden, bestürzten oder beschämten Umfeldes und imaginieren sich selbst dabei in einem Zustand der Ruhe, des Schlafes oder über den Ereignissen schwebend. Ein wirklich totales Ende eigener Existenz wird nicht realisiert. Die Bestrafung der Überlebenden durch den eigenen Tod wird regelmäßig als gerecht erlebt (vgl. Henseler 1974).

Tritt neben der narzisstischen Reparatur auch noch ein mehr oder weniger komplexes ideologisches Gebäude mit auf den Plan, können Selbstmordanschläge zum durchaus attraktiven finalen Höhepunkt eigener Existenz werden. Dabei ist die Koppelung ideologischer oder religiös-fanatischer Vorstellungen mit Selbstmordanschlägen, dem in Kauf genommenen eigenen Tod oder dem anderer, zum Beispiel Familienangehöriger, keineswegs neu und auch nicht auf den Islam beschränkt: Im Christentum galten Märtyrer oder getötete Kreuzfahrer[1] als selig oder sogar heilig, das Paradies war ihnen eben so sicher, wie den für die Sache des Islam sterbenden moslemischen Märtyrern, den sogenannten Schahada. Kamikaze-Piloten des Tenno-Reichs galten als mit besonderer Ehre ausgezeichnet, und selbst eine Ideologie ohne Jenseits-Vorstellungen wie der Nationalsozialismus idealisierte die im Kampf für Reich und Sache Gefallenen. Ähnliches galt für die sogenannten Helden der Arbeiterklasse oder umgekommene RAF-Terroristen. Der eigene Tod kann also durchaus als notwendiger Preis für die Ehre in Kauf genommen werden.

---

[1] Ablass für irdische Sünden motivierte die Kreuzfahrer zu ihren Grausamkeiten, da es nichts zu verlieren, aber viel zu gewinnen zu geben schien: Der Tod war die Eintrittskarte ins Paradies, hingegen das Überleben das uneingeschränkte Ausleben von Gewalt und Grausamkeiten und materielle Bereicherung sicherte.

Allen Idealisierungen eigenen Todes gemeinsam ist die Verabsolutierung bestimmter Werte, die Teil des persönlichen Gewissens und der eigenen Gruppe sind. Der Tod erscheint als besondere Ehre, weshalb palästinensische Attentatskandidaten gelegentlich miteinander wetteifern, wem die Auszeichnung des Selbstopfers zu Teil werden darf. Auch hier spielt die Vorstellung vom „Leben nach dem Tod" eine wichtige Rolle: Wenigstens die Phantasie, als Held zu Lebzeiten und darüber hinaus auch in der Erinnerung anderer zu gelten, kann zu rücksichtslosen und brutalen Taten motivieren. Die Rücksichtslosigkeit, die uns als gewissenlos erscheint, betrifft allerdings nicht die eigene Ideologie und deren Anhänger - jedenfalls solange nicht, wie die Gruppenmitglieder keine Abweichungen von den Werten ihres Kollektivs zu erkennen geben.

Diese Überlegungen bedeuten, dass das sogenannte Böse keineswegs verrückt ist, sondern gegenteilig zweckrationalen psychologischen Abwägungen innerhalb einer Person oder Gruppe gehorcht.

Neben der Selbstregulation für den einzelnen spielt auch die Regulation der Gruppenkohärenz und der Affekte in einer Gruppe oder Großgruppe eine entscheidende Rolle. Die Verortung des Bösen außerhalb der Gruppe entlastet von eigenen, eventuell sehr destruktiven oder den Zusammenhalt der Gruppe gefährdenden Prozessen, wie beispielsweise im Nahost-Konflikt. Beide Seiten - Israelis wie besonders jedoch Palästinenser - wären ohne Außenfeind von zentrifugal wirkenden Erosionskonflikten betroffen, die durch den Kampf gegen den bösen Außenfeind einstweilen abgewehrt sind. Das heldenhafte eigene Vorgehen, die Opfer der eigenen Großgruppe und die Verbündung gegen das von außen kommende Böse schmieden zusammen - und bedingen die Notwendigkeit, am Bösen des Außenfeindes und dem Kampf gegen ihn fest halten zu müssen. Die rechtfertigende Ideologie für das böse Tun, für Morde, Besetzungen und Anschläge liefert eine Pseudo-Identität für die eigene Gruppe, die sich als gutes Opfer gegen den bösen Täter zur Wehr setzen muss (vgl. hierzu Volkan 1999).

Die Wucht der Angriffe wird jedoch wesentlich dadurch mit bestimmt, ob sich die Ideologie lediglich gegen andere Wertesysteme richtet oder direkt gegen andere Personen und Gruppen. Ich werde dies im folgenden Exkurs erläutern.

6. Exkurs über die schützende, triangulierende Funktion von Ideologien

Entscheidend ist, ob überhaupt und inwieweit eine triangulierende Ideologie, also ein Modell von der Wirklichkeit und einer besseren, gerechten Zukunft zwischen Täter und Angegriffene tritt. Die triangulierende Funktion des Modells oder der ideologischen Theorie von der Wirklichkeit spielt eine außerordentlich wichtige Rolle bei der Frage, inwieweit auf Seiten der Täter die subjektive oder objektive Misere als Folge gesellschaftlicher Verhältnisse und ihrer Repräsentanten angesehen wird oder ob direkt andere Personen oder Großgruppen für das Leid oder das Böse verantwortlich gemacht werden. Fehlt diese triangulierende Theorie, so kommt es zu direkten, mehr oder weniger wahllosen und instrumentellen Angriffen auf Personen, die unmittelbar als böse angesehen und deshalb vernichtet werden können. Kurz:

- Werden Nichtgläubige, vermeintlich politisch Irregeleitete, Ungläubige oder bürgerliche Elemente selbst ebenfalls als Opfer ungerechter Verhältnisse betrachtet und daher geschont?

- Oder werden politische Gegner und Andersgläubige mit dem Bösen unmittelbar gleichgesetzt und deshalb der Vernichtung anheimgegeben?

Neonazis beispielsweise fehlt eine triangulierende Theorie. Nicht Globalisierung, der Kapitalismus oder andere Verhältnisse werden von ihnen für Missstände verantwortlich gemacht, sondern bestimmte Personengruppen selbst und unmittelbar, weshalb diese dann auch im Einklang mit dem Gewissen massiv angegriffen werden. Dies war bei der RAF und ihren Nachfolgern anders: Bekämpft wurden nur die vorgeblich bösen Repräsentanten der gesellschaftlichen

Verhältnisse und der wahrgenommenen Ungerechtigkeit, nicht aber die ihnen folgenden Massen.

Das Ausmaß an Entdifferenzierung und Regression ist also unterschiedlich. Religiöse Systeme können zwar zum Respekt vor anderen, Nichtgläubigen aufrufen (und bisweilen tun sie dies sogar), es hängt aber maßgeblich von den ausgelösten Affekten ab, inwieweit eine regressive Entwicklung einsetzt und Ungläubige nicht mehr zu missionieren, sondern zu massakrieren sind. In den Worten des portugiesischen Schriftstellers Jose Saramago sind die Religionen „der Grund für unendliches Leid, für Massenmorde und ungeheuerliche physische und psychische Gewalt, die zu den dunkelsten Kapiteln der elenden Geschichte der Menschheit" gehört. Im Unterschied zu Saramago bin ich der Auffassung, dass es vom Ausmaß der kollektiven Regression abhängt, inwieweit ein religiöses System schützende Funktion im Sinne der Triangulierung ausübt oder umgekehrt diese Rolle aufgibt und in anderen Personen oder Gruppen direkt das Böse verortet. Insofern unterscheiden sich Religionen nicht von anderen Ideologien, die eventuell auf die Annahme eines Gottes als Externalisierung des Überichs verzichten.

Die Bereitschaft zu kollektiver Regresssion ist ubiquitär und nicht durch einen vorgeblich fortschreitenden Zivilisationsprozess ausgeschlossen. Vielmehr hängt es vom Ausmaß disregulierter Affekte ab, die von anderen Mitgliedern einer Gemeinschaft geteilt werden, inwieweit es zur Ausbildung totalitärer Strukturen im Überich kommt: Das Gewissen strukturiert sonst unerträgliche Affekte der Wut, Ohnmacht und Scham, indem es Feindbilder schafft und eine Entdifferenzierung der Realitätswahrnehmung in Gut-Böse-Raster vornimmt (Hilgers, 1996).

Der häufig in persönlichen Gesprächen und Kommentaren zum Ausdruck gebrachte Eindruck, nach dem 11. September habe sich die Welt verändert, scheint mir diese Situation intuitiv zu erfassen: Uns wird quasi seitens der Täter der

Vorschlag gemacht, die Welt in gut und böse einzuteilen und an dieser Grenze entlang Vernichtung walten zu lassen. Wir haben jedoch die Wahl, ob wir auf den Vorschlag angesichts dieser Veränderung eingehen oder uns umgekehrt dieser Regression verweigern.

Die Möglichkeit, kollektiv in der Realitätswahrnehmung politisch-sozialer Verhältnisse zu regredieren, ist niemals für immer gebannt und nach solchen Angriffen beinahe zwangsläufig. Dennoch bedarf es beständiger Anstrengungen, Bedingungen zu schaffen und zu erhalten, die eine Affektualisierung verhindern oder begrenzen und damit die Fähigkeit zu Differenzierung und Ambivalenz schützen. Für die Einschränkung kollektiver Regression steht der subjektive und kollektiv geteilte Eindruck von Gerechtigkeit zentral. Schreiendes Unrecht, ohnmächtige Wut und Revanchewünsche lösen verheerende Veränderungen im Überich aus, die zu massiver Gewaltbereitschaft führen können. Dies ist gegenwärtig akut in den Vereinigten Staaten unter dem Eindruck der Anschläge der Fall, chronisch jedoch längst wegen der verelenden Lebensbedingungen in zahlreichen Krisenherden Teil des Alltags.

7. Gute Strategien gegen das Böse

Wo es zu gewalttätigen Exzessen, zu Pogromen oder Amokläufen, zu Völkermord oder Selbstmordanschlägen im Namen des Guten, Heiligen, der Gerechtigkeit, der Ehre oder des Volkes kommt, verbieten sich die allfälligen Appelle an das Gewissen potentieller Nachahmer. Vielmehr müssen wir nach den Gründen der Gewissensentscheidung Ausschau halten und nach den Motiven jener, die vielleicht selbst nicht zu Tätern werden, aber das unterstützende Umfeld für Gewalt bilden. Denn die Bekämpfung von Terror, Gewalt, Fremdenfeindlichkeit und Übergriffen durch rein militärische oder polizeiliche Mittel läuft Gefahr, die solcherart Verfolgten zu Helden und Opfern zu machen, die in Folge noch größeren Zulauf gewinnen. Abgesehen davon ist es eine Illusion, das Böse, das aus

Gewissensentscheidungen entsteht, mit ausschließlich obrigkeitsstaatlichen Mitteln wirkungsvoll bekämpfen zu können. Einen Amoklauf in einer Schule kann man nicht durch polizeiliche Mittel verhindern, einen Selbstmordanschlag nicht mit militärischem Vorgehen.

Wenn Rache- und Revanchebedürfnisse aus dem Gefühl schreienden Unrechts und ohnmächtiger Hoffnungslosigkeit entstehen, kann das sogenannte Böse nur eingegrenzt werden, wenn sich der Eindruck massiver Benachteiligung und groben Ungleichgewichts verändert. Eine Welt mit weniger bösen Exzessen ist nicht ohne globale Gerechtigkeit zu haben. Denn der Totalitarismus ist der affektive Notausgang aus der persönlichen Misere und der politischen Ohnmacht der Habenichtse und Verlierer. Er bündelt im Ressentiment Affekte von Individuum und Masse zu einer strukturierenden und entlastenden Ideologie, die Handlungskompetenz liefert, wo sonst ohnmächtige Wut, Scham und Demütigung lähmen.

Allerdings können gewalttätige Attacken gegen andere nur planmäßig und kaltblütig ausgeführt werden, wenn die Fähigkeit fehlt oder verlustig gegangen ist, sich in andere - nämlich die potentiellen Opfer - empathisch einzufühlen. Empathie, die zu Einfühlung, Solidarität und der Rückstellung eigener Bedürfnisse eine wichtige Voraussetzung darstellt, geht verlustig, wenn traumatische Erlebnisse das Selbst bedrohten. Die sensible Einfühlung in das Leid und die Freude anderer ist überhaupt nur möglich, wenn sich ein Individuum mit sich einigermaßen sicher fühlt. Dies bedeutet umgekehrt, dass wir uns um engagierte Programme bemühen müssen, die bereits in Kindergärten und Grundschulen ansetzen müssen, um Empathie, Solidarität und Mitgefühl zu lernen, wenn es unter den Bedingungen des Elternhauses zu verkümmern droht. Das potentielle, nämlich strukturelle Böse ist mitten unter uns, wenn die Etats von Familien-, Restfamilienförderung, von steuerlichen Vergünstigungen für Alleinerziehende, die Mittel für Kindergärten, Schulen, Jugendämter oder Kinder- und Jugendpsychiatrien der Verwahrlosung anheim fallen. Empathie in den anderen, der im Zweifel später als der böse andere zu erscheinen droht, ist nachlernbar, wenn sie unter den Bedingungen der Primärbeziehungen zu verkümmern droht. Das dafür notwendige Geld steht jedoch unter den Forderungen der sogenannten flexibilisierten Gesellschaft immer weniger zur Verfügung.

Zu Beginn meiner Ausführungen habe ich auf das beständige Bedürfnis hingewiesen, das sogenannte Böse aus der Welt zu schaffen, wenigstens aber von sich, der eigenen Person oder Gruppe zu weisen. Der Versuch, das sogenannte Böse zu eliminieren, zeitigt jedoch selbst die schlimmsten Auswüchse. Wer immer das Böse zu Gunsten eines Ideals vernichten will, verbündet sich unweigerlich mit den ärgsten totalitären Exzessen. Die Monströsität dieses Ansinnens wird vielleicht am besten durch einen Ausspruch des NS-Ärzte-Funktionärs Arthur Gütt deutlich, der von einer idealen Welt ohne Geisteskrankheit träumte, denn - so seine Worte- „...es müßte herrlich sein, in einer solchen Welt zu leben, in der dann sicherlich auch alles andere vollkommen wäre" - weshalb die Nazis konsequenterweise das Euthanasie-Programm einsetzten, um jegliches Leid, das letztlich die Zuschauenden verletzt, zu vernichten.

Der gänzliche Verzicht auf Zukunftsentwürfe wehrt dabei ebenso Ohnmachts- und Endlichkeitsgefühle ab, wie das fanatische Festhalten an Idealen. Lösungen gegen das Böse bieten keine Erlösungen, keine Heilsversprechungen oder ideale Welten. Das sogenannte Böse ist in uns, als Verhaltens- und Erlebnismöglichkeit jederzeit aktivierbar und als Gefahr individueller wie kollektiver Regression niemals entgültig besiegt. Der Versuch, mit dem eigenen Bösen zu leben, es einzugrenzen und seine verursachenden Motive immer wieder neu zu erforschen, macht jene Emanzipation aus, die sich gegen fertige Lösungen und damit totalitäre Ansätze stellt. Das Tor zur Humanität ist die Fähigkeit zur Ambivalenz, mithin dem Ertragen der persönlichen wie kollektiven Destruktivität. Diese Haltung versteht das eigene wie fremde Böse, ohne es gut zu heißen oder zu tolerieren. Und nur diese Haltung kann uns vor der Gefahr bewahren, dass unser Über-Ich und Wertesystem totalitär wird und sich dem Versuch anheim gibt, das Böse für immer zu besiegen. Denn dieser Versuch würde auf direktem Wege in jenen Totalitarismus führen, der sich mit gutem Gewissen ein makelloses Zeugnis ausstellt. „Niemals", resümierte Blaise Pascal, „tut man so gut und so vollständig das Böse, als wenn man es guten Gewissens tut". Hüten wir uns also davor zu glauben, wir seien zu Taten wie jenen des 11. September niemals fähig. Der weitgehende Verzicht, persönliche Gewalt auszuüben, bedarf der ständigen Anstrengung. Diese Fähigkeit zum Gewaltverzicht ist weniger eine persönliche Errungenschaft, keine Auszeichnung der besseren Menschen, sondern ein Privileg. Wir hatten eventuell das große Glück, unter Umständen aufwachsen, leben und lernen zu dürfen, unter denen man sich dieses Privileg aneignen kann. Der Mehrheit der Menschheit jedoch wird dieses Privileg mit wirtschaftlicher und militärischer Macht vorenthalten.

Literatur

Eppler E (2001): Gehetzte Vorreiter. In: die tageszeitung, 19.11.2001

Henseler H (1974) Narzistische Krisen. Zur Psychodynamik des Selbstmords. Westdeutscher Verlag, Opladen

Hilgers M (1996) Scham. Gesichter eines Affekts. Vandenhoeck und Ruprecht, Göttingen 1996

Popper K R (1957) Die offene Gesellschaft und ihre Feinde. Francke Verlag München, Bd I und Bd II

Volkan V (1999) Das Versagen der Diplomatie. Zur Psychoanalyse ethnischer und religiöser Konflikte. Psychosozial-Verlag, Gießen

Wolfgang Bonß

Das Böse als soziales Phänomen

I

Als ich die Einladung zu dieser Vortragsreihe erhalten habe, habe ich zunächst etwas gestutzt. Damals war der Titel auch noch anders - die ursprüngliche Anfrage bezog sich auf den „Beitrag der Soziologie zum Problem des Bösen". Da musste ich insofern passen, als es jenseits verstreuter Beiträge (z.b. Salzwedel 1999) keine etablierte „Soziologie des Bösen" gibt. Zwar habe ich vorsichtshalber noch einmal alle erreichbaren Handbücher durchgesehen und mich ergänzend im Internet umgeschaut. Aber meine Einschätzung wurde nirgends korrigiert. Im Unterschied zu philosophischen oder theologischen Lexika taucht das Stichwort des Bösen in den einschlägigen soziologischen Wörterbüchern (z.b. Fuchs-Heinritz et al. 1995, Endruweit /Trommsdorf 2002) nicht auf, und gibt man in die Internet-Suchmaschinen das Stichwort „Soziologie des Bösen" ein, so muss man mit einer Fehlanzeige rechnen.

Dies ist kein Zufall, sondern macht nur deutlich, dass bestimmte Perspektiven des Bösen, wie sie in Philosophie und Theologie zentral behandelt werden, in der Soziologie kein originäres Thema sind. Innerhalb der Philosophie (vgl. Oelmüller 1973, Pieper 1997, Wolff 2002) wird das Böse als der dem Guten ontologisch und/oder metaphysisch entgegengesetzte Seinsbereich begriffen, der selbst unterschiedlich interpretiert werden kann; die Bandbreite reicht hier von der vormodernen Deutung des Bösen als Negation des Göttlichen (Leibniz) über seine Interpretation als Missbrauch der Vernunft (Kant) bis hin zur Perzeption des Bösen als notwendiges Moment in der Geschichte des Absoluten (Hegel) bzw. des Seins (Heidegger). Aber egal, wie man das Böse im Kontext der philosophischen Diskussion im Detail beschreibt - es definiert sich stets über das Gute als dessen Negation und wird entsprechend negativ bewertet; das Böse ist das sittlich verwerfliche Verhalten, und weiter führend das ihm zugrunde liegende Wollen, sofern dessen Verwerflichkeit bewusst wird.

Demgegenüber verfügt die Soziologie über einen anders akzentuierten Blick. Zwar sind ihr moralphilosophische Überlegungen keineswegs fremd, aber sie argumentiert in der Regel nicht mit einem moralischen oder metaphysischen Begriff des Bösen. Bezogen auf die philosophischen Diskurse knüpft sie auch weniger an Leibniz oder Hegel an, sondern eher an Herder oder Nietzsche, die mit als erste die gesellschaftliche Produziertheit der Verhältnisse betonten. So entfaltete Nietzsche in der „Genealogie der Moral" (1886) die These, dass Gut und Böse keine metaphysischen Prinzipien seien, sondern von Menschen geschaffene und instrumentalisierte Kategorien. Sie sind nicht absolut, sondern gesellschaftlich relativ, und genau dies ist letztlich auch der Ausgangspunkt aller *soziologischen* Reflexionen des Bösen.

Nimmt man den Gedanken ernst, dass Gut und Böse von Menschen geschaffene Kategorien sind, so erscheinen sie als *soziale Konstruktionen*, die zunächst nicht unter ethischen Gesichtspunkten zum Thema werden, sondern unter Perspektiven ihrer sozialen und kulturellen Bedingtheit. Die hierzu gehörige Frage lautet, wie bestimmte, als böse bewertete Zustände oder Verhaltensweisen als Produkt sozialer Tatsachen beschrieben und erklärt werden können. In der soziologischen Optik - und das wird ihr manchmal zum Vorwurf gemacht - gibt es also nicht *das* Böse. Die Soziologie greift vielmehr die in einer Gesellschaft als „böse" bewerteten Zustände und Verhaltensweisen auf und versucht sie zu verstehen und zu erklären. Dies ist eine vergleichsweise neue und zugleich voraussetzungsvolle Perspektive, die nur möglich ist, weil die Soziologie „einen

Prozess der Säkularisierung und der Transformation des Bösen (vollzieht). Sie entzaubert Sünde und Teufel grundlegend, sei es durch Verinnerlichung zur psychischen Realität, sei es durch Entäußerung an die Einflüsse von soziokulturellen Milieus, Klassen und Machthierarchien" (Leggewie 1995, 124).

II

Die angesprochene Entzauberung des Bösen im Zuge der okzidentalen Rationalisierung erweist sich bei genauerer Betrachtung als ein ebenso langwieriger wie vielschichtiger Prozess, der im 18. Jahrhundert einsetzt und in mancher Hinsicht bis heute unabgeschlossen ist. Die entscheidende Voraussetzung für die veränderte Verortung liegt zunächst in einer konsequenten *Vermenschlichung* des Bösen. Dieses wird nicht mehr an außerweltlichen Instanzen wie dem Teufel festgemacht, der als Negation des Göttlichen und als Gegenmacht zu Gott die Handelnden verführt und sie zu Besessenen macht. Mit der „Abschaffung des Teufels im 18. Jahrhundert" (Kittsteiner 1993) und den damit einher gehenden Säkularisierungsprozessen werden vielmehr die Menschen selber zum Ausgangspunkt und Träger des Bösen.

Exemplarisch studieren lässt sich dieser Umschwung an Immanuel Kant (1724 - 1804), der in seiner Schrift über „die Religion innerhalb der Grenzen der Vernunft" explizit feststellte, dass der Mensch „von Natur böse" (Kant 1793, 680) sei. Wenn Kant „das radikale Böse in der menschlichen Natur" (ebd., 665) benannte und vom diabolischen Bösen abgrenzte (vgl. Zizek 1995, 135ff.), so war dies allerdings weniger anthropologisch gedacht, sondern lief eher auf die These heraus, dass die *Möglichkeit* zum Bösen in jedem Menschen ebenso angelegt ist wie die Möglichkeit zum Guten. Welche Möglichkeit realisiert wird, hängt für Kant von den Subjekten selbst ab. Sie sind es, die anderen schaden und böse handeln können, aber nicht müssen. Das Böse wird somit zu einer Frage der *Handlungsfreiheit* und von Kant weiter führend als ein Missbrauch der menschlichen Freiheit beschrieben, der dann vorliegt, wenn nicht um des Sittengesetzes willen, sondern aus Selbstliebe gehandelt wird. Entscheidend war für Kant, dass der Missbrauch der Freiheit als *Möglichkeit* in der Freiheit selbst angelegt ist. Demgegenüber blieb offen, wie aus der Möglichkeit Wirklichkeit wird bzw. werden kann. Ob dieser Schritt allein dem freien Willen der handelnden Subjekte geschuldet oder durch zusätzliche, externe Faktoren zu erklären ist, war für Kant theoretisch nicht entscheidbar, sondern musste empirisch beantwortet werden. Die Frage nach der gattungsgeschichtlichen Bedeutung des Bösen hingegen beantwortete er mit der These vom „Sieg des guten Prinzips über das böse" (ebd., 751). Sofern diese These ausdrücklich als eine „philosophische Vorstellung" entfaltet wurde, stellte sich der mögliche Sieg des Guten jedoch keineswegs als eine unausweichliche Angelegenheit dar. Zwar ging Kant davon aus, dass die aufklärerischen Imperative sich letztlich durchsetzen würden, aber sofern der „Hange zum Bösen in der menschlichen Natur" (ebd., 675) damit nicht beseitigt wird, kann sich das Böse in seinen Augen auch unter den Bedingungen aufgeklärter Gesellschaften in Einzelfällen immer wieder Bahn brechen.

In dieser Hinsicht war Kant auch skeptischer als manche seiner sozialwissenschaftlichen Nachfolger, die im 19. Jahrhundert mit stark evolutionstheoretischen Akzentsetzungen für eine Zurückdrängung des Bösen argumentierten. Dies gilt nicht zuletzt für den Erfinder des Begriffs „Soziologie", nämlich für Auguste Comte (1798-1857). Mit der Formulierung seines berühmten Drei-Stadien-Gesetzes beschrieb Comte die gesellschaftliche Entwicklung parallel zur individuellen als eine sukzessive Fortschrittsbewegung. Nicht nur bei den Individuen, sondern auch bei den Gesellschaften gebe es Kindheit, Jugend und Reife, und hier wie dort bestehe das Ziel der Entwicklung „in der Unterordnung der selbstischen unter die Ausübung der gesellschaftlichen Instinkte und in der Unterwerfung der Leidenschaften unter die Vorschriften einer allmählich überwiegenden Vernunft" (Comte 1842, 138) - ein Prozess, der in den traditionellen Termini auch als Durchsetzung des Guten gegenüber dem Bösen begriffen werden kann.

In der Tendenz ähnlich, wenngleich mit anderen theoretischen Akzentsetzungen und längst nicht so emphatisch argumentierte eine Generation später Herbert Spencer (1820-1904), der als Differenzierungstheoretiker für die soziologische Theoriebildung von Bedeutung werden sollte. Spencer ist auch deshalb interessant, weil er von einem eher pessimistischen Menschenbild in der Tradition von Hobbes und Hume ausging. Entgegen den Hoffnungen mancher Aufklärer, so seine Behauptung, handeln die Menschen in der Regel keineswegs rational und vernünftig. Sie sind vielmehr in hohem Maße von Affekten, Impulsen und Leidenschaften getrieben, abhängig von Stimmungen und situativen Bedingungen, und stellt man zudem ihren natürlichen Egoismus in Rechnung, so neigen sie, moralphilosophisch gesprochen, eher zum Bösen als zum Guten.

Die ursprüngliche Vergesellschaftung wird vor diesem Hintergrund bei Spencer auch nicht als ein Vernunft-, sondern als ein Zwangszusammenhang beschrieben. Frühe Gesellschaften charakterisiert Spencer als „Militärgesellschaften", die vor allem durch die Androhung physischen Zwangs zusammengehalten werden. Allerdings trete dieser Aspekt im Laufe der Evolution immer stärker in den Hintergrund, und es seien Lerneffekte zu beobachten, die in die selbe Richtung weisen wie bei Comte. Denn aus den „Militärgesellschaften" werden „Industriegesellschaften", und diese zeichnen sich für Spencer „durch die zunehmende Befähigung zur sittlichen Selbstbeschränkung" (Schmid/Weihrich 1991, 32) aus. Zwar werden die Akteure keineswegs zu schrankenlos guten Menschen. Aber sie stellen ihren kurzfristigen Egoismus zurück, und wenn Spencer davon spricht, dass sie ihr Interesse an „wechselseitiger Hilfe" und der Vermeidung „gegenseitiger Beschädigung"' (ebd.) entdecken, ihre „moralische Dickfelligkeit" überwinden und allmählich auch ein „Gefühl der moralischen Verbindlichkeit" (ebd.) entwickeln, dann behauptet er eine nachhaltige Zurückdrängung des Bösen durch das Gute, von deren Möglichkeit nicht nur er, sondern die meisten Sozialtheoretiker des 19. Jahrhunderts (einschließlich Marx und Engels) überzeugt waren.

III

Während Kant auf die Kategorien von Gut und Böse noch explizit Bezug nahm, spielen sie bei Comte und Spencer keine tragende Rolle mehr und werden durch andere Begriffe ersetzt. Dies ist kein Zufall, denn Comte und Spencer begreifen sich weniger als Philosophen, sondern als 'positive' Sozialwissenschaftler, für die sich die Bedeutung des Bösen ebenso ändert wie sein gesellschaftlicher Ort. Sofern sie davon ausgehen, dass es durch Aufklärung und Modernisierung zu einer sukzessiven Zurückdrängung des Bösen komme (und sei es auf dem Wege des „survival of the fittest"), wird das Böse vom potentiell besiegbaren Prinzip (Kant) zum Ausnahmefall, der zwar empirisch nicht ausgeschlossen ist, aber theoretisch nachgeordnet erscheint. Als Ausnahmefall wiederum ist es per definitionem eine Angelegenheit von Minderheiten, die sich, aus welchen Gründen auch immer, gegen die Leitnormen des Guten sperren und daher einer spezifischen Behandlung bedürfen bzw. kuriert werden müssen.

Michel Foucault hat diesen Perspektivenwechsel als Übergang vom Dispositiv „Gut/Böse" zum Dualismus „Normal/Anormal" beschrieben. Notwendig wurde dieser Schritt aufgrund des mit der Säkularisierung nachdrücklich einsetzenden Werte-relativismus bzw. -pluralismus, der einstige Selbstverständlichkeiten außer Kraft setzte und neue Begründungen erzwang. Oder in Foucaults eigenen Worten: „Wenn sich ein Urteil nicht mehr mit den Begriffen Gut und Böse fällen lässt, spricht man von Normal und Anormal. Und wenn diese Unterscheidung gerechtfertigt werden soll, greift man auf Überlegungen über das, was für das Individuum gut oder schädlich ist, zurück" (Foucault 1974, 123).

Parallel zu den veränderten Grenzziehungen zeichnete sich seit Beginn des 19. Jahrhunderts eine immer deutlichere „Pathologisierung des Bösen" (Kapferer 1993) ab. Diese wäre kaum möglich gewesen ohne die schon bei Comte angelegte und von Spencer in Anlehnung an Darwin weiter ausgebaute Konzeptualisierung der Gesellschaft als eines Organismus, der sich in verschiedenen Stufen entwickelt, aber in jeder Phase auch krank werden kann. Vor diesem Hintergrund wird das Böse zum Krankhaften; es ist die Abweichung von der Norm bzw. vom erwartbaren Entwicklungsstand, und die bösartigen Menschen sind nicht länger vom Teufel Verführte bzw. Besessene, sondern gerissene Verbrecher oder behandlungsbedürftige Kranke. Aber egal ob krank oder kriminell - in beiden Fällen geht es darum, das Böse zu beseitigen, auszugrenzen und notfalls weg zu sperren - sei es nun in psychiatrischen Anstalten (vgl. Dörner 1975) oder in Gefängnissen (vgl. Foucault 1975).

Mit der Pathologisierung werden Grenzziehungen vorgenommen und eingeübt, die mit dem Kant'schen Blick auf das Böse nur begrenzt vereinbar sind. Sofern Kant den „Hange" zum Bösen in der menschlichen Natur verankerte, blieb das Böse in seiner Beschreibung als Möglichkeit im Alltag präsent. Demgegenüber setzen die Theoretiker des 19. Jahrhunderts andere Akzente. Für sie ist das Böse kein potentiell ubiquitäres, sondern ein begrenztes Phänomen, das auf Fehlentwicklungen verweist. Zwar ließ sich darüber streiten, „welchen Umständen man diese "Fehlentwicklung" zuschreibt, ob einer schlechten Erbanlage oder den gegebenen gesellschaftlichen/sozialen Verhältnissen bzw. Milieubedingungen" (Kapferer 1993, 96). Aber ungeachtet dessen bestand Konsens darin, dass die Entstehung des Bösen rational erklärt werden konnte, und in dem Maße, wie entsprechende Erklärungen vorlagen, erschien es zugleich besser handhabbar und beherrschbar, wobei viele in der Verwissenschaftlichung des Bösen einen wichtigen Schritt zu seiner langfristigen Beseitigung sahen.

Allerdings gab es auch Skeptiker, und als einer der wichtigsten und langfristig einflussreichsten ist hier Sigmund Freud (1856 - 1939) zu nennen, der kurz nach dem Ausbruch des ersten Weltkriegs die Kategorie des „Bösen" explizit wieder aufgriff. Für Freud war der Kriegsausbruch ein Beleg dafür, dass es eine „Ausrottung des Bösen" weder gegeben habe noch geben könne. Dabei lief seine triebtheoretische Begründung zunächst keineswegs auf eine Ontologisierung des Bösen hinaus. So sprach er davon, dass „das tiefste Wesen des Menschen in Triebregungen (bestehe) .., die elementarer Natur, bei allen Menschen gleichartig .. und ... an sich weder gut noch böse" (Freud 1915a, 41) seien. Sofern Triebe an sich konstruktive und destruktive Momente gleichermaßen beinhalten, zeichnen sie sich durch eine prinzipielle „Ambivalenz" (Freud 1915b, 53) aus. So gesehen wären sie auch eher als gleichsam neutrale Antriebe zu begreifen, die erst mit der Entstehung von Kultur und Gesellschaft an unmittelbarer Wirkungsmacht verlieren, symbolisch überformt und verschoben sowie in „gut" und „böse" eingeteilt und damit eindeutig gemacht werden.

Von dieser in letzter Instanz kulturalistischen Interpretation der Entstehung des Bösen, die erstaunlich gut zu den Schöpfungsmythen nicht nur, aber insbesondere der jüdisch-christlichen Tradition passt, rückte Freud in den zwanziger Jahren zunehmend ab. So unterschied er in seinen Spätwerken zwischen Lebens- und Todestrieben und konstatierte eine „angeborene Neigung des Menschen zum „Bösen", zur Aggression, Destruktion und damit auch zur Grausamkeit" (Freud 1930, 108). Mit dieser ontologisch akzentuierten These bereitete Freud indirekt jenen aggressionstheoretischen Erklärungen des Bösen (Lorenz 1963, Roth 1995) den Boden, wie sie in der zweiten Hälfte des 20. Jahrhunderts populär wurden. Aber die kulturelle und gesellschaftliche Produziertheit des Bösen und sein Bezug zur Herrschaft gerieten auf diese Weise ebenso aus dem Blick wie die oft übersehene Faszination des Bösen, die von Freud selber durchaus zum Thema gemacht wurde und in einer soziologisch-sozialwissenschaftlichen Analyse auf jeden Fall berücksichtigt werden muss.

Wenn Freud die Ambivalenz der Triebe betonte, dann macht er zugleich darauf aufmerksam, dass das Böse die Menschen seit jeher nicht nur abstößt, sondern gleichzeitig auch anzieht (Wulf 1995, 54). Prägnant beschrieben hat er diesen Zusammenhang in seinen Analysen über „Totem und Tabu", die als wichtiger Hintergrund für seine Konzeption des Bösen gesehen werden können. Erst durch das Tabu wird das zuvor Ambivalente zum Bösen, wobei zum tabuisierten Bösen auch gehört, „dass die ursprüngliche Lust, jenes Verbotene zu tun, ... fortbesteht" (Freud 1913, 80). So gilt für alle Tabus, dass die von ihnen Betroffenen „im Unbewussten nichts lieber (möchten) als sie übertreten, aber sie fürchten sich auch davor" (ebd.). Genau dieses Spannungsverhältnis ist für jegliches Tabu von entscheidender Bedeutung. Denn solange die Furcht stärker ist als die Lust, bleibt das Tabu unangetastet und das Böse eindeutig. Überwiegt hingegen die Lust, droht der Tabubruch, und das Böse wird uneindeutig.

IV

Auch wenn die skizzierten Facetten weder systematisch noch chronologisch vollständig sind und nur einen kleinen Teil der sozialwissenschaftlichen Thematisierung des Bösen abdecken, so können gleichwohl einige Punkte festgehalten werden, die für sozialwissenschaftliche Argumentationen von entscheidender Bedeutung sind. Der erste betrifft die Verknüpfung des Bösen mit der „conditio humana" (Plessner 1961): Aus soziologischer Perspektive erscheint das Böse weder als ein ontologischer Seinsbereich noch als ein Prinzip, sondern als eine gesellschaftliche Konstruktion und konstitutiv menschliche Angelegenheit. Zwar gibt es Stimmen, die Ansätze einer Unterscheidung von Gut und Böse bereits im Tierreich zu erkennen glauben. Aber dies ist eine problematische Anthropomorphisierung, die nicht zuletzt deshalb unangemessen erscheint, weil die Abgrenzung beider Dimensionen auch beim Menschen offensichtlich nicht von vornherein vorhanden war, sondern eine evolutionäre Errungenschaft ist.

Indirekt zeugt hiervon bereits der biblische Schöpfungsmythos, nach dem die Menschen im Paradies zwischen gut und böse weder unterscheiden konnten noch brauchten. Die Abgrenzung tauchte erst auf, als sie vom „Baum der Erkenntnis" gegessen hatten (wobei sie letztlich erst durch diesen Schritt zu (sterblichen) Menschen wurden). Danach sahen Adam und Eva, dass sie „nackt waren", und die Differenz zwischen Gut und Böse wurde ebenso schlagartig wie schockhaft klar. Allerdings ist der Schöpfungsmythos keine wissenschaftliche Erklärung, und was in der Bibel als Folge eines Tabu*bruchs* beschrieben wird, scheint tatsächlich eher die Folge der *Herausbildung* von Tabus zu sein, die härter oder weicher sein können, aber nie absolut waren, sondern sich wandeln, wobei dies auf die menschliche Handlungsfreiheit ebenso verweist wie auf soziale Bewertungen.

Die Erfindung und gleichzeitige Kontrastierung von Gut und Böse erscheint vor diesem Hintergrund als ein Produkt der Zivilisation, und die Zivilisation sorgt zugleich für seine Perpetuierung. Denn als soziale Konstruktion stellt sich das Böse (ebenso wie das Gute) als eine basale gesellschaftliche Wertidee dar. Zwar setzte sich diese Wertidee in der uns bekannten Form erst durch den „christlichen Fundamentalismus *qua* Inquisition" (Rahden 1993, 28) durch, und es ist ebenso unbestreitbar, dass sie sich in ihren inhaltlichen Ausformulierungen wandelt. Aber ungeachtet dessen bleibt festzuhalten, dass sie entgegen allen aufklärerischen Hoffnungen nicht einfach verschwindet. Genau hier ist auch die Korrektur eines Missverständnisses notwendig. Während Autoren wie Kant, Comte, Spencer oder auch Marx noch davon ausgingen, dass das Böse durch Aufklärung, Wissen und (Selbst-)reflexion potentiell reduzier-, wenn nicht gar abschaffbar sei, operieren die Sozialwissenschaften seit dem 20. Jahrhundert eher mit der Annahme, dass das Böse ein notwendiges Übel aller Vergesellschaftungszusammenhänge sei, das gar nicht beseitigt werden könne.

Zwar wird diese These unterschiedlich begründet, wobei die Bandbreite von ontologisierenden Aggressionstheorien (Lorenz 1963) bis hin zu gesellschaftskritischen Argumentationen in der Tradition der „Dialektik der Aufklärung" (Horkheimer / Adorno 1947) reichen. Aber dass die mit ihr verknüpfte Kritik eines naiven Aufklärungsoptimismus vergleichsweise breitenwirksam Fuß fassen konnte, ist unübersehbar. Die dementsprechende Trendwende der Diskussion ist keineswegs zufällig, sondern erklärt sich aus den zentralen Katastrophenerfahrungen des 20. Jahrhunderts. Zu diesen gehört zunächst die (insbesondere für Freud höchst wichtige) Erfahrung des ersten Weltkrieges. Noch entscheidender waren allerdings die Erfahrungen des zweiten Weltkrieges und des Holocaust, die auf ein explizites und letztlich endgültiges Scheitern der emphatischen Aufklärungshoffnungen der Ersten Moderne verwiesen und zugleich auf das, was Hannah Arendt (1975) anlässlich des Eichmann-Prozesses in Jerusalem als „Banalität des Bösen" bezeichnet hat.

Mit ihren Thesen zur „Banalität des Bösen" brachte Arendt eine neue Akzentsetzung in die Diskussion über das Böse. So hatte sie zwar eine klare Vorstellung davon, was das Böse sei (was angesichts des Holocaust als Ausdruck eines extrem Bösen kaum überrascht). Aber das kaum mehr steigerbare Böse des Holocaust ist bei ihr nicht mehr bewusst intentional und mit einem 'teuflischen Subjekt' verknüpft. Eichmann, so ihre These, sei kein 'teuflisches Subjekt', sondern das von ihm produzierte Böse sei eher aus 'Gedankenlosigkeit' und als Nebenfolge bürokratischer Rationalität entstanden, wobei Arendt davon überzeugt war, dass ein gedanklich stärkerer Mensch als Eichmann sich auf seine im Endeffekt monströsen Taten nicht unbedingt eingelassen hätte.

Ob der letzte Teil der These stimmt, sei dahingestellt, und mit ihrer Behauptung der Gedankenlosigkeit des Bösen stieß Arendt im Fall Eichmanns auch auf heftigen Widerspruch (vgl. Smith 2000). Gleichwohl lässt sich kaum bestreiten, dass das Böse insbesondere in der entwickelten Moderne „intentionslos" und damit „absichtslos" (Rötzer 1995) zustande kommen kann. Zwar ist es nach wie vor gängige Praxis, das Böse zu personifizieren, und dies gilt nicht zuletzt für die Politik, in der derzeit verstärkt „Achsen des Bösen" konstruiert und „Schurkenstaaten" mit 'bösen' Führern und 'guten' Völkern identifiziert werden. Aber diese Simplifizierungen verdecken eher, dass die Bedeutung des Bösen als nichtintendierte Nebenfolge zunimmt. So häufen sich die Fälle, in denen ein gewollt Gutes zum Bösen wird und sich das Böse zunehmend darstellt als „ein Effekt der komplexen Strukturen, in denen unsere Gesellschaft die Natur wie das Zusammenleben der Menschen organisiert hat" (Busch 1994, 11).

Salopper formuliert lässt sich dies auch so ausdrücken, dass „der Teufel ins System ausgewandert" (Rötzer 1995) ist. Dies bedeutet nicht, dass die Intentionen der handelnden Subjekte keine Rolle mehr spielen. Aber zwischen den intendierten Absichten und den „bösen Effekten" lässt sich nicht mehr unbedingt ein direkter Zusammenhang feststellen, und dies hat durchaus Folgen. Ähnlich wie mit der Steigerung des gesellschaftlichen Komplexitätsniveaus aus Risiken „Gefahren Zweiter Ordnung" werden (vgl. Bonß 1995, 80f.), entstehen auch beim Bösen in modernisiert-modernen Gesellschaften erhebliche Zurechnungsprobleme, und gerade weil es nicht mehr klar identifizierbar ist, wächst die Neigung zu Simplifizierungen und kompensatorischen Personalisierungen, wobei nicht auszuschließen ist, dass die Personalisierungen um so mehr zunehmen wie das Böse zu einem Nebenfolgenproblem wird.

V

Die Geschichte der Thematisierung des Bösen seit dem 18. Jahrhundert macht deutlich, dass die modernen soziologischen Analysen eine doppelte Ausdifferenzierung des Problems voraus setzen: (a) Zum einen eine Ausdifferenzierung auf der *Akteursseite*; zwar bleibt das Böse eine konstitutiv menschliche Angelegenheit, aber sofern es nicht mehr unmittelbar konkreten Subjekten zugerechnet werden kann, taucht als neue Dimension das Systemböse auf. (b) Zum anderen gibt es eine Ausdifferenzierung der *Qualität* des Bösen. Neben das extrem Böse, wie es paradigmatisch durch den Holocaust repräsentiert wird, tritt das relative Böse, das nur zeitweise oder in bestimmten Gruppen oder Regionen Bestand hat, das sich entwickelt, verändert und genau deshalb uneindeutig wird.

Mehr noch als das extreme ist dieses relative Böse das Thema der Soziologie, die die Produktion von Gut und Böse mit spezifischen Kategorien zu begreifen versucht. Zu nennen sind hier vor allem drei Stichworte, nämlich „Norm", „Abweichung" und „Sanktion". In jedem soziologischen Lehrbuch treten diese Begriffe gleichsam im „Dreierpack" auf. Denn *Normen* sind nicht denkbar ohne *Abweichung*, und Abweichungen wiederum sind nur solange als solche handhabbar, wie sie *sanktioniert* werden können. Dass Normen gleichsam auf Abweichung angewiesen sind, ist auf den ersten Blick ein irritierender Gedanke, der jedoch bei genauerer Betrachtung als soziologische Reformulierung der philosophischen Verknüpfung von Gut und Böse gelesen werden kann. Denn als Richtschnur des Gewünschten sind Normen nicht sakrosankt, sondern können bestritten werden. Sie verweisen auf bestimmte, als positiv bewertete Verhaltenserwartungen, zu denen es stets explizite oder implizite Alternativen gibt. Gäbe es diese Alternativen nicht, dann wäre die entsprechende Verhaltenserwartung keine Norm, sondern ein Sachzwang, der sich nicht ändern lässt und dem sich letztlich jede und jeder zu fügen hat.

Allerdings wird nicht jede Norm von vornherein mit dem Problem des Guten und jede Abweichung mit dem des Bösen verknüpft. So gibt es eher unwichtige Normen, wie beispielsweise die Art und Weise des Grüßens (Händeschütteln oder nicht; Grüß Gott, Guten Tag oder gar nichts etc.) bei denen es vergleichsweise egal ist, ob sie von allen erfüllt werden. Abweichungen gelten in diesem Falle nicht unbedingt als „böse", sondern als „absonderlich", „unzivilisiert", „skurril" oder gar als „belanglos" und werden in dieser Bestimmung auch nur begrenzt sanktioniert. Auf der anderen Seite des Spektrums steht das extrem Böse, wie der Holocaust, das ob seiner Unmenschlichkeit nicht relativiert und bestritten werden kann. Die Frage ist nun, wo die Grenze zwischen beiden Bereichen verläuft. Oder anders formuliert: Ab wann, aufgrund welcher Kriterien und in welchen Kontexten werden Normbefolgungen als „gut" und Normabweichungen als „böse" klassifiziert?

Hierauf gibt es in der Soziologie keine einheitliche Antwort. Stattdessen findet sich eine ganze Bandbreite von Argumentationen, von denen ich im Folgenden nur einige vorstellen möchte. Beginnen möchte ich mit der aus der Normdiskussion bekannten behavioristischen Position, wie sie von Frederic B. Skinner oder George C. Homans vertreten wird. Übertragen auf die Problematik von gut und böse läuft der Behaviorimus letztlich auf die folgende These hinaus: Als „gut" können jene Verhaltensweisen bezeichnet werden, die von der Mehrheit der Gesellschaftsmitglieder akzeptiert und praktiziert werden; als „schlecht" oder auch „böse" hingegen jene, die auf Ablehnung stoßen. Wer das Böse so definiert, argumentiert ohne Frage moralfrei. Denn als „gut" erscheinen in dieser Optik die statistisch vorherrschenden Verhaltensweisen, als „schlecht" hingegen das davon abweichende Minderheitenverhalten, das von der Mehrheit negativ sanktioniert wird.

Der Vorteil einer solchen, an Mehrheiten und Minderheiten orientierten Konstruktion liegt darin, dass sie am konkreten Verhalten der Menschen anknüpft ohne es durch den Rekurs auf moralphilosophische Überlegungen vor zu entscheiden. Die Frage ist allerdings, ob dieser Vorteil durch die offenkundigen Probleme einer solchen Perspektive nicht völlig zunichte gemacht wird. So ist es keineswegs ausgemacht, dass Minderheitenverhalten grundsätzlich negativ zu bewerten ist. In Diktaturen beispielsweise können die Wertmaßstäbe genau umgekehrt akzentuiert sein. Zu einem ähnlichen Ergebnis führt ein einfaches Gedankenexperiment. Denkt man sich eine Gesellschaft, die den Mord an Andersdenkenden mehrheitlich akzeptiert und praktiziert, dann erscheint diese Verhaltensweise im Kontext der empirisch-sozialstatistischen Position per definitionem als „gut" (oder zumindest als nicht-verwerflich), während das Verhalten der Mordgegner als „schlecht" (oder zumindest als nicht-akzeptabel) bewertet wird.

Für die Anhänger der sozialstatistischen Position sind dies Extrembeispiele, die in empirischer Hinsicht als nicht gedeckt angesehen werden. Wer sich dennoch auf die entsprechenden Einwände einlässt, wechselt in der Regel nicht zu moralphilosophischen Überlegungen, sondern greift eher auf das zusätzliche Argument zurück, dass es keineswegs um das bloße *Verhalten* gehe, da dieses u.U. erzwungen werden könne. Vielmehr müsse das Mehrheitsverhalten von den Beteiligten selbst als „gut", das Minderheitsverhalten hingegen als „schlecht" *bewertet* werden. Diese Zusatzbedingung lässt ein neues Kriterium erkennen, nämlich Akzeptanz und *Legitimation,* die beim Streit um „gut" und „böse" in der Tat eine erhebliche Rolle spielen und sich keineswegs auf das faktische Verhalten reduzieren lassen. So kann ein Verhaltensmuster, das sich vor dem Hintergrund geltender Normen nicht rechtfertigen lässt, auch dann nicht als „gut" etikettiert werden, wenn es weit verbreitet ist, wie etwa rücksichtsloses Verhalten im Straßenverkehr. Umgekehrt lässt sich eine legitimierte Verhaltenszumutung, wie etwa die Einhaltung von Geschwindigkeitsbegrenzungen, auch dann nicht in den Bereich des „Bösen" rücken, wenn sie vielleicht nur von einer Minderheit praktiziert wird.

Das Kriterium der Legitimität bzw. Legitimierbarkeit verweist auf den (oft unterschlagenen) Herrschaftsbezug von Gut und Böse ebenso wie auf das Problem von Rechtfertigung und Gerechtigkeit. Unter dieser Perspektive wird „gut" oft mit „gerecht" und „böse" mit „ungerecht" identifiziert, wobei freilich meist offen bleibt, anhand welcher Kriterien etwas als gerecht bzw. ungerecht beurteilt wird. Diese Kriterien genauer zu klären ist das Thema der sozialphilosophischen Gerechtigkeits-/Ungerechtigkeitsdiskurse, die in den letzten Jahrzehnten erheblich ausgeweitet worden sind (vgl. Rawls 1971, Walzer 1983, Honneth 1992, Fraser/Honneth 2002). Allerdings würde es an dieser Stelle zu weit führen, sich mit diesen Diskursen im einzelnen zu beschäftigen, und wir können hierauf auch insofern verzichten, als sich die einschlägigen Autoren mit der Gut-/Böse-Problematik zwar implizit, aber keineswegs explizit beschäftigen.

Interessanter erscheint demgegenüber ein drittes Stichwort zur Identifizierung des Bösen, nämlich das des *Schadens.* Zur Bestimmung der Grenze zwischen

„unerwünscht", „absonderlich" oder „merkwürdig" einerseits sowie „böse" andererseits ist dieses Kriterium, das mit dem Moment der Legitimierbarkeit/Illegitimität keineswegs identisch ist, von erheblicher Bedeutung. Denn auch zweifelsfrei legitimierte Handlungsmuster können insofern „böse Folgen" haben, als sie Individuen oder Gesellschaften u.U. teuer zu stehen kommen und ihnen einen (in der Regel quantifizierbaren) „Schaden" zufügen. Zwar lässt sich im Einzelfall darüber streiten, ob dieser "Schaden" nicht als eine Art „Strafe" gerechtfertigt ist. Aber dies ändert nichts daran, dass die entsprechenden Einschränkungen von den Betroffenen nicht nur als „ungerechtfertigt", sondern als „bösartig" wahrgenommen werden, und zwar vor allem dann, wenn sich keine, wie auch immer geartete Verknüpfung mit einer Sanktion bzw. Bestrafung herstellen lässt. Insbesondere unter dieser Voraussetzung stellt sich der Schaden als ein ebenso eigenständiges wie notwendiges Kriterium dar. Unter dieser Perspektive werden Handlungen und Normabweichungen genau dann als „böse" klassifiziert, wenn sie einen Schaden an Vermögen, Leib oder Leben verursachen.

Die Gleichsetzung des Bösen mit einem wie auch immer definierten Schaden ist keineswegs eine neue Erscheinung. Schon in den frühneuzeitlichen Hexenprozessen wurde das Böse über die Schäden operationalisiert, die es angeblich herbei geführt hatte, wobei die Bandbreite beeindruckend ist. Die Verursachung von Felsstürzen und Lawinen gehört ebenso dazu wie das Verderben der Milch und das Töten des Viehs. Außerdem können die Hexen mit ihren Salben diverse Krankheiten auslösen, und schließlich wird ihnen „die Tötung von Kindern zur Last gelegt, die sie erwürgen oder verderben lassen" (van Dülmen 1993, 189). All dies sind die Folgen eines „Schadenszaubers", dessen letzter Grund außerhalb der Hexen selbst liegt. Denn sie sind verführt und besessen vom Teufel, der als externe Instanz für praktisch alle Übel verantwortlich gemacht werden kann.

Mit der Säkularisierung des Bösen kommt es hier gewissermaßen zu einem Rationalisierungseffekt. Nun werden nicht mehr alle möglichen realen und fiktiven Schädigungen mit dem Bösen in Verbindung gebracht. Stattdessen gilt: Die dimensional differenzierten Schäden (Vermögensschäden, Schäden an Leib und Leben etc.) müssen als Folge einer bestimmten Handlung bzw. Normabweichung konkret nachweisbar sein. Denn das Böse wird nicht mehr einer externen Instanz zugerechnet, die alles und jedes bewirken kann, sondern den handelnden Subjekten selber. Es bleibt an deren Handlungsgrenzen gebunden, die Schäden werden differenziert bewertet und unter dieser Perspektive sogar quantifizierbar. Darüber hinaus bekommt das Böse ein spezifisches Gesicht; sofern es mit den handelnden Subjekten konstitutiv verknüpft ist, mehren sich die Versuche, es an diesen Subjekten selbst und ihrer Erscheinung konkret festzumachen. Ebenso berühmt wie berüchtigt ist hier Cesare Lombroso, der Ende des 19. Jahrhunderts die Verbrecher an ihrer Physiognomie erkennen wollte und hiermit nicht zuletzt in Deutschland auf erhebliches Interesse stieß (vgl. Gadebusch Bondio 1995).

Die Verknüpfung mit den handelnden Subjekten führt zu einer Art Einhegung des Bösen und weitergehend zu der Vorstellung, es sei beherrschbar und abschaffbar. Ungeachtet dessen bleibt ein Moment erhalten bzw. gewinnt an Bedeutung, das von Anfang an gegen die Beherrschbarkeitsidee spricht und auf ein viertes Kriterium zur Identifizierung des Bösen verweist, nämlich auf seine *Unerwartbarkeit* und *Unberechenbarkeit*. Auch wenn es sich vielleicht schleichend aufbaut, so bricht das Böse in der Regel plötzlich auf und erscheint allenfalls ex post vorhersehbar. In der konkreten Situation hingegen taucht es unerwartet auf. Dies nicht nur, weil es schlagartig auftritt und Schäden verursacht. Weit wichtiger ist, dass das Böse als Unerwartetes die eingeschliffenen Normalitätsfiktionen auf den Kopf und die Berechenbarkeit des Alltags in Frage stellt. Es tritt etwas ein, womit man nicht gerechnet hat und auch nicht zu rechnen brauchte, wobei der letzte Punkt für das Etikett des „Bösen" entscheidend ist. Passiert etwas Unerwartetes, mit dem man hätte rechnen können und sollen, dann ist dies „Unvorsichtigkeit", „mangelnde Planung" oder „Leichtsinn". Brauchte und konnte man hiermit jedoch nicht rechnen, dann lässt sich das in Frage stehende Ereignis nur als „böse" qualifizieren.

Was dies heißt, hat am Beispiel des extrem Bösen Dan Diner mit seiner These von „Zivilisationsbruch" (Diner 1988) eindringlich beschrieben. Für Diner ist Auschwitz insofern ein Zivilisationsbruch, als im Lager jegliche Form von Erwartbarkeit und zivilisationsbezogener Regelhaftigkeit außer Kraft gesetzt ist. Die Lagerinsassen können jederzeit getötet werden, aber auch überleben, ohne dass Erwartbarkeitsstrukturen in die eine oder andere Richtung sinnvoll ausgebildet werden können. Vergleichbares berichten Folteropfer, die „aus der Welt fallen", weil für sie die basalen Sicherheiten der Zivilisation außer Kraft gesetzt sind und keinerlei Erwartbarkeit und Verlässlichkeit mehr gegeben ist.

Ohne Frage gilt dies für das relativ Böse nicht in gleichem Maße. Gleichwohl bleibt festzuhalten, dass Unberechenbarkeit und Unerwartbarkeit wichtig, wenngleich keineswegs selbstverständlich sind. Dies um so weniger, als beide Momente offensichtlich erst in der Moderne zu einem Kriterium des Bösen geworden sind. Denn wie wir seit Marx, Weber und Sombart wissen, sind die Ideen und die Möglichkeiten der Berechenbarkeit von Handeln und Gesellschaft ein Produkt der Moderne, und je mehr diese Ideen zur anerkannten Norm wurden, desto rigider wurden die Anforderungen an Erwartbarkeit und Berechenbarkeit, und desto leichter können unerwartete und unberechenbare Ereignisse als Einbruch des Bösen interpretiert werden.

VI

Fasst man die skizzierten Kriterien *(Normabweichung, Legitimität, Schaden, Unerwartbarkeit)* zusammen, so handelt es sich beim Bösen in soziologischer Perspektive um soziale Konstruktionen, die auf Normabweichungen mit Schadensfolgen verweisen und als „Ausdruck eines alltäglichen Mangels an Gerechtigkeit und Berechenbarkeit" (Salzwedel 1999, 71) interpretierbar sind. Derart allgemein gefasst können sehr viele Phänomene als „böse" charakterisiert werden, und es ist kein Zufall, dass in den einschlägigen Beiträgen nicht selten mit Beispielen oder eigenen Erfahrungen ohne abschließenden Systematisierungsanspruch gearbeitet wird (so z.B. Leggewie 1995, Salzwedel 1999). Gleichwohl lassen sich spezifische Schwerpunktsetzungen in der soziologischen Analyse des Bösen feststellen. Neben dem extrem Bösen in Gestalt von Massenvernichtung und Holocaust stehen vor allem drei Themenfelder im Vordergrund: (a) Zum einen das breite Feld von *Devianz und Kriminalität*, (b) zum anderen das spezielle Phänomen der *Korruption,* die nicht selten als „Abweichung der Angepassten" (Frehsee 1991) und politisch-moralische Verfallserscheinung gleichermaßen beschrieben wird, und schließlich (c) *Aggression und Gewalt* als ebenso manifeste wie aktuelle Ausdrucksformen des Bösen.[1]

Die meisten Untersuchungen liegen in diesem Zusammenhang zum Problemfeld Devianz und Kriminalität vor. Beide Stichworte sind jenseits der Anomieforschung vor allem ein Thema der (empirischen) Kriminologie, die sich mit unterschiedlichen Varianten abweichendem Verhaltens beschäftigt. Im Zentrum steht dabei das als „kriminell" etikettierte Verhalten, das im Unterschied zu anderen Formen der Devianz mit gesetzlich festgelegten Sanktionen geahndet wird. Die hierbei interessierenden Forschungsfragen lauten: Wie entwickelt sich die Kriminalität in unterschiedlichen Gesellschaften, und wie ist sie sozial strukturiert? Oder anders ausgedrückt: Wer weicht wann und warum ab? Auf diese Fragen gibt es schon aus methodischen Gründen keine definitiven Antworten. So haben die amtlichen Daten der Polizeilichen Kriminalstatistik (PKS), die sich auf die registrierten bzw. angezeigten Straftaten beziehen, auch nach Auffassung des Bundesministeriums des Inneren nur eine begrenzte Aussagekraft (vgl. BMI 2002, 2f.), und darüber hinausgehende Aussagen über das Niveau und die Strukturierung der Kriminalität beruhen häufig auf kaum abgesicherten Schätzungen.

---

[1] Aus der Fülle der Literatur seien hier als Einführung genannt (a) zu Devianz und Kriminalität: Albrecht (2002), Lamnek (1996), Kaiser (1997), Papathanassiou (2002), (b) zur Korruption: Fleck / Kuzmics (1985), Ottermann (2000), Roth (1991) sowie (c) zu Aggression und Gewalt: Butterwege / Lohmann (2000), Gay (2000), Sofsky (1996), Trotha (1997).

Gleichwohl lassen sich einige Grundtendenzen feststellen, wobei in unserem Zusammenhang folgende Befunde von Interesse sind: Zwar ist Kriminalität ein Minderheitenverhalten, das aber keineswegs völlig marginal ist. Laut PKS gab es in den neunziger Jahren in Deutschland rund 8000 Fälle registrierter Kriminalität auf 100000 Einwohner; zugleich ist für alle Industriestaaten (mit Ausnahme Japans) seit den sechziger Jahren ein nicht unerheblicher Anstieg der registrierten Kriminalität festzustellen, die auf mehr als eine Verdoppelung hinaus läuft. Allerdings kann hieraus nicht umstandslos auf eine generelle Zunahme des Bösen in modernen Gesellschaften geschlossen werden. So ist die Verfolgungsintensität eindeutig gestiegen, denn heute wird weit mehr angezeigt und registriert als noch vor drei oder vier Jahrzehnten. Darüber hinaus stellt sich die Kriminalitätszunahme entgegen manchen Befürchtungen aus den neunziger Jahren keineswegs linear dar. Denn zumindest für die Bundesrepublik ist seit 1993 ein sukzessiver Rückgang der registrierten Fälle zu notieren (von 8337 auf 7736 pro 100000 in 2001), wobei offen ist, ob dies als konjunktureller oder als struktureller Trend zu interpretieren ist.

Freilich ist die Entwicklung der Gesamtzahl der Fälle letztlich nur begrenzt aussagekräftig. Denn Kriminalität ist nicht gleich verteilt, sondern sozial strukturiert, und zwar sowohl unter der Perspektive der (sich wandelnden) Deliktstrukturen als auch unter der Perspektive von Tätern und Opfern. Versucht man die soziale Strukturierung aufzuschlüsseln, so ist als wichtigster Befund festzuhalten, dass Kriminalität (und insbesondere Gewaltkriminalität) *männlich* ist; mehr als 3/4 aller Tatverdächtigen sind Männer, der Anteil der Frauen pendelt seit Jahren um die 22-23% (vgl. BMI 2002, 26). Bei Gewaltdelikten (Mord, Totschlag, Körperverletzung) liegt er noch erheblich niedriger, nämlich bei ca. 13% (vgl. ebd., 29), auch wenn hier in den letzten Jahren bei jungen Frauen eine höhere Gewaltbereitschaft feststellbar ist.

Umstritten ist, inwiefern die Gewaltbereitschaft (und damit die Bereitschaft zum extremen Bösen) steigt. Zwar nimmt die registrierte Gewaltkriminalität zu (vgl.

ebd., 34), und entgegen dem sonstigen Rückgang der Fälle bleibt dieser Trend auch nach 1993 ungebrochen. Aber entgegen dem massenmedial verbreiteten Eindruck ist die relative Häufigkeit von Mord und Totschlag zurück gegangen; nach dem absoluten wie relativen Höhepunkt im Jahre 1993 lagen die Werte im Jahre 2001 unter den Zahlen von 1970. Auf der anderen Seite steigt jedoch die Zahl der registrierten Körperverletzungen und Sachbeschädigungen, und zwar ungeachtet des sonstigen Rückgangs der registrierten Fälle seit 1993, weshalb manche bereits einen drohenden „Zerfall der zivilen Gesellschaft" (Eisenberg / Gronemeyer 1993) diagnostizieren

Allerdings scheint diese Aussage in mancher Hinsicht vorschnell. Ganz abgesehen davon, dass die registrierte Gewaltkriminalität nicht mit der tatsächlichen Gewaltbereitschaft gleich gesetzt werden darf, gilt die Zunahme der Gewalt keineswegs generell, sondern nur für bestimmte Gruppen, während sie bei anderen schon aufgrund der sich verändernden Deliktstrukturen zurück geht. Eine wachsende Gewaltbereitschaft wird vor allem für Kinder, Jugendliche und junge Erwachsene behauptet, wobei hier nicht selten ein Zusammenhang mit der „Individualisierung bei Jugendlichen aus unterschiedlichen Milieus" (Heitmeyer et al. 1995) gesehen wird. Aber auch dieser Zusammenhang ist bislang eher vermutet als nachgewiesen (vgl. Lamnek 2000). Denn es fehlt an generationsvergleichenden Untersuchungen in doppelter Hinsicht: Zum einen spricht einiges dafür, dass jugendliche Gewaltbereitschaft keineswegs neu ist. Sie war vielmehr auch in früheren Generationen verbreitet, ist aber erst in dem Maße in das öffentliche Aufmerksamkeitsspektrum gerückt ist, wie sie in weiter führenden Schulen und bei Mittelschicht-Jugendlichen auftrat. Zum anderen wäre es ein Fehlschluss, aus der Gewaltbereitschaft bei Jugendlichen umstandslos auf Gewaltbereitschaft im Erwachsenenalter zu schließen. Denn zumindest in den vergangenen Generationen ist die Gewaltbereitschaft mit zunehmendem Alter offensichtlich zurück gegangen, und es gibt keinen Hinweis darauf, warum dies inzwischen anders sein sollte.

Allerdings sind hier statistisch repräsentative Aussagen bislang kaum möglich. Ähnliches gilt bei der Frage der klassen- und schichtspezifischen Differenzierung. Bei der Kriminalitätsstatistik beispielsweise fehlt diese völlig, weshalb es schwierig ist, die soziale Strukturierung des abweichenden Verhaltens genauer zu erfassen. Aber auch wenn man sie im Detail nicht immer benennen kann, so lassen sich soziale Unterschiede in der Verteilung krimineller Verhaltensweisen kaum bestreiten. So zeigen Fallstudien zu einzelnen (Risiko-)Gruppen, dass diese aus angebbaren Gründen eine höhere Kriminalitätsrate aufweisen. Denn das Böse ist nicht nur eine soziale Konstruktion, sondern auch in dem Sinne sozial produziert, dass bestimmte soziale Konstellationen die Wahrscheinlichkeit abweichenden Verhaltens ebenso erhöhen wie die Wahrscheinlichkeit einer Stigmatisierung durch die Umwelt.

Wenn das Böse sozial produziert ist, dann müsste es durch eine Veränderung bzw. Verbesserung der sozialen Kontexte selbst beeinflussbar sein. So richtig dieser aufklärerische Gedanke auch sein mag, so sehr bleibt festzuhalten, dass sich das Böse als hartnäckiger und radikaler erwiesen hat als die Aufklärung erhoffte. Zwar muss man nicht so skeptisch sein wie die Autoren der „Dialektik der Aufklärung" (Horkheimer/Adorno 1947) und von einem generellen Rückfall in die Barberei oder einem „Zerfall der zivilen Gesellschaft" (Eisenberg / Gronemeyer 1993) ausgehen. Dies um so weniger, als ein Anwachsen des individuellen Bösen im Sinne der Anomiethese nicht unbedingt festzustellen ist. Auf der anderen Seite ist die Zunahme des nicht-intendierten und Nebenfolgen bedingten „Systembösen" ebenso unübersehbar wie erschreckend, zumal hier die Sozialwissenschaften auch noch kaum Antworten haben. Genau dies jedoch sollte eine Herausforderung sein, sich mit dem Problem des Bösen erneut genauer zu beschäftigen. Denn die bisherigen Analysen reichen offensichtlich nicht aus, und neue Deutungen zu finden scheint um so dringlicher, als auch und gerade aufgeklärte Gesellschaften mit dem Phänomen des Bösen leben und zurecht kommen müssen.

Literatur

Albrecht, Peter Alexis (2002). Kriminologie. Ein Studienbuch. München: Beck Juristischer Verlag.

BMI, (Bundesministerium des Innern) (2002). Polizeiliche Kriminalstatistik 2001. Berlin: BMI.

Bonß, Wolfgang (1995). Vom Risiko. Unsicherheit und Ungewißheit in der Moderne. Hamburg: Hamburger Edition.

Busch, Bernd (1995). Das absichtslose Böse? In: Florian Rötzer / Kunst- und Ausstellungshalle der Bundesrepublik Deutschland (Hg.), Das Böse. Jenseits von Absichten und Tätern oder: Ist der Teufel ins System ausgewandert? (S. 9 - 12). Göttingen: Steidl.

Butterwege, Christoph / Lohmann, Georg (Hg.): (2000). Jugend, Rechtsextremismus und Gewalt,. Opladen: Leske + Budrich.

Comte, Auguste (1842). Die Soziologie. Die Positive Philosophie im Auszug. Stuttgart: Kroner 1974.

Diner, Dan (Hg.) (1988). Zivilisationsbruch. Denken nach Auschwitz. Frankfurt: Fischer.

Dörner, Klaus (1975). Bürger und Irre. Zur Sozialgeschichte und Wissenschaftssoziologie der Psychiatrie. Frankfurt: Fischer.

Dülmen, Richard van (1993). Die Dienerin des Bösen. Zum Hexenbild in der frühen Neuzeit. In: Colpe, Carsten / Schmidt-Biggemann, Wilhelm (Hg.), Das Böse. Eine historische Phänomenologie des Unerklärlichen (S 187 -203). Frankfurt: Suhrkamp.

Eisenberg, Götz/ Gronemeyer, Reimer (1993). Jugend und Gewalt. Der neue Generationskonflikt oder der Zerfall der zivilen Gesellschaft,. Reinbek: Rowohlt.

Endruweit, Gunter / Trommsdorf, Gisela (Hg.) (2002)l. Wörterbuch der Soziologie. (2.Aufl.) Stuttgart: Lucius & Lucius

Fleck, Christian / Kuzmics, Helmut, (Hg.) (1985). Korruption. Zur Soziologie nicht immer abweichenden Verhaltens. Königstein: Athenäum.

Foucault, Michel (1974). Von der Subversion des Wissens. München: Hanser.

Foucault, Michel (1975). Überwachen und Strafen. Die Geburt des Gefängnisses. Frankfurt/Main: Suhrkamp 1977.

Fraser, Nancy / Honneth, Axel (2002). Umverteilung oder Anerkennung. Eine politisch-philosophische Kontroverse. Frankfurt: Suhrkamp.

Frehsee, Detlev (1991). Die Abweichung der Angepaßten. Kriminologisches Journal, 23, 25 - 45.

Freud, Sigmund (1913). Totem und Tabu. Einleitung von Mario Erdheim. Frankfurt: Fischer 1991.

Freud, Sigmund (1915). Zeitgemäßes über Krieg und Tod. In: Ders.: Kulturtheoretische Schriften (S. 30 - 66). Frankfurt: Fischer 1974.

Freud, Sigmund (1930). Das Unbehagen in der Kultur. In: Ders.: Abriß der Psychoanalyse. Das Unbehagen in der Kultur (S. 63 - 130). Frankfurt: Fischer 1972.

Fuchs-Heinritz, Werner / Lautmann, Rüdiger / Rammstedt, Otthein / Wienold, Hans (Hg.) (1995). Lexikon zur Soziologie (3. Aufl.). Opladen: Westdeutscher Verlag.

Gadebusch Bondio, Mariacarla (1995). Die Rezeption der kriminalanthropologischen Theorien von Cesare Lombroso in Deutschland von 1880-1914. Husum: Matthiesen Verlag.

Gay, Peter (2000). Kult der Gewalt. Aggression im bürgerlichen Zeitalter. Berlin: Siedler.

Heitmeyer, Wilhelm / Collmann, Brigit / Conrads, Jutta / Matuschek, Ingo / Kraul, Dietmar / Kühnel, Wolfgang / Möller, Renate / Ulrich-Hermann, Matthias (1995). Gewalt. Schattenseiten der Individualisierung bei Jugendlichen aus verschiedenen Milieus. Weinheim / München: Juventa.

Honneth, Axel (1992). Kampf um Anerkennung. Zur moralischen Grammatik sozialer Konflikte. Frankfurt: Suhrkamp.

Horkheimer, Max / Adorno, Theodor W. (1947). Dialektik der Aufklärung. Amsterdam: Querido. Neuauflage Fischer: Frankfurt 1969.

Kaiser, Günther (1997). Kriminologie: Eine Einführung in die Grundlagen (10. Aufl.). Heidelberg: Müller.

Kant, Immanuel (1793). Die Religion innerhalb der Grenzen der bloßen Vernunft. In: Weischedel, Wilhelm (Hg.), Immanuel Kant. Werke in 10 Bänden (Bd.7, S. 649 - 882). Darmstadt: Wiss. Buchgesellschaft 1971.

Kapferer, Norbert (1993). Die Pathologisierung des Bösen. Über die problematische Umsetzung eines moralisch-theologischen Begriffs in den Sozialwissenschaften. In: Schuller, Alexander / Rahden, Wolfert von (Hg.), Die andere Kraft. Zur Renaissance des Bösen (S. 95 - 115). Berlin: Akademie-Verlag.

Lamnek, Siegfried (1996). Theorien abweichenden Verhaltens (6. Aufl.). München: Fink.

Lamnek, Siegfried (2000). Jugendgewalt in unserer Gesellschaft. Gegenwartskunde, 49, 225 - 256.

Leggewie, Claus (1995). "Das Böse hat sich als radikaler erwiesen als vorgesehen" - und was Sozialwissenschaftler damit anfangen. In: Florian Rötzer / Kunst- und Ausstellungshalle der Bundesrepublik Deutschland (Hg.), Das Böse. Jenseits von Absichten und Tätern oder: Ist der Teufel ins System ausgewandert? (S. 152 - 165). Göttingen: Steidl.

Lorenz, Konrad (1963). Das sogenannte Böse. Zur Naturgeschichte der Aggression. Wien: Ullstein.

Oelmüller, Willi. (1973). Das Böse. In: Krings, Hermann / Baumgartner. Hans-Michael / Wild, Christoph (Hg.), Handbuch philosophischer Grundbegriffe (Bd. 1, S. 255 - 268). München: Kösel.

Ottermann, Ralf (2000). Soziologie des Betrugs. Hamburg: Kovacs.

Papathanassiou, Vassilios (2002). Verhalten, abweichendes. In: Endruweit, Günter / Trommsdorf & G.isela (Hg.), Wörterbuch der Soziologie (S.661 - 667). (2. Aufl.). Stuttgart: Lucius & Lucius.

Pieper, Annemarie. (1997). Gurt und Böse. München: Beck.

Plessner, Helmut (1961). Die Frage nach der Conditio humana. Frankfurt: Suhrkamp 1983.

Rahden, Wolfert von (1993). Orte des Bösen. Aufstieg und Fall des dämonologischen Dispositivs. In: Schuller, Alexander / Rahden, Wolfert von (Hg.), Die andere Kraft. Zur Renaissance des Bösen (S. 26 - 54). Berlin: Akademie-Verlag.

Rawls, John (1971). Eine Theorie der Gerechtigkeit (7. Aufl.). Frankfurt: Suhrkamp 1993.

Roth, Gerhard (1995). Ist böses Tun für den Menschen unvermeidlich? In: Florian Rötzer / Kunst- und Ausstellungshalle der Bundesrepublik Deutschland (Hg.), Das Böse. Jenseits von Absichten und Tätern oder: Ist der Teufel ins System ausgewandert? (S. 78 - 89). Göttingen: Steidl.

Roth, Siegward (1991). Die Kriminalität der Braven. München: Beck.

Salzwedel, Hartmut (1999). Das Böse aus soziologischer Sicht. In Salzwedel, Hartmut / Siggelkow, Ingeborg (Hg.), Kultur und Sozialstruktur. (S. 49-78). Frankfurt: Peter Lang.

Schmid, Michael / Weihrich, Margit (1991). Bibliographie der Werke von Herbert Spencer. Mit einer Einleitung und einer Kurzbiographie. München: Universität der Bundeswehr (Eigendruck).

Smith, Gary (2000). Hannah Arendt Revisited. 'Eichmann in Jerusalem' und die Folgen. Frankfurt: Suhrkamp.

Sofsky, Wolfgang (1996). Traktat über die Gewalt. Frankfurt: Fischer.

Trotha, Trutz von (Hg.) (1997). Soziologie der Gewalt. Opladen: Westdeutscher Verlag.

Walzer, Michael (1983). Sphären der Gerechtigkeit. Ein Plädoyer für Pluralität und Gleichheit. Frankfurt: Campus 1994.

Wolf, Jean-Claude. (2002). Das Böse als ethische Kategorie. Wien: Passagen Verlag.

Wulf, Christoph (1995). Die Ambivalenz des Bösen. In: Florian Rötzer / Kunst- und Ausstellungshalle der Bundesrepublik Deutschland (Hg.), Das Böse. Jenseits von Absichten und Täter oder: Ist der Teufel ins System ausgewandert? (S. 54 - 62). Göttingen: Steidl.

Zizek, Slavoj (1995). Immanuel Kant als Theoretiker des Bösen. In: Florian Rötzer / Kunst- und Ausstellungshalle der Bundesrepublik Deutschland (Hg.), Das Böse. Jenseits von Absichten und Tätern oder: Ist der Teufel ins System ausgewandert? (S. 132 - 151). Göttingen: Steidl.

Horst-Jürgen Gerigk

Dostojewskijs Begriff des Bösen

Vorbemerkung zum freiheitlichen Tun des Täters in Dostojewskijs poetischem Universum

Im poetischen Universum Dostojewskijs ist die Wirklichkeit des Bösen darauf angewiesen, dass sie gewünscht wird. Das Böse kommt nicht irgendwie zustande, sondern nur, weil es vom Menschen gewünscht wird. Dostojewskijs poetisches Universum kennt keine Naturkatastrophen, kennt nicht das *Erdbeben in Chili*, von dem uns Kleist erzählt, sondern nur das, was Menschen einander antun. Es ist der „Wahnsinn des Eigendünkels" (mit Hegel gesprochen), der Dostojewskijs Aufmerksamkeit erregt, oder, anders gesagt: die Psychopathologie der Täter-Persönlichkeit.

Wenn ich vom poetischen Universum Dostojewskijs spreche, so ist damit das Ensemble seiner fünf großen Romane gemeint, die von 1866 bis 1880 erschienen sind und nur ein einziges Jahrzehnt der russischen Gesellschaftsentwicklung abstecken, nämlich die Jahre 1865 bis 1874. Die Titel dieser fünf großen Romane sind: *Verbrechen und Strafe*, *Der Idiot*, *Die Dämonen*, *Der Jüngling* und *Die Brüder Karamasow* (die im Jahre 1866 spielen).

Vier dieser fünf Romane haben einen Mord zum Thema. Und das zentral. Nur in einem dieser fünf Romane kommt der Mord, auf den die Haupthandlung zueilt, nicht zustande, nämlich im *Jüngling*. In den übrigen vieren wird des Mordes schwere Tat vollbracht. Raskolnikow in *Verbrechen und Strafe* ermordet zwei

Frauen mit dem Beil: die Wucherin Aljona Iwanowna mit der stumpfen Seite, ihre Stiefschwester Lisawjeta, die zufällig auf der Mordstatt erscheint, mit der Schneide. Beide Frauen sind, während sie vom Beil tödlich getroffen werden, völlig wehrlos. Aljona Iwanowna wickelt gerade ein angebliches Pfand aus, als Raskolnikow sie erschlägt; Lisawjeta trägt ein Bündel Wäsche unter dem rechten Arm und hebt noch nicht einmal die freie Hand zur Gegenwehr, als sie von Raskolnikows tödlichem Hieb getroffen wird.

Schatow in den *Dämonen* wird von drei Männern festgehalten und zu Boden gedrückt, als ihm Pjotr Werchowenskij seinen amerikanischen Revolver auf die Stirn setzt und abdrückt.

Fjodor Karamasow in Dostojewskijs letztem Roman, *Die Brüder Karamasow*, beugt sich gerade durchs Fenster in seinen dunklen Garten, als ihm sein unehelicher Sohn Smerdjakow von hinten mit einem gusseisernen Briefbeschwerer den Schädel einschlägt.

Es fehlt in dieser Aufzählung noch der Mord im Roman *Der Idiot*. Hier wird uns das Verbrechen nicht geschildert. Wir werden nur mit dem Resultat konfrontiert: der vitale Rogoshin hat seine Geliebte, Nastasja Filippowna, im Bett erstochen. Auch hier ist das Opfer völlig wehrlos, obwohl wir als Leser den tatsächlichen Hergang der Tat aus den uns geschilderten Spuren nur mutmaßlich erschließen können.

Mit einem Wort: Dostojewskijs Mordopfer befinden sich, als sie vom Täter getötet werden, ausnahmslos im Zustand der völligen Wehrlosigkeit. Während also Dostojewskij in den jeweiligen Umständen für die Tat und bezüglich des Mordwerkzeugs eine erstaunliche Variationsbreite bekundet: Beil, Messer, Revolver, gusseiserner Briefbeschwerer – ist er in der Grundtatsache ebenso erstaunlich rigide: alle Opfer sind vollkommen wehrlos.

Warum? Antwort: Weil es Dostojewskij um das freiheitliche Tun des Täters geht. Dostojewskij konstruiert so, dass der Täter bis zuletzt die Möglichkeit hat (d.h. gehabt hätte), von seinem Entschluss, zu morden, Abstand zu nehmen. Ein Handgemenge zwischen Täter und Opfer hätte den Sachverhalt nur verunklart. Der Täter hätte möglicherweise in Notwehr handeln können. Das heißt: Dostojewskij stellt Laboratoriumsverhältnisse für das freiheitliche Tun des Täters her.

Nur ein einziges Mal demonstriert Dostojewskij programmatisch, wie das freiheitliche Tun des Täters positiv aussehen könnte: in den *Brüdern Karamasow*. Hier sucht Dmitrij Karamasow, der fest entschlossen ist, seinen Vater umzubringen und seine Mordwaffe, einen Mörserstößel, schon zum tödlichen Schlag erhoben hat, plötzlich das Weite, ohne die Tat zu begehen. Die Gründe für sein Ablassen vom Tatentschluss sind komplex. Wesentlich bleibt, dass hier Reflexionen zentral im Spiel sind, die uns allerdings nicht mitgeteilt werden.

Rogoshins Ablassen von seinem Entschluss, den Fürsten Myschkin umzubringen, ist hier abgrenzend in Erinnerung zu bringen. Angesichts des epileptischen Anfalls, den der „Idiot" erleidet, als er das gezückte Messer Rogoshins erblickt, wird dieser von Schauder gepackt und flieht. Der Anblick des in Krämpfe verfallenden Myschkin ist so entsetzlich, dass Rogoshin gegen seinen Willen von seinem Tatentschluss ablässt.

Die Brüder Karamasow

Ich wende mich nun dem Kernstück meiner heutigen Ausführungen zu: den *Brüdern Karamasow*. Mit diesem Roman, der sein letzter ist und die Summe seines Nachdenkens über die Möglichkeiten der Schuld, hat Dostojewskij eine Wesens- und Phasenlehre der Wirklichkeit des Bösen geliefert.

Dies sei nun erläutert. Die drei Brüder Karamasow, die der Titel nennt, verkörpern die drei Haltungen des Menschen zum bösen Wunsch, wobei Dostojewskijs Prämisse so aussieht, dass das Böse, um wirklich werden zu können, darauf angewiesen ist, dass es gewünscht wird. Ja, das Böse muss ausdrücklich gewünscht werden und einen Menschen finden, der zum Tatentschluss fähig ist, um Wirklichkeit werden zu können. Die Planung der Tat kleidet sich in hypothetische Imperative: in rationale Exkulpationen. Der böse Wunsch besteht in den Brüdern Karamasow darin: Fjodor Karamasow, der Vater, möge ermordet werden.

Dieser Wunsch taucht zunächst nur dunkel, als Ahnung einer Möglichkeit, auf und kann in dieser *ersten* Phase noch leicht abgewiesen werden. Repräsentant dieser ersten Phase ist Aleksej (= Aljoscha) Karamasow. In seiner *zweiten* Phase wird der böse Wunsch insgeheim gebilligt, niemals aber offen ausgesprochen. Diese Phase wird von Iwan Karamasow repräsentiert. In seiner *dritten* Phase gelangt der böse Wunsch in die offene Bejahung und wird damit zum bösen Willen. Repräsentant dieser Phase ist Dmitrij Karamasow. Nachdem der böse Wunsch die offene Bejahung durchlaufen hat, verwirklicht er sich.

Zu beachten ist nun, dass die *insgeheime* Bejahung den tatsächlichen Täter bereitstellt und die *offene* Bejahung den Täter in Aktion setzt. Dieser tatsächliche Täter ist Smerdjakow, der zu seinen Stiefbrüdern in einem nicht-anerkannten Verwandtschaftsverhältnis steht. Dostojewskij bringt damit zum Ausdruck, dass die Exekutive des Bösen im Menschen in keinem anerkannten Verwandtschaftsverhältnis zum Wesen des Menschen steht. Smerdjakow, der tatsächliche Täter, ist „des Teufels". Aber: Diese Exekutive des Bösen im Menschen tritt nur in Aktion, ja, kann überhaupt nur in Aktion treten, wenn der böse Wunsch die offene Bejahung durchlaufen hat.

Smerdjakow, der Täter, gehört nicht zu den Brüdern Karamasow des Titels, ist jedoch auf sie angewiesen, um seine Tat zu tun.

Es ist nun, um Dostojewskijs Konstruktion zu verstehen, folgende Abstraktionsleistung zu vollziehen. Es wird uns von Dostojewskij ein Angeklagter veranschaulicht, der nach vollzogener Untat, mit sich selber ins Gericht geht. Mit einem Wort: Dostojewskij gestaltet in den *Brüdern Karamasow* das Funktionieren des inneren Gerichtshofs im Menschen. Und das ganz im Sinne Kants. Wir müssen also, um Dostojewskijs letzten Roman adäquat zu verstehen, zwischen der realistischen und der allegorischen Ebene unterscheiden. Allegorisch hier im Sinne Dantes (Brief an Cangrande della Scala von 1319; Dante 1993). Auf der allegorischen Ebene sind der Staatsanwalt (Ankläger), der Verteidiger (Advokat), der Angeklagte in seinen vier Komponenten und die Geschworenen (der innere Richter) argumentierende Kräfte innerhalb eines einzigen Bewusstseins.

Dostojewskij veranschaulicht auf der allegorischen Ebene den „inneren Gerichtshof im Menschen", wie ihn Kant in der *Metaphysik der Sitten* geschildert hat (Gerigk 1975). Wo das Gewissen schuldig spricht, hat, so Kant, die „Führung einer Rechtssache vor Gericht" stattgefunden. Die Eigenart dieser Gerichtsverhandlung bestehe darin, dass Angeklagter, Ankläger und Richter als eine und dieselbe Person zu denken sind. Dennoch ist es nicht so, dass der Ankläger deshalb jederzeit verlieren würde. Vielmehr halte der Mensch das „Richteramt aus angeborener Autorität selbst in Händen". Kants Pointe besteht darin, dass das Gewissen „als subjektives Prinzip einer vor Gott seiner Taten wegen zu leistenden Verantwortung" gedacht werden muss, wodurch eine Verurteilung des Menschen durch sich selbst „nach der Strenge des Rechts" möglich wird (*Metaphysik der Sitten*, Kant 1956-1964, Bd. 4: 572-576).

Wir werden auf der allegorischen Ebene der *Brüder Karamasow* während der Gerichtsverhandlung zum Zeugen dessen, was innerhalb eines Menschen vorgeht, der nach einer vollzogenen Untat mit sich selber ins Gericht geht. Immer, wenn ein Verbrechen geschieht, ist, so Dostojewskij, jener Vorgang abgelaufen, der in den *Brüdern Karamasow*, zerlegt in seine vier Phasen, geschildert wird. Wie sieht auf dieser allegorischen Ebene, die emblematischen Charakter hat, die Begründung dafür aus, dass niemand anders als Dmitrij der Hauptverantwortliche ist und als Täter verurteilt wird? Weder Iwan noch Smerdjakow werden von den Geschworenen (d.h. vom inneren Richter im Sinne Kants) als Täter anerkannt.

Antwort: Weil die Komponente „Iwan" zwar den Täter bereitgestellt hat, jedoch erst die Komponente „Dmitrij" den Täter in Aktion setzte. Ohne Dmitrij kein Mord. Das heißt: die Exekutive des Bösen im Menschen hat kein eigenes Sein. Sie ist angewiesen auf Iwan, um parat zu sein, und auf Dmitrij, um in Aktion zu treten.

Man beachte des weiteren, dass Dostojewskij jede der Komponenten im inneren des Menschen, die zur Wirklichkeit des Bösen führen, an einen bestimmten Rollentypus koppelt: abgewiesene Bejahung – das ist der „Mönch" (Aljoscha Karamasow); insgeheime Bejahung – das ist der „Intellektuelle" (Iwan Karamasow); und offene Bejahung – das ist der „Soldat" (Dmitrij Karamasow). Der vom Intellektuellen bereitgestellte Täter aber, der vom Soldaten in Aktion gesetzt wird – das ist der „Lakai" (Smerdjakow). Etwas anders formuliert: Der „Lakai" (Smerdjakow) verlängert den Gestus des „Soldaten" (Dmitrij) in Übereinstimmung mit dem Auftrag des „Intellektuellen" ins Wirkliche. Während dessen kehrt sich der „Mönch" ab vom Treiben der Welt. Das Verbrechen ist geschehen: Wer ist schuld? Antwort: der Mönch, der Intellektuelle und der Soldat gemäß ihrer Einstellung zur Wirklichkeit des Bösen, gemäß der jeweiligen Maxime ihres Handelns oder im Falle des Mönchs, des Nicht-Handelns.

Der innere Gerichtshof aber nimmt nur Anteil an der Schuld Dmitrijs, des Soldaten, denn ohne ihn wäre Smerdjakow, der Lakai, nicht in Aktion getreten. Was auf der realistischen Ebene des Romans, auf der Ebene des Literalsinns ein Justizirrtum ist, erweist sich auf der allegorischen Ebene als Vollzug der Gerechtigkeit.

Die Besonderheit, mit der Dostojewskij hier konstruiert, besteht nun darin, dass er die allegorische Bedeutung in der realistischen Bedeutung aufgehen lässt. Das heißt: er lässt seine allegorische Konstruktion realistisch-psychologisch plausibel werden. Dmitrij nimmt die Strafe (20 Jahre Sibirien) für eine Tat an, die er gar nicht begangen hat, weil er seinen eigenen entscheidenden Anteil am Zustandekommen der Wirklichkeit des Bösen einsieht.

Für Dostojewskijs Begriff des Bösen ist die Psychologie der Gestalt Smerdjakows entscheidend. Smerdjakow, so sagte ich schon, ist im wörtlichsten Sinne „des Teufels". Er ist das Werkzeug des Teufels und deshalb für die Geschworenen nicht greifbar. Innerhalb der Phasenlehre des Bösen, die Dostojewskij in den *Brüdern Karamasow* präsentiert, vollbringt Smerdjakow den Mord an seinem Vater schließlich als böse Tat um ihr selbst willen: in kalter Mordlust, in „Gier" (*жажда*), wie es im Text heißt, als Smerdjakow kurz vor seinem Selbstmord (er erhängt sich in der Nacht vor der Gerichtsverhandlung) seinem (Stief-)Bruder Iwan den Tathergang im Detail schildert. Die hypothetischen Imperative für die Ermordung des Vaters, die in Aljoscha, Iwan und Dmitrij beherrschend sind, gelangen in Smerdjakow auf den Nullpunkt. Zwar plant er ursprünglich, sich durch den Mord an seinem Vater zu bereichern und mit 3000 Rubeln ein Café-Restaurant in Moskau zu eröffnen, doch sinkt dieser Plan während des Mordens in sich zusammen. Smerdjakow berichtet, im Banne der möglichen Ausführung hatte „mich diese Gier schon ganz erfasst, dass mir der Atem wegblieb" (Dostojewskij 1999: 832). Zurück zur Allegorie: der Mensch muss sich also in die offene Bejahung des Bösen durch den „Soldaten" vorwagen, damit das Werkzeug des Teufels „greifen" kann: als Mordlust des „Lakaien".

In dieser letzten Phase geschieht Teuflisches. Man beachte, mit welcher Sorgfalt Dostojewskij den vierten Bruder von seinen drei anderen Brüdern abrückt. Werfen wir einen Blick auf die Mütter.

Aufschlussreich werden in diesem Zusammenhang die Verwandtschaftsverhältnisse zwischen den drei Brüdern und Smerdjakow. Aleksej (20 Jahre) und Iwan (23 Jahre) stammen aus Fjodor Karamasows zweiter Ehe mit der zarten und hysterischen Sofja Iwanowna, der früh verwaisten Tochter eines finsteren und uns namentlich nicht genannten Diakons, während Dmitrij (27 Jahre) aus Fjodor Karamasows erster Ehe mit der heißblütigen Adelaida Iwanowna Miusowa stammt, „einer ungeduldigen Dame von dunkler Gesichtsfarbe und außerordentlicher Körperkraft" (Dostojewskij 1999: 15). Man sieht: Dmitrij als Veranschaulichung der gefährlichsten Phase des bösen Wunsches wird auf das deutlichste von seinen Brüdern Iwan und Aleksej abgerückt. Dmitrij ist aufgrund der vehementen und unbeherrschten Mutter von anderer Art als Aleksej und Iwan, deren mütterlicher Erbteil die prekärste Vergeistigung mit sich bringt, eine Scheu gleichsam vor der Aktion. Ganz deutlich wird die Richtung solcher Allegorik bei Smerdjakow (24 Jahre). Er ist nur der mutmaßliche Stiefbruder der Titelgestalten. Fjodor Karamasow, so heißt es, habe ihn nach einem seiner nächtlichen Gelage mit Lisawjeta, der „Stinkenden", gezeugt, einer halbirren Spottgestalt, die, kerngesund und dunkelhaarig, an Bachrändern im Unkraut schläft. Doch Fjodor Karamasow selbst winkt ab: nicht er, sondern „Karp mit der Schraube", der Zuchthäusler, sei Smerdjakows Vater; und für Grigorij, den Diener, ist Smerdjakow überhaupt kein Mensch: „Der Feuchtigkeit einer Badestube bist du entsprossen, nun weißt du, was du bist..." (Dostojewskij 1999: 173).

Die sorgfältig herausgearbeitete Unsicherheit bezüglich der Herkunft Smerdjakows, wobei aber die Vermutung, er sei der illegitime Sohn des alten Karamasow, am hartnäckigsten nach vorn gerückt wird, soll ganz offensichtlich bedeuten: dass die Exekutive des Bösen im Menschen in keinem anerkannten Verwandtschaftsverhältnis zum wahren Wesen des Menschen steht. Dostojewskij veranschaulicht hier mit höchster Deutlichkeit seine These vom Urrechtsverhältnis zwischen Mensch und Gott, das durch kein Verbrechen, wie schwer es auch sei, verwirkt werden kann. Denn Smerdjakow, die Exekutive des Bösen, ist im wörtlichsten Sinne „des Teufels". In dem Moment, wo es darum geht, Verantwortlichkeit zu ermitteln, ist das Werkzeug des Teufels verschwunden. Das genau ist der allegorische Sinn des Selbstmords Smerdjakows, der vollkommen termingerecht in der letzten Nacht vor Beginn der Gerichtsverhandlung stattfindet.

Man beachte, dass der Lakai altersmäßig ganz dem Intellektuellen zugeordnet ist, als dessen depravierte Doppelung. Der depravierte Teil des Menschen ist, um wirklich werden zu können, auf den Intellektuellen angewiesen und wird, nach dem Vollzug des Verbrechens, vom Teufel wieder einkassiert, so dass nur „Dmitrij" belangbar bleibt.

Es sollte nicht übersehen werden, dass all die Indizien für Dmitrijs Täterschaft nicht willkürliche Zuschreibungen sind, ausgeheckt von der Anklage, die einen Täter braucht, sondern insgesamt auf Bekundungen Dmitrijs selber beruhen! Das Aufgreifen des Mörserstößels, die Äußerungen gegenüber dem Kutscher, der Dmitrij nach Mokroje bringt, sind ja Handlungen der Freiheit. Selbst der Irrtum des Dieners Grigorij, aufgrund dessen die Verurteilung Dmitrijs schlechthin unanfechtbar wird, hat die von Dmitrij selbst provozierte Erwartungsintention Grigorijs („Vatermörder!") zum Hintergrund. Nicht von ungefähr trägt Grigorij den Nachnamen Kutusow. Seine Funktion als Werkzeug des Weltgeistes ist für die *Brüder Karamasow* (1880) genauso entscheidend wie die seines einäugigen Namensvetters für *Krieg und Frieden* (1869). Mit einem Wort: Die Aufweisung der Indizienkette durch den Staatsanwalt, dessen Sicht von den Geschworenen bestätigt wird, ist auf der allegorischen Ebene nichts anderes als die vollständig richtige Ermittlung der Maxime, von der Dmitrijs Verhalten getragen wird. Dmitrij wird als Repräsentant einer bestimmten Maxime des Handelns schuldig gesprochen. Und diese zeigt sich unverfälscht in den von ihm selber geschaffenen Indizien. Es wird Dmitrij ja nicht eine Fremdexistenz untergeschoben wie Alfred Hitchcocks *Falschem Mann* (*The Wrong Man*). Nichts ist verfehlter als die in der bisherigen Forschung so oft gehörte Behauptung, Dostojewskij habe in den *Brüdern Karamasow* den Indizienbeweis verhöhnen wollen. Wenn Dmitrij angesichts der Beweiskette des Staatsanwalts, die in der Erwähnung der von Grigorij, dem Diener, zur Unzeit offengesehenen Tür gipfelt, ausruft: „Gott ist gegen mich!" (Dostojewskij 1999: 650), so heißt dies, übersetzt in die Sprache des allegorischen Bildes: Die Wirklichkeit des wirkenden Gewissens hat mich,

Dmitrij, schuldig gesprochen. Nicht für eine „Gedankensünde" wird Dmitrij verurteilt, sondern für die faktische Erwirkung des Verbrechens.

Dmitrij stellt die Rolle bereit, in der sich Smerdjakow verwirklicht. Das Böse um seiner selbst willen ist auf eine Rolle angewiesen, in die es hineinschlüpfen kann. Dostojewskijs Begriff des Bösen gipfelt in Smerdjakow, der auf die Willenserklärung eines anderen angewiesen ist, um *unerkannt* (!) sein Werk zu tun. Unter dem hypothetischen Imperativ des Raubmords, einem Deckmantel, der seine rationale Rechtfertigung in der Rache für Kränkungen hat, verwirklicht der Teufel anonym sein Werk: das Böse um seiner selbst willen herzustellen.

Schlusswort

Das Böse um seiner selbst willen zu wollen, bildet im poetischen Universum Dostojewskijs den wahren *Grund* für die Wirklichkeit des Bösen. Diesem wahren Grund liegt jedoch stets ein vorgeschobener Grund voraus, den der Teufel gleichsam bereitstellt, um dem Wünschenden eine rationale Rechtfertigung seines möglichen Tuns zu liefern. Dadurch verbirgt sich zunächst der wahre Grund für die Wirklichkeit des Bösen, denn, so zeigt Dostojewskij, der Wunsch, aus dem die Wirklichkeit des Bösen entsteht, aus dem deren Planung hervorgeht, ist stets ein hypothetischer Imperativ, d.h. er hat ein rationales Motiv, mit dem sich das Böse sowohl gegenüber dem Handelnden selbst als auch gegenüber dem Leser larviert. Raskolnikow plant einen Raubmord und nicht das Böse um seiner selbst willen, Pjotr Werchowenskij erschießt Schatow, um seine Leute durch eine gemeinsame Schuld aneinander zu ketten. Smerdjakow will durch die Ermordung Fjodor Karamasows 3000 Rubel erbeuten, um mit ihnen ein Café-Restaurant in Moskau zu eröffnen. Immer verkleiden rationale Argumente das eigentliche Geschehen, das den *Vollzug der Untat* ausmacht.

Friedrich Nietzsche hat das psychologische Phänomen, das diesem Sachverhalt zugrunde liegt, mit aller Schärfe gesehen, als er in *Also sprach Zarathustra* seine Überlegungen zum „bleichen Verbrecher" anstellte:

Ein Bild machte diesen bleichen Menschen bleich. Gleichwüchsig war er seiner That, als er sie that: aber ihr Bild ertrug er nicht, als sie gethan war. [...]

So spricht der rote Richter: „was mordete doch dieser Verbrecher? Er wollte rauben". Aber ich sage euch: Seine Seele wollte Blut, nicht Raub: er dürstete nach dem Glück des Messers!

Seine arme Vernunft aber begriff diesen Wahnsinn nicht und überredete ihn. „Was liegt an Blut! sprach sie; willst du nicht zum mindesten einen Raub dabei machen? Eine Rache nehmen?" [...]

Und er horchte auf seine Vernunft: wie Blei lag ihre Rede auf ihm, – da raubte er, als er mordete. Er wollte sich nicht seines Wahnsinns schämen. [...]

Seht diesen armen Leib! Was er litt und begehrte, das deutete sich diese arme Seele, – sie deutete es als mörderische Lust und Gier nach dem Glück des Messers.

Wer jetzt krank wird, den überfällt das Böse, das jetzt böse ist: wehe will er thun, mit dem, was ihm wehe thut. Aber es gab andre Zeiten und ein andres Böses und Gutes (Nietzsche 1980, Bd. 4: 46-47).

Nietzsche schrieb diesen ersten Teil des *Zarathustra* 1883. Wir haben Grund zu der Annahme, dass Nietzsche erst 1886 mit den Werken Dostojewskijs bekannt wurde, wenn auch *Verbrechen und Strafe* unter dem Titel *Raskolnikow* bereits 1882 in der Übersetzung von W. Henckel auf deutsch vorlag. Zweifellos aber bringt der Abschnitt *Vom bleichen Verbrecher* die Situation Raskolnikows perfekt auf den Begriff. Das heißt: Nietzsche sieht das Phänomen des Bösen um seiner selbst willen, deutet es aber als Selbstverkennung der Seele, indem er ein vom Subjekt unerkanntes Motiv unterstellt: Krankheit aufgrund der krankmachenden Selbstverständlichkeiten einer Zeit, einer bestimmten Phase der Menschheitsentwicklung.

Auf andere Weise hat Edgar Allan Poe das gleiche Phänomen gesichtet und fixiert. Er spricht vom „Dämon des Widersinns", im Original „the spirit of *Perverseness*" (*The Black Cat*, 1843) und auch *The Imp of the Perverse*, so der Titel einer Erzählung aus dem Jahre 1845. Der „Dämon des Widersinns" entspringt für Edgar Allan Poe einer Naturanlage des Menschen zu widersinnigem Handeln, zum Handeln ohne ein Motiv, einzig aus dem Wunsch heraus, das, was die Vernunft gebietet, aktiv zu missachten.

> *Who has not, a hundred times, found himself committing a vile or silly action, for no other reason than because he knows he should* not*? Have we not a perpetual inclination, in the teeth of our best judgment, to violate that which is Law, merely because we understand it to be such?* (The Black Cat, Poe 1956: 201)

Diese Überlegung präsentiert der Ich-Erzähler, nachdem er seine Ehefrau und zuvor seinen Kater auf bestialische Weise ermordet hat. Im *Dämon des Widersinns* schließlich gibt der Ich-Erzähler ausführliche Erläuterungen zur Theorie des Bösen. „Widersinn" (perverseness) sei das Wort, das er in Ermangelung einer besseren Bezeichnung gewählt habe: „In the sense I intend it, it is, in fact, a *mobile* without motive, a motive not *motiviert*". Dies ist zweifellos die zutreffende Formel des paradoxen Sachverhalts eines Tuns ohne Motiv: „ein Motiv, das nicht motiviert ist". Wenig später folgt eine theoretische Zusammenfassung:

> *Examine these and similar actions as we will, we shall find them resulting solely from the spirit of* Perverse. *We perpetrate them merely because we feel that we should* not. *Beyond or behind this, there is no intelligible principle: and we might, indeed, deem this perverseness a direct instigation of the arch-fiend, were it not occasionally known to operate in furtherance of good* (The Imp of the Perverse, Poe 1956: 228-229).

Wie man sieht, bringt auch Edgar Allan Poe den Teufel (the arch-fiend) ins Spiel, wenn es darum geht, das vom Dämon des Widersinns hervorgebrachte

Resultat einzuschätzen. Überraschend wird allerdings hinzugefügt, ebenso könne jedoch das Geständnis eines Mordes und damit die Annahme der Strafe von jenem Dämon diktiert werden: also die Sühne und damit das Gute. Beidemal ist das Handeln des Subjekts frei von irgendeiner Beimischung – also ohne einen Nutzen. Poe erklärt damit das Zustandekommen der Wirklichkeit des Bösen als Befolgung des kategorischen Imperativs *ex negativo*, die so unerklärlich ist (a motive not *motiviert*) wie die gute Tat um ihrer selbst willen, nämlich ohne einen hypothetischen Imperativ. *Vom bleichen Verbrecher* scheint mir für die rechte Einschätzung von Dostojewskijs Begriff des Bösen genauso gewinnbringend zu sein wie *Der Dämon des Widersinns*.

In der Topographie verständlicher menschlicher Reaktionen ist die Herstellung einer Wirklichkeit des Bösen um ihrer selbst willen offensichtlich exterritorial. Der Mensch verliert mit solcher Herstellung seine Menschheit. Es würde sich nun anbieten, auch den von André Gide in den *Verliesen des Vatikan* (*Les caves du Vatican*, 1913/14) so radikal veranschaulichten Begriff des *acte gratuit*, der Willkürhandlung, in Anschlag zu bringen (Raether 1980). Lafcadio, der Held, stößt ohne Motiv einen ihm völlig Unbekannten aus einem fahrenden Schnellzug. Meine Ausführungen aber, die ja in den *Brüdern Karamasow* ihr Zentrum hatten, sind hier zu Ende.

Literatur

Dante Alighieri: Das Schreiben an Cangrande della Scala. Lateinisch-Deutsch. Übersetzt, eingeleitet und kommentiert von Thomas Ricklin, mit einer Vorrede von Ruedi Imbach. Hamburg: Felix Meiner 1993 (= Philosophische Bibliothek; Bd. 463).

Dostojewskij, Fjodor M.: Die Brüder Karamasow. Roman. Vollständige Ausgabe. Aus dem Russischen von Hans Ruoff und Richard Hoffmann. Mit einem Nachwort von Horst-Jürgen Gerigk. München: dtv, 16. Aufl. 1999.

Gerigk, Horst-Jürgen: Die zweifache Pointe der „Brüder Karamasow". Eine Deutung mit Rücksicht auf Kants „Metaphysik der Sitten". In: Euphorion, 69 (1975): 333-349.

Kant, Immanuel: Werke. 6 Bde. Hrsg. von Wilhelm Weischedel. Wiesbaden: Insel 1956-1964.

Müller-Buck, Renate: „Der einzige Psychologe, von dem ich etwas zu lernen hatte": Nietzsche liest Dostojewskij. In: Dostoevsky Studies, New Series, 6 (2002): 89-118.

Nietzsche, Friedrich: Sämtliche Werke. Kritische Studienausgabe in 15 Bänden. Herausgegeben von Giorgio Colli und Mazzino Montinari. München: dtv / de Gruyter 1980.

Poe, Edgar Allan: Selected Writings. Edited with an Introduction and Notes by Edward H. Davidson. Boston: Houghton Mifflin 1956 (= Riverside Editions).

Raether, Martin: Der „Acte gratuit". Revolte und Literatur. Hegel – Dostojewskij – Nietzsche – Gide – Sartre – Camus – Beckett. Heidelberg: Carl Winter 1980 (= Studia Romanica; Bd. 37).

Hansjörg Hemminger

Das sogenannte und das wahre Böse: Aggression, Schmerz und Tod in Natur und Kultur

Zur Einführung: Reduktionismus und Lebensangst

Die Moderne habe keine Sprache, vom Bösen zu reden, hieß es in der Einladung zum Symposium des Humboldt-Studienzentrums „Das Böse". Aber woher kommt diese Sprachlosigkeit? Ich habe den Verdacht, dass sie ihren Grund nicht so sehr in einem defizitären Weltbild hat, sondern in einer Unfähigkeit, mit der existentiellen Bedrohung durch das Böse fertig zu werden. Ich setze voraus, dass „das Böse" auf der Ebene der Lebensführung als das Prinzip aller Übel des Lebens verstanden werden kann, als die Verdichtung der Erfahrungen von Schuld, Vergänglichkeit und Tod zu einer bedrohlichen Macht. Wir können dieses existentielle Böse sehr wohl denken – sei es mit Mitteln der Theologie, der Philosophie oder der Psychologie – aber wir können es nicht ertragen. Aus sozialpsychologischer Sicht kann man daher präzisieren: Die Kultur bietet den Menschen keine öffentlich geltende und in Ritualen verdichtete Sprache mehr an, um Existenzängste zu bannen und dem Tod zu begegnen. Der moderne Mensch wird von seiner Umwelt allein gelassen, er ist uneins mit sich selbst, und dies gegenüber einer zentralen Lebensfrage: Wie wehrt man die bösen Kräfte ab, die das Leben bedrohen, und wie ruft man gute Mächte zur Hilfe herbei? Wir bekommen es wieder und wieder öffentlich demonstriert, und wir wissen es aus unserem All-

Hansjörg Hemminger

tag, dass unsere Kultur Leid, Tod, Sinnlosigkeit und Verzweiflung gegenüber wenig mehr zu bieten hat als Verleugnung. Allenfalls greift sie, an die Grenzen ihrer Verdrängungsfähigkeit getrieben, auf die alten Mächte zurück, die einst das Chaos bannten: Gott und Ewigkeit und die geistlichen Kardinaltugenden des Glaubens, der Liebe und der Hoffnung. Mir wurde erzählt, dass eine evangelische Gemeinde in Erfurt nach dem Amoklauf eines Schülers, der 17 Menschenleben kostete, Fotokopien von Paul-Gerhardt-Liedern verteilte. Sie wurden ihnen aus den Händen gerissen, und zwar von Menschen, die sich selbst nicht als Christen oder als religiös bezeichnen würden. Sie hörten, wenn auch nur im Moment des Schreckens und der Angst, wieder auf den Trost aus einer unbekannten Vergangenheit: „Befiehl du deine Wege..." Die radikale Säkularität, an der sie sich im Alltag orientieren, konnte ihnen keinen Trost mehr zusprechen. Die Moderne hatte ihre eigenen Heilsmittel, nämlich den Vernunft- und Fortschrittsglauben, der sich zu beschwörenden Ritualen verdichtete und Hoffnung gegen das Chaos setzte. Aber die Mittel sind diskreditiert und haben ihre Macht eingebüßt. Sie leben in einzelnen akademischen Milieus zwar weiter. Aber als Gesellschaft glauben wir nicht mehr, dass ein ständig wachsender Codex wissenschaftlicher Erkenntnis die Übel des Lebens überwinden wird. Die Fortschrittsängste sind inzwischen mächtiger als die Utopien. Wir glauben auch nicht, dass die Politik (schon gar nicht heilsmächtige Ideologien) dem Bösen widerstehen können, trotz der rituellen politischen Aktivitäten, die auf Ausbrüche des Chaos wie am 11. September 2001 folgen. Damit leidet die Moderne nicht eigentlich an einem Sprach-, sondern an einem Sinn- und Handlungsproblem gegenüber dem Bösen. Sie ist weiter wissenschaftlich-technische Kultur und setzt die Anhäufung empirischen Wissens fort, einschließlich des Wissens über den Menschen und seine Natur. Dieses Wissen gerinnt jedoch in der kulturellen Rezeption zu Bildern vom Menschen, die keinen Raum lassen für eine metaphysische Sinngebung, keinen für ein Prinzip des Bösen und damit keinen für gute Gegenkräfte. Der Mensch als Zwischenprodukt der Evolution, der Tod als ihre Voraussetzung (Deszendenztheorie), der „Kampf ums Dasein" als ihr Motor

(Selektionstheorie) gehen über das Individuum hinweg. Naturalistische Entwürfe lassen keinen Raum für eine unveräußerliche Menschenwürde, keinen für Glücks- oder gar Heilsansprüche des Individuums. Sie reduzieren das Böse auf Systemeigenschaften der Biosphäre, also auf Naturgesetze. Der Kultur fällt zwar die Aufgabe zu, Widerpart der naturhaften Destruktivität zu sein und dieses natürliche Böse (denn ein anderes gibt es nicht mehr) zu bannen. Aber die „nachmetaphysische" Moderne (Jürgen Habermas) traut ihr die Lösung dieser Aufgabe eigentlich nicht mehr zu. Der Mensch als „Zigeuner am Rand des Universums" kann nichts vom Universum wollen, schon gar nicht, dass es gut für ihn sei. Er muss selbst zu sich gut sein, und wenn die Moderne sich nicht mehr zutraut, Mittel gegen das Böse zu finden, wird ihr Reduktionismus ausweglos. Dieser Reduktionismus wird derzeit durch die Entwicklung der Gehirnforschung, KI-Forschung und der Genetik sogar noch verstärkt. Im folgenden soll aber die naturalistische Wirkungsgeschichte der biologischen Verhaltensforschung vorgestellt werden.

Konrad Lorenz und die Natürlichkeit des Bösen, Richard Dawkins und der unfreie Wille

Das ethologische Nachdenken über den Menschen geht von zwei Büchern aus: „Das sogenannte Böse. Eine Naturgeschichte der Aggression" von Konrad Lorenz erschien 1963 und erhob auf der Grundlage der klassischen Verhaltensforschung (Konrad Lorenz, Niko Tinbergen u.a.) den Anspruch, Erklärungen für aggressive Verhaltensweisen bereitzustellen, deren Behandlung bisher Sache der Psychologie, Soziologie und Philosophie war. Das Buch wurde als ein Wegerklären des Bösen kritisiert, allerdings wurde dabei oft übersehen, dass es damit nicht alleine stand. Lorenz trat lediglich mit einem biologischen Reduktionismus in Konkurrenz mit psychologischen, psychoanalytischen und anderen reduktionistischen Entwürfen. Zum Beispiel gab die Sozialpsychologie der Vorstellung von der „Natürlichkeit des Bösen" mit spektakulären Experimenten Nahrung.[1] Am bekanntesten wurde das „Gefängnis-Experiment" von Zimbardo in Stanford.[2] Dabei wurden Studenten in einer Versuchsanordnung als Häftling bzw. als Wärter eingesetzt. Es zeigte sich, dass es zu Gewaltmassnahmen von Seiten der „Wärter" und zu typischen Gefangenenreaktionen auf Seiten der „Häftlinge" kam. Durch die beiderseitige Uniformierung entstanden geschlossene Gruppen, wobei die eine Gruppe Macht über die andere erhielt. Kollektive Grausamkeit war die scheinbar automatische Folge. Dieses u.a. Experimente bewiesen die Verführbarkeit des Menschen durch die „Gruppenkultur". Die Verführbarkeit durch eine Autorität ließ sich ebenso demonstrieren. Hier wäre das klassische Milgram-Experiment zu erwähnen.[3] Ein Experiment von Meeus und Raaijmakers ist ähnlich bedeutsam, bei dem das (angebliche) Opfer nicht wie bei Milgram mit Stromstössen gequält werden musste. Ein Bewerber um einen Arbeitsplatz (ein Komplize) musste auf Anweisung des Versuchsleiters von den Versuchspersonen durch herabsetzende Bemerkungen beim Bestehen eines Testes behindert werden.[4] Das Ergebnis war, dass auf Befehl eines angeblichen Chefs 92 % der Versuchspersonen den verlangten Druck ausübten. (Bei Milgram waren nur 65 % der Versuchspersonen als „gehorsam" klassifiziert worden.) Verließ der „Chef" das Labor, sank der Totalgehorsam allerdings auf 36 % ab. Noch wirksamer war es, wenn zwei weitere angebliche Bewerber sich gegen den Chef auflehnten. Dann war der gehorsame Vollzug nur noch in 16 %

---

[1] Übersicht in: Gibson, J.T., Haritos-Fatouros, M.: Wie man zum Folterknecht wird, in: Psychologie Heute, 14 April 1987, 54-59.

[2] Zimbardo, P.G.: The human choice - individuation, reason, and order vs. deindividuation, impulse, and chaos, in: Arnold, W.C. (ed.): Nebraska symposium on motivation. Univ.Nebraska Press Lincoln 1969.

[3] Milgram, S.: Obedience to authority - an experimental view, New York 1974, deutsch: Rowohlt Reinbek 1974.

[4] Meeus, W.H.J., Raaijmakers, Q.A.W.: Administrative obedience - carrying out orders to use pscologica-administrative violence, in: European J. Social Psychol. 16 1986 311-324.

der Fälle zu erreichen. Moral als eine Sache von Gruppenkultur und Gelegenheit - war damit das „sogenannte Böse" nicht als Teil des überlebens- und konkurrenzorientierten Verhaltens des sozialen Säugetiers „Mensch" entlarvt?

Mehr als ein Jahrzehnt nach dem „Sogenannten Bösen" erschien „The selfish gene" von Richard Dawkins (1976)[5]. Er wollte auf der Grundlage der in den siebziger Jahren entstandenen Soziobiologie (nach E.O.Wilson und anderen) beweisen, dass das menschliche Verhalten der Fitness der genetischen Information dienen muss, so dass der Mensch als ein organischer Roboter erscheint, der die Überlebens-Programme seiner Gene ausführt. Von daher erledigte sich für ihn nicht nur die Frage nach dem Bösen, sondern die nach jeglicher Eigenverantwortung des Menschen. In der Soziobiologie wird das Verhalten als ein Ergebnis der Konkurrenz genetischer Information in der natürlichen Selektion betrachtet. Neue Begriffe wie die Verwandtenselektion (kin selection) und „reziproker Altruismus", sowie die Einführung spieltheoretischer Überlegungen brachten die Evolutionsbiologie weiter. Auf der anderen Seite war die Vorstellung E.O.Wilsons, Psychologie, Soziologie und Philosophie ließen sich mit Hilfe der Soziobiologie auf Naturwissenschaft zurückführen, die Proklamation eines radikalen Naturalismus und eine Absage an jegliche Ethik. Dieser weltanschauliche Schluss folgt selbstverständlich nicht aus den theoretischen Fortschritten der Soziobiologie. Man kann diese Fortschritte rezipieren und trotzdem andere Schlüsse für das Menschenbild ziehen. Man muss es sogar, denn die Frage nach dem Bösen kann erst wieder gestellt werden, wenn der soziobiologische Fächer-Imperialismus aufgegeben wird.

---

[5] Dtsch.: Das egoistische Gen, Heidelberg 1978.

Hansjörg Hemminger

Biologie ohne Ideologie

Lässt sich ein biologisch schlüssiges Menschenbild skizzieren, das ethische Fragen dennoch erlaubt? Ich meine ja: In die Entwicklung des menschlichen Verhaltens fließt genetische Information ein, und zwar wahrscheinlich nicht weniger als bei anderen Säugetieren. Im Sozialverhalten gibt es genetisch vorstrukturierten Merkmale, die wir von Säugetieren kennen und bei ihnen als brutal bewerten: die Neigung der Gruppe zur kollektiven Aggression gegen Fremde, die Feindseligkeit gegen in Aussehen oder Verhalten abweichende Mitglieder, Aggressivität von Männchen gegen fremde Junge und anderes mehr. Von daher tragen wir „natürliche Übel" mit uns herum, die sich unserer Verantwortung erst einmal entziehen. Allerdings gibt es zum Beispiel zu der genetischen Tendenz, Fremdes abzulehnen, genetisch vorgegebene Gegenspieler, wie die Neugier auf Unbekanntes oder eine Faszination der Exotik. Vor allem aber gehört zum Menschen eine aus biologischer Sicht einmalige Lernfähigkeit. In einer beispiellos langen Jugendentwicklung baut das Gehirn die Fähigkeit auf, die Welt auf mehreren Komplexitätsebenen in Symbolen abzubilden und aus dieser „inneren Repräsentation der Welt" Anleitung zum Handeln zu gewinnen. Am deutlichsten drückt sich die Einmaligkeit dieser Verhaltenssteuerung in einem untrennbar zum Menschen gehörenden Verhalten aus, der Sprache. Was gelernt wird, stammt nicht nur aus der Erfahrung des Individuums, sondern aus der in tradierte Symbole gefassten Überlieferung vieler Generationen. Durch diese Lernvorgänge werden die durch genetische Information beeinflussten Elemente des Verhaltens keineswegs gelöscht. Vielmehr fließt die genetische Information über die (auf ihrer Grundlage gebildete) neuronale „Hard- und Software" in die Sozialisation mit ein, diese wird mit der durch Tradition und Erfahrung aufgebauten „Software" zu einem ebenso fein strukturierten wie plastischen und lernfähigen System verbunden. Der Mensch sichert im Gegensatz zum Tier sein Leben durch Kulturleistungen, und in seiner Geschichte konkurrieren Kulturen und Zivilisationen miteinander. Die natürliche Auslese spielt in der Regel keine erkennbare Rolle mehr in der Wahl zwischen verschiedenen Verhaltensmöglichkeiten, die einem Menschen oder einer Gesellschaft offen stehen. Daher sind Rassenhass und Fremdenhass nicht unvermeidlich, obwohl sie auch genetische Wurzeln haben. Eine moderne Gesellschaft muss deshalb nicht ausländerfeindlich sein, Menschen müssen keine fremdenfeindliche Gefühle hegen. Soweit reicht bereits eine innerwissenschaftliche Diskussion, die auf ein naives Weltbild-Basteln verzichtet.

Was macht Sinn?

Aber woher die Kräfte und Mächte nehmen, die aus einem von allerlei Übeln bedrohten Leben Sinn machen? Wer sagt uns, wie die menschliche Natur so zu kultivieren ist, dass die natürlichen Übel nicht überhand nehmen? Scheinbar hat die technische Kultur nicht mehr zu bieten als ein materiell gutes Leben für den Primaten Homo sapiens (oder für dessen privilegierte Eliten). Dieses gute Leben wird qualitativ und zeitlich mit einem enormen technischen Aufwand gesichert, so lange es eben geht. Dann geht nichts mehr. Daher herrscht Resignation gegenüber dem Bösen vor, übrigens keineswegs ein neues Phänomen:

„Wisse: Was der Glaube an die Götter anlangt, so ist es die Hauptsache, dass du die richtigen Vorstellungen von ihnen habest, nämlich dass sie vorhanden sind und das Weltall gut und gerecht verwalten; und du selbst musst dich daran gewöhnen, ihnen zu gehorchen und dich allem, was geschieht, zu fügen und zu unterwerfen, in der Gewissheit, dass es dir ja von höchster Einsicht auferlegt wird. Dann wirst du die Götter nicht tadeln und ihnen nicht vorwerfen, du werdest vernachlässigt. Das kann übrigens nur geschehen, wenn du 'gut' und 'böse' absonderst von dem, was nicht in unserer Macht ist, und allein in das einordnest, was in unserer Macht ist."[6]

Das ist also der Rat des Epiktet und der Soziobiologie: Die schwierigen Worte „gut" und „böse" sollen nur als moralische Wertungen für menschliches Tun benutzt werden, auf Fragen an den Kosmos ist zu verzichten. Allerdings will sich der vom Gottesglauben geprägte moderne Mensch mit dieser Ethik des Hinnehmens nicht abfinden. In hartnäckiger Heilssehnsucht nennt er das böse, was nicht in menschlicher Macht steht: Unglück, Leid und Tod. Dadurch gerät er in den unauflöslichen Widerspruch mit seinem wissenschaftlichen Weltbild. Wie leben mit einer Naturgeschichte, die den Tod nicht mehr zum „Sold der Sünde" und damit verstehbar macht, sondern zum Bestandteil eines unabänderlichen Weltenlaufs? Wie Gesellschaft gestalten mit einer Anthropologie, die Räuber-Beute-Beziehungen, Aggression und Konkurrenz als unsere eigentliche Natur erscheinen lässt? Die Antwort der Mehrheit ist Schweigen, nicht daran denken, lieber die Wahrheitsansprüche der Wissenschaft aufgeben als ihre Konsequenzen ertragen, Rückzug ins Private, Verzicht darauf, das Ganze von Mensch und Welt zu denken, Resignation. Unsere Gesellschaft lebt gut mit dieser Resignation, weil es der Mehrheit materiell gut geht. Wem es nicht mehr gut geht, der sehe selbst zu...

---

[6] Epiktet: Handbüchlein der Ethik, Kapitel 31.

Hans Schwarz

Das Böse im Alten Testament

Im Alten Testament ist das Böse, besonders in seiner ethischen Dimension, unmittelbar mit der Sünde verknüpft. Als Josef von der Frau des ägyptischen Hofbeamten Potiphar verführt werden sollte, erkannte er sogleich den Zusammenhang zwischen diesem moralisch Bösen und der Sünde und gab zu bedenken: „Wie könnte ich da ein solch großes Unrecht [Bosheit] begehen und gegen Gott sündigen?" (Gen 39,9). Ähnlich reagierte David, als ihn der Prophet Nathan sein verwerfliches Verhalten gegenüber Bathseba und ihrem Mann Uria vorhielt. Er gestand nicht einfach: „Ich habe Uria betrogen", sondern erkannte: „Ich habe gegen den Herrn gesündigt" (2 Sam 12,13). Das Böse, das der Mensch tut, kommt nicht nur im zwischenmenschlichen Bereich zum Tragen, sondern ist immer auch ein gottwidriges Verhalten, es ist sündhaft. Deshalb darf man bei einer Beschreibung des Bösen im Alten Testament das Phänomen der Sünde nicht ausklammern.

Die rätselhafte Ursache des Bösen

Bei der Ursache des Bösen denkt man unwillkürlich an die Geschichte vom Sündenfall (Gen 3). Doch nirgends im Alten Testament ist von einer „Lehre" vom Fall die Rede,[1] denn die Geschichte vom Fall in Gen 3 ist in erstaunlicher

---
[1] Vgl. Zimmerli, Walther: Grundriß der alttestamentlichen Theologie, Stuttgart/Berlin/Köln/Mainz 1972, 148.

Weise vom Rest des Alten Testamentes isoliert.[2] Sie wird weder vom Psalmisten noch von den Propheten oder einem anderen Verfasser des Alten Testaments aufgegriffen.[3] Auch versteht sie sich nicht als Ausdruck eines isolierten Ereignisses. Die jahwistische Urgeschichte in Gen 3 ist durch eine ganze Reihung von Sündengeschichten gekennzeichnet: Nach Gen 3 berichtet Gen 4 von Kains Brudermord und Lamechs zügellosen Rachedrohungen. In Gen 6 begegnen wir den Engelehen, auf welche im gleichen Kapitel die Sintflut folgt (Gen 6-8). Schließlich beendet die Geschichte vom Turmbau zu Babel (Gen 11) die Urgeschichte. Jede dieser Erzählungen beleuchtet in der ihr eigentümlichen Weise den rätselhaften Bruch zwischen Gott und den Menschen sowie Gottes Antwort auf diesen Bruch.[4] Dabei ist das Ereignis, das sich in Gen 3 widerspiegelt, nicht eines unter vielen, sondern es ist das erste sündhafte Ereignis, das sich mit der ersten Frau und dem ersten Mann ereignet, dessen Name Adam im späteren Teil von Gen 3 als Eigenname verstanden wird.

Indem von Adam als einem speziellen Menschen geredet wird, möchte der Jahwist den exemplarischen Charakter dieses Ereignisses kundtun. Die Sünde, die in Gen 3 begangen wurde, ist nicht einfach eine Verletzung von Gottes Gebot, nicht vom Baum der Erkenntnis von Gut und Böse zu essen. Im Zentrum der Erzählung vom Fall steht vielmehr das Misstrauen gegenüber Gott. Die ursprüngliche Lebensgrundlage, die im jahwistischen Schöpfungsbericht skizziert wird, ist durch Unschuld, charakterisiert, „als das Leben im reinen Kindschaftsverhältnis zu Gott. Das ist ein Leben, das sich auch in der Beziehung von Mann und Frau widerspiegelt". Jetzt aber ist die Harmonie zwischen Gott und den

---

[2] Es ist jedoch nicht ganz zutreffend, wenn Ludwig Köhler: Theologie des Alten Testaments, Tübingen 1966, 168, sagt: „Die Priesterschaft weiß nichts von Paradies, Sündenfall, Verfluchung des Ackers." Während der priesterliche Verfasser keine Geschichte vom Fall als solchem kennt, hebt die Flutgeschichte das Auftauchen der Sünde auf eine globale und nicht nur auf eine individuelle Ebene. Zur Diskussion mit Köhler vgl. die instruktiven Bemerkungen von Zimmerli, a.a.O., 153.
[3] So von Rad, Gerhard: Das erste Buch Mose. Genesis, Göttingen⁶1961, 70f.
[4] Vgl. dazu und zum Folgenden Zimmerli, a.a.O., 148.

Menschen gestört.⁵ Die Absicht des Jahwisten, Schöpfung und Fall so eng miteinander zu verbinden, besteht nicht darin zu zeigen, wie die einst gute Schöpfung angeblich so schlecht geworden sei, denn auch nach dem Fall ist die Welt, einschließlich der Menschheit, immer noch Gottes gute Schöpfung. Der Jahwist, möchte vielmehr den Grund für das gegenwärtige menschliche Verhängnis aufzeigen.

Doch auf die Fundamentalfrage, von woher das Böse in die Welt komme, gibt die Urgeschichte keine Antwort. Mit dem ganzen übrigen Alten Testament macht sie nicht den leisesten Versuch, sich in eine dualistische oder pluralistische Weltanschauung zu flüchten. Es ist jenseits des Interesses des Jahwisten, warum ein Teil von Gottes guter Schöpfung zum Versucher wurde, denn die Lösung dieser Frage trägt nichts zur Beschreibung der menschlichen Sündhaftigkeit bei. Die Schuld wird in aller Härte als unerklärte Schuld stehen gelassen. Doch gibt es zwei andere Sachverhalte, die noch einer weiteren Klärung bedürfen, nämlich was die Menschen zur Sünde reizte und was die Konsequenzen für die Menschen waren, nachdem sie der Sünde verfallen waren.

Das erste Menschenpaar wurde versucht, wie Gott zu sein, das heißt, Gut und Böse zu erkennen. Es ist jedoch schwierig anzunehmen, dass Gott eine Kreatur geschaffen habe, die sein möglicher Herausforderer hätte werden können, so dass der Mensch „die potentielle Gottheit" in sich trüge.⁶ Während es für den Jahwisten absurd ist, dass jemand Jahwe gleichkommen könnte, liegt es für ihn näher vorzuschlagen, dass ein Mensch gleichsam wie die Gottwesen, die Elohim, göttlich werden wollte.⁷ Aber der Reiz zur Sünde geht über das menschliche Vergöttlichungsstreben hinaus. Als die Menschheit versucht wurde, Gut und Böse zu erkennen, wollte sie nicht nur den Unterschied zwischen Gut und Böse

---

⁵ Vriezen, Theodorus C.: Theologie des Alten Testaments in Grundzügen, Wageningen/Holland 1957, 178.

⁶ Diese Annahme wird vorgetragen von Erich Fromm, Ihr werdet sein wie Gott, übers. v. Lieselotte u. Ernst Mickel, Hamburg 1980, 23.

⁷ Ähnlich von Rad, a.a.O., 60f., in seiner Exegese von Gen 3,4f.

wahrnehmen, sondern alles, die Gesamtheit von allem, von Gut bis Böse.[8] Die menschliche Versuchung bestand damals und besteht noch heute darin, alles wissen zu wollen und es besser als im Gegenüber von Gott und Mensch wissen zu wollen.

Diese arrogante Haltung bedroht Gott und Mitmensch und jedes harmonische Verhältnis zu ihnen. Doch darf diese Haltung nicht mit dem forschenden menschlichen Geist verwechselt werden, denn dabei ist nicht das egoistische Besserwissen das Ziel menschlichen Mühens, sondern das analytische, messende Wissen um dingliche Verhältnisse. Das sündhafte Alleswissen ist der destruktive Wunsch der Menschheit, kein Du anzuerkennen, das seine eigene Sphäre hat, sondern es als ein Es zu betrachten, das keine Geheimnisse haben darf. Diese menschliche Hybris zerstörte in grundlegender Weise das Verhältnis zu Gott wie zum Mitmenschen und verletzt auch den Schöpfungscharakter der Natur, indem er diese als ein dem Menschen übereignetes Ding betrachtet.

Gott reagierte auf den sündhaften Stolz der Menschheit nicht wie ein beleidigter Tyrann. Doch war die harmonische Einheit mit Gott entzweit, und das erste Menschenpaar wurde aus dem Garten verbannt. Aber die Drohung, dass diese Menschen an dem Tag stürben, an dem sie von dem Baum der Erkenntnis von Gut und Böse essen würden (Gen 2,17), hat sich durch ihre Sünde nicht verwirklicht. Ihnen wurde nur noch einmal bestätigt, dass sie zu Staub zurückkehren würden, von dem sie genommen waren (Gen 2,7; 3,19). - Fast wie in Verachtung der ursprünglichen Drohung wagt jetzt Adam, seine Frau „Eva" zu nennen, d.h. die Mutter alles Lebendigen.[9] - Auch die Verpflichtung zur Arbeit kann nicht als tatsächlicher Fluch des Falls verstanden werden, denn Adam sollte schon vorher den Garten bestellen (Gen 2,15). Als jedoch das harmonische Verhältnis mit Gott zerbrochen war, verschwand auch das harmonische Verhältnis

---

[8] Vgl. ebd., 60f.; und Renckens, Henricus: Urgeschichte und Heilsgeschichte, Mainz 1961, 243f.

[9] Vgl. Zimmerli, a.a.O., 152.

zwischen Mensch und Natur und zwischen Mann und Frau. So bekennt der Jahwist, dass das Leben mühselig ist, angefüllt mit Hass und Leidenschaft und durchdrungen von einer Sehnsucht nach Harmonie. Aber das Leben hört nicht auf, denn „Gott, der Herr, machte Adam und seiner Frau Röcke aus Fellen und bekleidete sie damit" (Gen 3,21). Statt das Böse zu beklagen, weist der Jahwist auf die Zeichen der Gnade, die dem ersten Menschenpaar auf ihrer Wanderung durch das Leben gegeben wurden: Röcke aus Fellen und Gottes Hilfe bei der Einkleidung.[10] Diese barmherzige Tat Gottes könnte eher als erster Hinweis auf das Evangelium verstanden werden als Gen 3,15, die Stelle, die meist als Protoevangelium bezeichnet wird und davon spricht, dass ständige Feindschaft zwischen der Schlange und der Menschheit herrschen werde.[11]

Wenn wir die Genesiserzählung des Falls verlassen und die Ursache des Bösen nach anderen alttestamentlichen Quellen zu bestimmen versuchen, wird unsere Aufgabe noch schwieriger.[12] Zum Beispiel hören wir bei Amos, dass Jahwe sein Volk fragt: „Geschieht ein Unglück in einer Stadt, ohne dass der Herr es bewirkt hat?" (Am 3,6). Gott steht hinter dem Bösen und dem Guten. Nachdem Hiob vom Unglück befallen wurde, ist er von dieser Omnipotenz überzeugt und sagt zu seiner Frau: „Nehmen wir das Gute an von Gott, sollen wir dann nicht auch das Böse annehmen?" (Hiob 2,10). Seine Frau jedoch scheint daraus keinen Trost zu schöpfen, denn sie wollte, dass ihr Mann Gott abschwöre und ihn sogar verfluche, da er die Ursache all des Bösen sei, das Hiob befallen hatte. Bei Deuterojesaja wird die bedrückende Frage, ob Gott die Ursache des Bösen sei, ebenfalls in bejahender Weise beantwortet, denn dort hören wir vom Herrn: „Ich er-

---

[10] So richtig Vriezen, a.a.O., 178.

[11] Vgl. zur Interpretation von Gen 3,15 Fichtner, Johannes: „ophis (Gen 3)", in: ThWNT, 5:573f. An diesem Punkt steht noch kein Hinweis, dass die Feindschaft zwischen der Menschheit und der Schlange überwunden wird. Aber solche Feindschaft gibt es in der messianischen Zeit nicht mehr, denn dann wird die ursprüngliche Harmonie wieder hergestellt.

[12] Vgl. zum Folgenden Vriezen, a.a.O., 130, der auch die Schwierigkeit bemerkt, in einer monotheistischen Religion das Böse einzuführen, ohne es direkt Gott zuzugesellen.

schaffe das Licht und mache das Dunkel, ich bewirke das Heil und erschaffe das Unheil. Ich bin der Herr, der das alles vollbringt" (Jes 45,7). An anderen Stellen hören wir sogar, dass der Herr jemanden gegen andere aufreizen kann (z.B. 1. Sam 26,19).

Gott ist der einzige Gott, der Gut und Böse kennt, und alles hängt von ihm ab. Aber dann hören wir auch, dass es einen Geist des Bösen gibt, der vom Geist Jahwes zu unterscheiden ist und das Volk quält (1. Sam 16,14f.). Solch eine Aussage schränkt nicht das Verständnis ein, dass Gott die einzige Wirkmacht ist; denn er sendet den bösen Geist.[13] Es läge hier nahe, von einem dämonischen Gott zu reden, vor dessen bösen Taten niemand sicher sein könne, oder dass die Israeliten nur deswegen Jahwe Gut und Böse zugeschrieben hätten, um ein monotheistisches Gottesverständnis zu bewahren. Jedoch sind diese Lösungsversuche unzutreffend. Gott ist kein Dämon und sein Wirken läuft immer darauf hinaus, sein Reich triumphieren zu lassen und seinen Heilsplan voranzutreiben. Deshalb hat der Psalmist Recht, wenn er bekennt: „Denn sein Zorn dauert nur einen Augenblick, doch seine Güte ein Leben lang" (Ps 30,6). Israel war jedoch auch davon überzeugt, dass Jahwe über einen einzelnen oder sein Volk Prüfungen, Heimsuchungen oder auch Gericht verhängt, dass er in diesem Sinn „Böses" tut.[14] Von diesem Blickwinkel aus kann man die Hiobsgeschichte verstehen, dass Hiob von Gott heimgesucht und zu einem tieferen Gottesverständnis geführt wird. Gott wurde niemals als Willkürgott verstanden, vor dessen Taten man sich fürchten müsste, sondern als ein heiliger Gott, dem man nicht in egalitärer oder fordernder Weise gegenübertreten dürfe. Hinter den Aussagen von der unvergleichlichen Überlegenheit Gottes, der Böses und Gutes schafft, steht das Bekenntnis zur absoluten Souveränität Gottes über Leben und Tod, Glück und Unglück, Heil und Unheil.

---

[13] Vgl. Foerster, Werner: „daimon", in: ThWNT, 2:12, der mit Bezug auf unsere Stelle sagt: „Damit ist der alttestamentliche Monotheismus gewahrt: Es gibt keine Macht, an die sich der Mensch in irgendeiner Sache wenden kann, außer dem einen Gott Israels."

[14] Vgl. Haag, Herbert: Vor dem Bösen ratlos?, München/Zürich 1978, 23.

Beim Wirken Gottes ist der Gegensatz zum Heil nicht das sittlich Böse, sondern das Unheil, das Strafgericht, das gewöhnlich die Folge des bösen menschlichen Tuns ist. „So spricht der Herr der Heere, der Gott Israels: Ihr selbst habt all das Unheil miterlebt, das ich über Jerusalem und alle Städte Judas gebracht habe. Das ist die Folge ihrer bösen Taten" (Jer 44,2f). Lassen die Menschen von ihrem bösen Tun ab, dann kann Gott das ihnen zugedachte Unheil abwenden. Dies erfuhren die Einwohner von Ninive, als sie eine sittliche Kehrtwendung einschlugen. „Gott sah ihr Verhalten; er sah, dass sie umkehrten und sich von ihren bösen Taten abwandten. Da reute Gott das Unheil, das er ihnen angedroht hatte, und er führte die Drohung nicht aus" (Jona 3,10). Doch so einfach sind die Wege Gottes nicht immer auszuloten. Man muss auch die unvergleichliche Souveränität Gottes anerkennen, denn „meine Gedanken sind nicht eure Gedanken, und eure Wege sind nicht meine Wege" (Jes 55,8).

Was soll man jedoch sagen, wenn man in 1 Sam 16,14 liest: „Der Geist des Herrn war von Saul gewichen; jetzt quälte ihn ein böser Geist, der vom Herrn kam", oder: Gott sandte „einen bösen Geist zwischen Abimelech und die Bürger von Sichem, so daß die Bürger von Sichem von Abimelech abfielen" (Ri 9,23)? Oder wenn man von den Söhnen des Priesters Eli liest: „Aber sie hörten nicht auf die Stimme ihres Vaters; denn der Herr war entschlossen, sie umkommen zu lassen" (1. Sam 2,25)? Begegnen wir hier nicht doch einem dämonischen, unheimlichen, hinterlistigen und unberechenbaren Gott? So bekommt auch der Prophet Jesaja von Jahwe den Befehl, zu seinem Volk zu gehen und ihr Herz zu verhärten, damit sie hören, aber nicht verstehen, sehen, aber nicht erkennen (Jes 6,9f.). Bis hin zu den großen Schriftpropheten wie Jesaja wird Gott als schlechthin souverän angesehen, von dem Gutes und Böses kommt. Die Frage der Theodizee, wie ein gerechter Gott auch Böses wirken könne und ob er dadurch nicht selbst zum Bösen würde, wird in dieser Weise noch nicht gestellt. Vorgängig ist die Betonung der Souveränität Gottes, denn nur weil er so souverän ist, kann man von ihm auch die großen Taten erwarten, die ihn als geschichtsmächtig erweisen. Somit werden alle Wirkkräfte des Lebens, dunkle wie helle, ängstigende wie beglückende und bedrohliche wie errettende, in Jahwe hineinverlagert. Er ist der Urgrund von allem und die einzige Kausalität des Lebens.

Doch schon beim Prediger (um 230 v. Chr.) wird betont: „Gott hat die Menschen rechtschaffen gemacht, aber sie haben sich in allen möglichen Berechnungen versucht" (Pred 7,29). Die Bosheit des Menschen hat ihren Ursprung nicht in Gott, sondern allein im Menschen. Noch viel deutlicher lesen wir bei Jesus Sirach (um 180 v. Chr.), dass Gott an der Sünde des Menschen nicht beteiligt ist: „Sag nicht: Meine Sünde kommt von Gott. Denn was er hasst, das tut er nicht. Sag nicht: Er hat mich zu Fall gebracht. Denn er hat keine Freude an schlechten Menschen. Verabscheuungswürdiges hasst der Herr; alle, die ihn fürchten, bewahrt er davor. Er hat am Anfang den Menschen geschaffen und ihn der Macht der eigenen Entscheidung überlassen" (15,11-14). Zwar lesen wir auch dort noch: „Gutes und Böses, Leben und Tod, Armut und Reichtum kommen vom Herrn" (11,14), aber gleichzeitig wird festgehalten: „Alle Werke Gottes sind gut" (39,16). Der Verfasser weist darauf hin, dass man Gott nicht für das Böse verantwortlich machen kann. Zwar schafft Gott souverän Gutes und Böses, doch sind alle Werke Gottes so gut, dass man nicht, wie es das erste Menschenpaar versuchte, das Böse als von außerhalb zugefügt entschärfen oder ableiten kann. Zudem weist Jesus Sirach darauf hin, dass die Werke Gottes „genügen zur rechten Zeit für jeden Bedarf" (39,16). Gott hat alles zweckmäßig eingerichtet, auch das, was man momentan nicht als solches erkennen kann. Als Fazit kann man deshalb hier festhalten: Der Mensch, nicht eine Macht außerhalb von ihm, schafft das Böse, und selbst da, wo Jahwe als Urheber des Unheils erscheint, ist der Mensch aus seiner Eigenverantwortung nicht entlassen.[15]

---

[15] Ebd., 61. Wenn Haag allerdings davon redet, dass dies im Alten Testament von seinen ältesten bis zu seinen jüngsten Schriften gilt, so muss man dem widersprechen, da es ein immer stärkeres Empfinden gab, dass eine Macht von außerhalb für das Böse zumindest mitverantwortlich sein müsse.

Die Ausgliederung des Bösen

Wenn man das Böse als eine von Gott zu unterscheidende Wirkmacht versteht, kann man sich der mythologischen Bildersprache bedienen, wobei eine eindeutige Identifizierung des Bösen unwichtig ist. Man kann das Böse auch in eine mehr personal bezogene Begrifflichkeit fassen, die an Personen in einem Rechtsstreit erinnert. In mythischer Bildersprache wird in den poetischen Schriften des Alten Testaments, aber auch bei den Propheten, Leviathan, ein mehrköpfig gedachtes, weithin mythisches Urwesen, erwähnt, das nach alttestamentlicher Auffassung vom Schöpfer des Kosmos getötet wurde (Ps 74,13f.) oder gebändigt erhalten blieb (Ps 104,26f.). Dabei ergeben sich die verschiedensten Bezeichnungen und Identifizierungen. Als Geschöpf Jahwes wird etwa Leviathan mit dem Krokodil als großes, gefährliches Tier gleichgesetzt (Hiob 40,25), und andererseits wird es zum Inbegriff der widergöttlichen Macht (Jes 27, 1). In der Endzeit, so hofft der Prophet, wird Gott die neue Schöpfung herbeiführen, wobei die Chaosmacht Leviathan, auch gewundene Schlange und Drache genannt, endgültig besiegt wird. Eine ähnliche und vielleicht damit identische Chaosmacht ist Rahab, die ebenfalls durch den Schöpfer urzeitlich besiegt wurde (Jes 51,9; Hiob 26,12f.). Metaphorisch kann die bedrohliche Macht Ägypten Rahab genannt werden (Jes 30,7). Die mit diesen verschiedenen Bildern eingeführte widergöttliche Macht widersetzt sich dem Heilsplan Gottes. Diese Bilderreden weisen wohl auf babylonische Einflüsse und urzeitliche Mythologien hin. Dies verband sich mit der israelitischen Vorstellung von der Entsprechung von Endzeit und Urzeit, denn man erwartete für die Endzeit einen neuen Ansturm des Chaosdrachens gegen Gott und einen neuen Sieg Gottes über ihn.[16] Wichtig ist, dass sich die Symbolgestalt des Bösen und Widergöttlichen sowohl der Schöpfung als auch der Erlösung durch Jahwe widersetzt und beide zunichte machen will, aber doch besiegt wird.

---

[16] Ebd., 96. Vgl. dazu auch Schmitt, Gerhard: „Rahab", in: Reicke, B. u. Rost L. (Hrsg.), Biblisch-historisches Handwörterbuch, Bd. 3, Sp. 1547f., und Henry, Marie-Louise, „Leviathan", in: ebd., Bd. 2, Sp. 1076f.

In ganz anderer Weise, viel weniger mythologisch und fast profan, begegnet im Alten Testament eine andere außergöttliche Wirkmacht, die Gestalt Satans. Der Begriff „Satan" bedeutet als Verb ursprünglich „anfeinden, verfolgen und spezieller, durch Anklage anfeinden."[17] Das heißt, dass dieser Begriff zunächst im profanen Bereich zuhause ist und ihm erst allmählich theologische Bedeutung bekommt. Als Substantiv kann der Begriff „Satan" im Alten Testament auch zur Bezeichnung eines Feindes gebraucht werden. Zum Beispiel fürchteten die Anführer der Philister, dass David für sie zum Widersacher (Satan) werden könnte (1 Sam 29,4).[18] Oft ist der Widersacher (Satan) ein Feind Israels, der Israel im Namen Jahwes anklagen und auf das Böse, das Israel getan hat, hinweisen soll (1 Kön 11,14.23).[19] Die altertümliche Stelle von Bileam und seiner Eselin zeigt uns, dass mit Satan selbst jemand aus Gottes himmlischem Hofstaat bezeichnet werden kann. Da Bileam unbewusst etwas gegen Gottes Willen tut, wird Gott sein Widersacher, verlegt seinen Weg und hindert ihn, seinen eigenen Willen auszuführen (Num 22,22ff.).[20]

Im Hiobbuch ist die Funktion Satans als Ankläger besonders deutlich dargestellt. In den ersten Kapiteln bezweifelt Satan als Glied von Gottes himmlischem Hofstaat, ob Hiob wirklich so tadellos und aufrichtig ist, wie es scheint. Da Satan nicht als dämonische Macht, sondern als einer der Söhne Gottes verstanden wird, benötigt er Gottes Erlaubnis, um die Integrität Hiobs festzustellen.[21] Somit ist es letztlich Gott, der Hiob prüft. Es wäre allerdings schwierig, hier Satan als Ankläger in Analogie zu einem Gerichtsverfahren zu verstehen. Dagegen

---

[17] So Lüthi, Kurt: Gott und das Böse. Eine biblisch-theologische und systematische These zur Lehre vom Bösen, entworfen in Auseinandersetzung mit Schelling und Karl Barth, Zürich-Stuttgart 1961, 116.
[18] Zum Folgenden vgl. die Untersuchung von Schärf, Riwkah: „Die Gestalt des Satans im Alten Testament", in: Jung, C. G.: Symbolik des Geistes, Zürich 1948, 168.
[19] Vgl. von Rad, Gerhard: „diabolos (Die alttestamentliche Satansvorstellung)", in: ThWNT, Bd. 2, 72.
[20] Ebd., 73.
[21] Zu weiteren Details vgl. Schärf, a.a.O., 171f.

spricht, dass es noch viele andere lebensbedrohende Kräfte gibt, die sich gegen Hiob auswirken, wie Krankheit, Tod, Raub und die verwüstenden Naturgewalten. Das „Verursachen des Bösen" findet jedoch in Übereinstimmung mit Gott statt und nicht im Gegensatz zu ihm, während sich die Versuchung durch die Schlange in der Erzählung vom Fall „hinter Gottes Rücken" ereignete. Trotzdem wirkt Satan in der Hiobserzählung als himmlischer Gegner eines friedlichen Lebens und weltlicher Bequemlichkeit.[22] Das Ergebnis seiner Tätigkeit ist aber nicht die Zerstörung, wie man befürchten möchte, denn Hiob erreicht durch seine Schicksalsschläge eine tiefere Frömmigkeit und gibt sich völlig Gott hin.

In der vierten Vision des Propheten Sacharja zeigt sich wiederum deutlich die anklagende Funktion Satans. Doch wird er nicht mehr als einer der Söhne Gottes verstanden, sondern als Ankläger, der auf der rechten Seite Jeschuas steht, des angeklagten Hohenpriesters, während beide vor dem Engel des Herrn erscheinen (Sach 3,1ff.). Satan versucht immer noch, die böse Seite der Menschheit aufzuzeigen, die Übeltaten des Hohenpriesters während des Exils. Es wird aber nicht mehr deutlich, dass er in der Absicht handelt, das Reich Gottes voranzutreiben. Gott interveniert schließlich durch einen Engel, um dem Hohenpriester Gnade und Vergebung zukommen zu lassen (Sach 3,4).[23]

In 1. Chr 21 ist die von Gott unabhängige Stellung Satans noch weiter fortgeschritten.[24] Dies ist die einzige Stelle im Alten Testament, an der Satan als ein Eigenname gebraucht wird. In 2. Sam 24,1 lesen wir noch: „Der Zorn des Herrn

---

[22] Zum Folgenden vgl. Gerhard von Rad: „diabolos", in: a.a.O., 72.

[23] Vgl. Haag, Herbert: Teufelsglaube, mit Beiträgen von Katharina Elliger, Bernhard Lang und Meinrad Limbeck, Tübingen 1974, 200; vgl. auch Rignell, Lars Gösta: Die Nachtgesichte des Sacharia. Eine exegetische Studie, Lund 1950, 101. Schärf, a.a.O., bemerkt auf S. 300f. im Sinne Jungs: „Hier nun [Sach 3,1ff.] ist der Differenzierungsprozeß weiter gediehen. Der Herauslösung des Satans, der dunkeln Gottseite, ist die Herauslösung der entsprechenden hellen Gottseite gefolgt."

[24] Zum ganzen Absatz vgl. von Rad, „diabolos", in: a.a.O., 73f.; vgl. auch Schärf, a.a.O., 317. Haag, Teufelsglaube, bemerkt hier (213f.) zu Recht, dass in 1 Chron 21,1 Satan nicht Jahwe ersetzt, sondern seinen Zorn, der gegen Israel entfacht war.

entbrannte noch einmal gegen Israel, und er reizte David gegen das Volk auf und sagte: Geh, zähl Israel und Juda." Die Chronik berichtet jedoch von demselben Ereignis mit folgenden Worten: „Der Satan trat gegen Israel auf und reizte David, Israel zu zählen" (1. Chr 21,1). Vergleichen wir hier das Alte Testament mit dem Neuen, bemerken wir eine ähnliche Verschiebung. In Hos 11,10 wird der zürnende Gott mit einem „brüllenden Löwen" verglichen, während in 1. Petr 5,8 der Teufel als „brüllender Löwe" bezeichnet wird. Wahrscheinlich galt die Aussage, Gott könne David zum Sündigen anspornen, zur Zeit der Chronik als anstößig. In beiden Versionen, in der Chronik und im Samuelbuch, lesen wir jedoch, dass Gott die Strafe für Davids Sünde anordnete. Satan erreicht nirgends im Alten Testament die Stellung eines dualistischen Widerparts Gottes, die Gott darauf beschränkte, nur als Prinzip des Guten zu dienen. Letztlich müssen selbst die satanischen Versuchungen den Heilsplan Gottes fördern. Dies zeigt sich auch in obiger Erzählung von David. Da durch Gottes Strafe seine königliche Macht vermindert wurde, wird er empfänglicher für den Willen Gottes.

An dieser Stelle wird wiederum deutlich, dass Gott ursprünglich unterschiedslos als Quelle des Guten und des Bösen verstanden wurde. Jedoch bestand eine Tendenz, Gottes Funktion im Bezug zur Ursache des Bösen nur darin zu sehen, dass er die Menschheit für ihr Fehlverhalten strafte. Dies bedeutete, dass die Ursache für die Aktivierung des Bösen in der Menschheit außerhalb Gottes gefunden werden musste, zuerst in der Versuchung durch jemanden aus Gottes guter Schöpfung, dann im Bild des himmlischen Anklägers und schließlich in der immer unabhängigeren Figur eines übelwollenden Satans. Wir können aber kaum Schärf in seiner sonst sehr instruktiven Arbeit zustimmen, wenn er sagt, dass es sich bei der „Figur des Satans um das Ergebnis eines innergöttlichen Entwicklungsprozesses handelt."²⁵ Nicht die göttliche Person hat sich entwickelt, sondern das israelitische Gottesverständnis hat sich allmählich geklärt. Dieser Prozess der Klärung setzt sich im Neuen Testament verstärkt fort.

---

[25] Schärf, a.a.O., 229. Es ist auch fraglich, ob Haag, a.a.O., 217, im Recht ist, wenn er das Hervortreten Satans im Alten Testament als Ergebnis der immer stärker werdenden Tendenz ansieht zu verhindern, dass die Transzendenz und Heiligkeit Gottes von Unreinheiten getrübt wird. Während wir zustimmen müssen, dass es zweifelsohne einen sichtbaren Fortschritt im Verständnis Gottes im Alten Testament gibt, ist es vielmehr die Natur der (politischen) Wirklichkeit, die immer mehr mit den Heilserwartungen in Missklang steht, als das Exil der Vergangenheit angehörte und sich nichts Entscheidendes ereignete, um das jüdische Reich wieder aufzurichten. Falls man weiterhin an die Verwirklichung von Gottes Heilsgeschichte glauben wollte, musste man Hinderungsfaktoren außerhalb Gottes und der Menschheit annehmen. Zum Problem der allmählichen Klärung des Gottesverständnisses vgl. Schwarz, Hans: Kurs: Gotteslehre, Bd. 3, Göttingen 1984, Kap. 1: „Vom Stammesgott zum Retter der Menschheit", 6-37.

Eugen Biser

Nur der Friede rettet die Welt.
Anstöße zu einem neuen Friedensbewusstsein

Die Zeit der verwirklichten Utopien

Was die Welt am 11. September 2001 erlebte, war das Paradigma einer negativen Utopie, verstanden als der Eintritt dessen, was nach aller Einschätzung ebenso unausdenklich wie unmöglich war: ein vernichtender Stoß ins Symbol- und Verteidigungszentrum der als unangreifbar geltenden Weltmacht Amerika. Von dieser dunklen Folie hebt sich der Grundzug der Epoche ab, die als die Zeit der sich Zug um Zug realisierenden Utopien in die Geschichte der Menschheit eingehen wird. Was sie seit Jahrtausenden am Himmel ihrer Mythen und Träume suchte, fiel, wie Sigmund Freud schon 1930 voraussah, Mal um Mal in Menschenhand: der Mythos vom himmlischen Feuer in der Bändigung der Atomkraft, der Traum von der Sternenreise in der gelungenen Mondlandung, das Verlangen nach Bewusstseinserweiterung in der Nachrichtentechnik, der Märchentraum von „Kalten Herzen" in der Herztransplantation, Goethes Kreation des Homunculus in der Genmanipulation, mit der der Mensch aufhörte, das Produkt der Evolution zu sein und begann, als Produzent und Gestalter in sie einzugreifen.

Eugen Biser

Der Brennpunkt

Im Flucht- und Brennpunkt dieser Entwicklung steht demzufolge der Mensch, der im selben Maß, wie er in seine eigene Evolution eingreift, nach der Deutung Freuds über sich hinauswächst und göttliche Attribute an sich reißt: in der Raumfahrt ein Stück göttlicher Allgegenwart, in der Nachrichten- und Medientechnik ein Stück göttlicher Allwissenheit, in der Gentechnik ein Stück göttlichen Schöpfertums. Anstatt sich dessen bewusst zu werden und hilfreiche Konsequenzen aus diesem Kompetenzgewinn zu ziehen, geschah, wie die erste Nutzung der Atomenergie in Form der Atombombenabwürfe auf japanische Städte und der durch die Raketentechnik heraufdrohende „Krieg der Sterne", aber auch die persuasive Diktatur der Medien nur zu deutlich beweisen, das Gegenteil: die Menschheit verfiel wie nie zuvor in Akte der Selbstzerstörung. Zweifellos hing das damit zusammen, dass die ganze Entwicklung, zumindest nach Ansicht Freuds, im Schatten einer atheistischen Vorentscheidung, des von Nietzsche proklamierten Todes Gottes, steht. Deshalb wirft das Zeitgeschehen mit höchster Eindringlichkeit die Frage nach einer christlichen Alternative auf. Sie wurde längst schon von dem in seinem Gedenkjahr (2001) vielfach gewürdigten Nikolaus von Kues durch seine programmatische Schrift über die Gotteskindschaft affirmativ beantwortet. Zuvor aber muss nach der Antwort auf das aktuelle, von schwerer Verunsicherung und einem weltweiten Einbruch der Lebensangst gekennzeichnete Zeitgeschehen gefragt werden.

Die Maximalutopie

Die Antwort gibt der vor diesem düsteren Hintergrund leuchtend hervortretende größte Menschheitstraum: die Utopie des ewigen Friedens. Wie der Regenbogen nach der Sintflut erhebt sie sich über dem Meer von Leid, in das sich die friedlose Menschheit immer wieder stürzte, um daraus, bald hoffend, bald resignierend, aufzublicken. Deshalb geht der Ruf nach Frieden durch alle großen Zeugnisse des Glaubens, der Dichtung, der Kunst und der Musik: er ertönt ebenso aus den Friedensaussagen der Bibel wie aus dem „Dona nobis pacem", in das Bachs „hohe Messe" und aus der Bitte um inneren und äußeren Frieden, in das Beethovens „Missa solemnis" ausklingen, ebenso aus den Friedensklagen der Humanisten wie aus den Friedensentwürfen der Philosophen mit Leibniz und Kant an ihrer Spitze, ebenso aus Hölderlins „Friedensfeier" wie aus Hermann Brochs „Tod des Vergil", wenn der sterbende Dichter auf dem Weltenschild das Bild des Friedens in Gestalt der Mutter mit dem Kind erblickt. Inzwischen wurde das Friedensthema durch das jüngste Zeitgeschehen wie kaum einmal zuvor auf die Tagesordnung des Weltgesprächs gesetzt. Das ruft die Erinnerung an die ganz im Zeichen des Friedens stehende Lebensgeschichte Jesu wach.

Das Dilemma

Im Lukasevangelium beginnt diese Lebensgeschichte, sinnbestimmend für ihren ganzen weiten Vorlauf, mit einer Friedensproklamation. „Jetzt ist Friede auf Erden", singen die Engel bei der Geburt des Gottessohnes. Beim Einzug Jesu in Jerusalem rufen die ihn begleitenden Volksscharen jedoch: „Im Himmel ist Friede und Herrlichkeit in der Höhe". Der Friede, der in der Weihnacht auf die Erde herabgestiegen war, hat sich aufgrund der Abkehr des Volkes von Jesus und seinem Heilsangebot wieder an den Ort seiner Herkunft zurückgezogen, um nicht zu sagen: zu einer Utopie verflüchtigt.

Genauso stellt sich die Situation heute dar. Nach dem freiheitlichen Aufbruch, der das Ende des Ost-West-Konflikts besiegelte und mit dem Fall des Eisernen Vorhangs Millionen in die Freiheit entließ, schien der Weltfriede wie nie zuvor in Reichweite gekommen zu sein. Nachdem dann auch noch die europäischen Völker, die sich jahrhundertelang blutige Religions-, Raub- und Vernichtungskriege geliefert hatten, den Entschluss fassten, das gemeinsame Haus Europa zu errichten, entstand gerade im Zentrum jener Region, die Schauplatz der schlimmsten Kriege gewesen war, eine Zitadelle des Friedens, von der erwartet werden durfte, dass sie über die ganze, von Konflikten zerrissene Welt ausstrahlen werde. Durch die amerikanische Reaktion auf den terroristischen Anschlag vom 11. September dieses so unglücklich ausgehenden Jahrhunderts erlitt diese Friedenshoffnung jedoch einen schweren Rückschlag, von dem sie sich nur unter Aufgebot der ganzen Herzens- und Geisteskraft erholen wird. Dazu gehört in erster Linie eine Besinnung auf die Frage, was denn der Friede wirklich ist.

Was ist Friede?

Auf die Beantwortung dieser Frage arbeiten drei Motive hin: ein Sinndruck, ein Faktendruck und ein Leidensdruck. Ein Sinndruck zunächst; denn nach dem Zweiten Weltkrieg setzte, wenngleich zögerlich, eine Neubesinnung auf die Friedensthematik ein, die umso dringlicher geboten war, als die Menschheit kaum einmal, die Zeit der großen Epidemien ausgenommen, so hart mit der Tatsache des massenhaften Sterbens konfrontiert war wie in dem Jahrhundert der beiden Weltkriege und der sich anschließenden regionalen Konflikte. Unter dem Eindruck dieser Schreckenszeit wurde dann aber auch wie nie zuvor über den Sinn des Todes, angesichts des um sich greifenden Sprachverschleisses über das Wesen der Sprache und, wie es besonders in der Konsequenz der Ereignisse lag, über den Sinn des Friedens nachgedacht. Da es die zeitgenössische Theologie weitgehend versäumte, dieses brennende Anliegen aufzugreifen, ergriff das kirchliche Lehramt entgegen seiner Gewohnheit, nur reaktiv auf Zeitfragen einzugehen, die Initiative, als der unvergessene Konzilspapst Johannes XXIII. am 11. April 1963 die von Darius Milhaud seiner Choralsinfonie zugrunde gelegte Enzyklika „Pacem in terris" veröffentlichte. Darin erhob er sich zu dem – dann auch von Carl Friedrich von Weizsäcker aufgenommenen – Gedanken, dass unter den Bedingungen der Vernichtungspotentiale des Atomzeitalters der Krieg nicht mehr als Mittel der Austragung politischer oder ökonomischer Konflikte in Betracht gezogen werden kann.

Nur scheinbar wurde der Friede damit ins Reich der Utopien verwiesen. Denn im Grunde wurden alle humanitären Fortschritte noch immer auf dem Weg „wissenschaftlicher Revolutionen", also dadurch erzielt, dass das Gegenteil als unmöglich erkannt und als unerträglich empfunden wurde. So verhielt es sich mit dem antiken Institut der Sklaverei, mit dem Gottesurteil und der Folter als Mittel der Strafjustiz und mit Exekutionen in Form von Steinigung, Kreuzigung und Verbrennung. Wenn der Islam in einzelnen Radikalformen heute zu derartigen Praktiken zurückkehrt, beweist er, dass ihm aufgrund seiner späten Entstehung die vom Christentum in den letzten Jahrhunderten durchlaufene Phase der Aufklärung und des Humanismus noch fehlt. Indessen muss sich auch die Christenheit in beträchtlichen Teilen noch zu der Einsicht in die Unverträglichkeit der Todesstrafe mit der Menschenwürde durchringen. Denn erst dann ist die Voraussetzung für die weltweite Anerkennung des Grundgedankens der Friedensenzyklika gegeben, wonach die kollektive Exekution in Form eines modernen Vernichtungskrieges unter den gegenwärtigen Bedingungen einer „negativen Utopie" gleichkäme.

Zum Sinndruck kommt verstärkend ein Faktendruck hinzu, über den insofern kein näheres Wort zu verlieren ist, als er von allen Nachdenklichen als eine ausgesprochene Pression empfunden wird. Er besteht in der vielbeklagten Überrüstung der Weltmächte, die längst schon den Tatbestand des „overkills" erfüllte und nun zusätzlich durch die vom Terrorismus ausgehende anonyme Bedrohung verschärft wird. Das führte weithin zu dem Eindruck, dass der unsichtbare Schutzschild, der sich in Folge des freiheitlichen Aufbruchs von 1989, dem Ende des Ost-West-Konflikts und dem Zusammenschluss der europäischen Völker über große Teile der Welt gelegt hatte, zerbrochen ist, während sich gleichzeitig ein Lebensgefühl der Verunsicherung, der Angstanfälligkeit und Depressivität der Menschen bemächtigte. Dazu kommt die Beobachtung, dass die Hemmschwelle, die bei der Inszenierung eines Krieges überschritten werden muss, im Gefolge der terroristischen Attacken signifikant gesunken ist. Denn dazu führen nun nicht mehr nur Bedrohungen durch einen weltpolitischen Aggressor oder die drohende Gefährdung der nationalen Existenzgrundlagen, sondern auch Motivationen wie kollektive Angst, besonders im Verbund mit verletztem Nationalstolz und dem Verlust der vermeintlichen Unangreifbarkeit. Insofern stellt der Faktendruck die Frage, ob dem Ensemble dieser Faktoren nicht vor allem mit einem radikalen Bewusstseinswandel begegnet werden müsste.

Das gilt auch von dem dritten Grund, dem Leidensdruck. Schon immer hatten die Kriege die Betroffenen in namenlose Schrecknisse, Entbehrungen und Leiden gestürzt, zuerst die in permanente Todesangst versetzten und dadurch menschlich angefochtenen Soldaten, sodann nicht weniger die in Mitleidenschaft gezogene Zivilbevölkerung und nicht zuletzt die geschundenen und verhungernden Tiere. Nicht minder groß sind die geistigen Schäden: die Verkehrung der Information in Propaganda, der Wahrheit in Lüge, der Moral in Rücksichtslosigkeit, der Menschlichkeit in Brutalität und Barbarei. Zwar führt der Krieg auch zu heroischen Einzelleistungen, dies jedoch nicht selten im Dienst einer verwerflichen Sache. Ziel des Leidensdrucks ist deswegen die möglichst rasche Beendigung des Krieges und die unverzügliche Wiederherstellung friedlicher Verhältnisse. Doch was ist nun der Friede?

Die Inversion

Eine vorläufige Antwort auf diese immer noch offene Frage gibt das bekannte Jesajawort „Gerechtigkeit schafft Frieden", das Pius XII., der Papst der bisher schwersten Krisenzeit, als Wappenspruch wählte und das bis zur Stunde die Friedensdiskussion beherrscht. Danach ist die Gerechtigkeit die Grundlage und Bedingung des Friedens. Übersehen wurde dabei jedoch, dass der Jakobusbrief die neutestamentliche Friedensbotschaft in den umgekehrten Satz zusammenfasst, indem er den Frieden zum „Boden" der Gerechtigkeit und diese zur „Frucht" des Friedens erklärt. Doch das leuchtet nicht weniger als der alttestamentliche Grundsatz ein. Denn der Friede braucht, um nicht zu einem amorphen

Zustand zu führen, ein strukturierendes Prinzip: die Gerechtigkeit. In ihrer kommunikativen und distributiven Gestaltungskraft führt sie die benötigte Friedensordnung, den ordo pacis, herauf. Dadurch ist die Gefahr der Unordnung gebannt und auch angesichts sozialer und ökonomischer Differenzen für ein friedlich geordnetes Zusammenleben der Menschen gesorgt.

Indessen ist die Inversion von noch weit größerer Tragweite; denn sie ordnet den Frieden der Gruppe jener höchsten Ideen zu, die durch ihre Alternativelosigkeit ausgezeichnet sind. Das gilt in erster Linie von der Idee des – von Platon mit der Gottheit gleichgesetzten – Guten, ebenso aber auch von der des Wahren, des Schönen und der Freiheit. Dass das Gute alternativelos gedacht werden muss, erkannte schon die mittelalterliche Metaphysik, die das Böse demgemäss als ein Defizit des Guten und seiner Ermangelung bestimmte. Ebenso ist der Irrtum kein Gegensatz, sondern Abirrung von der Wahrheit, und das Hässliche, wiewohl nicht selten eine kontrastive Steigerung des Schönen, doch niemals sein Gegensatz. Gleiches gilt vom Verhältnis der Freiheit zur Knechtschaft. Denn diese bezeichnet zwar deren Verlust, nicht jedoch den Gegensatz zu ihr. Vor diesem Hintergrund wird bereits deutlich, dass der Krieg kein Gegensatz zum Frieden ist, sondern die Bezeichnung für die durch seinen Verlust eingetretenen Folgen. Wer deshalb in alteingespielter Gedankenlosigkeit, und sei es im Blick auf den Tolstoj-Titel „Krieg und Frieden" sagt, hat ihn bereits aufgegeben und seinem Untergang Vorschub geleistet. Denn der Friede ist zu sehr in der Spitzengruppe der Denkmöglichkeiten angesiedelt, als dass ein Gegensatz zu ihm gedacht werden könnte. Überdies steht diese Spitzengruppe dem Gottesgedanken so nah, dass von ihr in abkünftigem Sinn wie von ihm zu sagen ist, dass über ihn hinaus nichts Größeres und erst recht nichts Anderes gedacht werden kann, und dass ein solches Denken sogar zur Vergewisserung über sein Dasein führt. Deshalb muss der Friede alternativelos, in reiner Positivität gedacht werden. So wenig wie der Teufel als Gegensatz Gottes gelten kann, ist der Krieg der Gegensatz zum Frieden.

Die Nähe zum Gottesgedanken bringt es aber auch mit sich, dass es vom Frieden keine Definition gibt. Wenn ihn Augustin nach langer Suche als „Ordnungsruhe" beschrieb, bezeichnete er damit eher seine Folge als ihn selbst. Indessen zeigen die biblischen Friedenszeugnisse, dass der Friede dort, wo er in Erscheinung tritt, aufleuchtet. So im siebenfarbigen Rund des Regenbogens nach der Sintflut, so auf dem vom Stab des Gottesengels berührten Altar, dem Gideon den Titel „Jahwe ist Friede" verleiht, so im messianischen Friedensreich, in welchem Wolf und Lamm zusammenwohnen und die Menschen ihre Schwerter zu Pflugscharen und ihre Lanzen zu Winzermessern umschmieden, so in der Gestalt des göttlichen Kindes, auf dessen Schultern die Herrschaft ruht und dessen Name „Friedensfürst" lautet, so dann neutestamentlich im Antlitz dessen, der wie kein anderer den Frieden gab, weil er der Friede in personaler Verkörperung ist.

Den Frieden aber verstand Jesus als seine Lebensaufgabe; denn er kam, um sein Volk vor der ihm durch die Agitation der Zeloten, die um jeden Preis den Freiheitskrieg gegen Rom anstrebten, drohenden Katastrophe zu bewahren. Und er tat es, indem er diesen Fanatikern den religiösen Vorwand ihres Kampfes durch die Absage an jede Gewalt und durch die Verkündigung des Gottes des bedingungslosen Liebe aus der Hand schlug. Weil aber die Spirale der Gewalt bereits in Gang gesetzt war, wurde er abgelehnt und schließlich selbst ans Kreuz geschlagen. Wenn die Päpste des letzten Jahrhunderts mit Johannes XXIII. an ihrer Spitze mit wachsendem Nachdruck für bedingungslosen Frieden plädierten, traten sie damit in die Spur Jesu. Aber wurde diese nicht durch die Gewalt von Christen gegen Andersgläubige und Christen bis zur Unkenntlichkeit verwischt? Fiel die Christenheit in der Zeit der Religionskriege nicht verhängnisvoll hinter Jesus zurück? Wie konnte es dazu kommen?

Der Einbruch der Gewalt

Die scharfsinnigste Erklärung dafür gab Nietzsche mit der Feststellung, dass schon im Urchristentum das am wenigsten evangelische Gefühl der Rache „obenauf" gekommen sei. Das bestätigt die Apokalypse, wenn die Schalen des göttlichen Zornes über die Christenverfolger ausgegossen werden. Und das bestätigte Tertullian mit seiner geradezu sadistischen Ausmalung der den Verfolgern drohenden Höllenstrafen. Unter diesem Einfluss rang sich Augustin gegen seine ursprüngliche Überzeugung zur Befürwortung der Gewalt gegen Ketzer durch. Doch damit öffnete er die Tür zu dem dunkelsten, durch Inquisition, Vertreibungen und Religionskriege gekennzeichneten Kapitel der Christentumsgeschichte. Erst unter den letzten Päpsten fand sich die Kirche zu dem Eingeständnis bereit, dass davon auf exzessive Weise auch das Verhältnis zum Judentum betroffen war. Umgekehrt aber stand auch die Begegnung des Christentums mit dem Islam im Zeichen blutiger Gewalt, da der Islam seinen Siegeszug als anfängliche Schwertreligion antrat und so die in Konfessionen zerrissene Christenheit für das schrecklich büßen ließ, was diese sich im Streit der Konfessionen angetan hatte. Das rief der im Namen des Islam verübte Anschlag vom 11. September in traumatische Erinnerung. Wenn aus der Auseinandersetzung mit ihm nicht noch Schlimmeres als die gegenwärtige Kriegsdrohung hervorgehen soll, muss das Verhältnis zu den Abrahamsreligionen neu bedacht werden.

Ein Zeichen der Verständigung

Doch der Islam ist von seinem Ursprung her keine Religion des Schwertes, sondern des Buchs. In dem „in der Nacht der Macht" vom Himmel herabgesandten Koran besitzt er die Urkunde der an Mohammed ergangenen Gottesoffenbarung. Das verbindet ihn mit dem Judentum und Christentum, die sich gleicherweise als Offenbarungsreligionen verstehen, so sehr sie in Ihrer Auffassung von Offenbarung auseinandergehen. Denn nach jüdischer Überzeugung erging die Gottesoffenbarung an Mose im Gesetz. Für das Christentum ist der Mittler der Offenbarung zugleich deren Inhalt. Deshalb erhielt der Satz „Im Anfang war das Wort" seine aktuellste Interpretation in dem Schlüsselwort Marshall McLuhans „the medium is the message". Das aber zeigt, dass ungeachtet ihrer blutigen Geschichte die Abrahamsreligionen Judentum, Christentum und Islam ungleich mehr verbindet als trennt.

Israel verdankt die Menschheit den Durchbruch von dem von Schiller nostalgisch verherrlichten Polytheismus der „Götter Griechenlands", der in jedem Stern eine Gottheit und in jeder Quelle eine Nymphe erblickte, zur Erkenntnis des einen zugleich überweltlichen und weltumgreifenden Gottes. Der Islam verschärfte diesen Begriff zu dem der Einzigkeit Gottes, der seine Verehrer mit Allgewalt an sich bindet und dem Glauben an ihn die erstaunliche Durchschlagskraft verleiht. Das Christentum überwand demgegenüber die in diesen beiden Gottesvorstellungen waltende Ambivalenz, indem es den zwischen Faszination und Schrecken oszillierenden Gott als den bedingungslos Liebenden enthüllte, der als solcher nur in Werken der Liebe und des Friedens bezeugt werden kann. Wenn Lessing meinte, dass die Abrahamsreligionen ihre Wahrheit nicht besser als im Wetteifer in Akten der Menschlichkeit und Toleranz unter Beweis stellen könnten, ist ihnen heute ein noch vordringlicheres Ziel vor Augen gestellt: der Friede. Der Einsatz dafür wäre die beste Art, wie sie das gegenseitig zugefügte Leid „sühnen" und sich für die Bewältigung der gegenwärtigen Krisensituation einsetzen könnten. Denn der Schaden, der durch den terroristischen Anschlag und die Reaktion darauf entstand, betraf nicht nur die beklagenswerten Opfer und die vom Flüchtlingselend Betroffenen, sondern mehr noch den fast schon in Reichweite gekommenen Weltfrieden. Was heute wie nie zuvor angezeigt ist, wäre somit ein von diesen Religionen gegenseitig gegebenes Zeichen der Bereitschaft, das Ende ihrer bisherigen Konfliktgeschichte zu besiegeln und den Anfang mit einer neuen Geschichte im Zeichen wachsender Verständigung und Toleranz zu machen.

Die Frage der Friedensfähigkeit

Aber scheitert die Friedensbemühung nicht an der, wie die Geschichte nur zu deutlich zeigt, fraglichen Friedensfähigkeit des Menschen? Und muss diese nicht umso mehr angezweifelt werden, als heutige Anthropologen wie René Girard und Walter Burkert mit ihrer These von der Primäraggressivität des homo necans auf die These Oswald Spenglers zurückfallen, der zum Entsetzen des großen Publizisten Theodor Haecker den Menschen als Raubtier bezeichnete? Muss man nicht angesichts der Vorgänge der letzten Monate tatsächlich an der Friedensfähigkeit des Menschen zweifeln und an seiner Friedensbereitschaft verzweifeln? Wächst denn nicht gerade in Friedenszeiten die Gier nach Krieg?

Abgesehen davon, dass sich die Menschheit in dem von diesen Theoretikern angenommenen Fall selbst längst ausgerottet hätte, und abgesehen davon, dass der Mensch schon aufgrund der bereits von Thomas von Aquin beobachteten Schutz- und Wehrlosigkeit nur in der Gruppe überleben konnte und deshalb auf Solidarität und Hilfsbereitschaft angewiesen ist, sind diese Fragen nur aufgrund der Vorfrage zu beantworten: Wodurch wird der Mensch böse? Wiederum hat sich Augustin in diese Frage in zweifelhafter Berufung auf Paulus mit der allbekannten These von der Erbsünde eingemischt. Doch Paulus sagt – und zwar emphatisch – ebenso das exakte Gegenteil: "Tod, wo ist dein Sieg? Wo ist, o Tod, dein Stachel?" Und er fügt dem den entscheidenden Satz hinzu: „Der Stachel des Todes ist die Sünde". Danach stachelt der Tod zur Sünde an; Anreiz zum Bösen ist somit die Todverfallenheit des Menschen. Nichts beweist das nachdrücklicher als die Psychologie des Mörders. Der Massenmörder Hitler suchte, nachdem Stalingrad seine Niederlage besiegelte, nach der scharfsinnigen Analyse Sebastian Haffners möglichst viele in seinen unabwendbar gewordenen Tod mit hineinzureißen. Dasselbe Ziel verfolgt, nur ideell, der Apokalyptiker, sofern er das Ende von Welt und Zeit proklamiert und dadurch seinen Gläubigen die weitere Lebensmöglichkeit abspricht. Dasselbe gilt aber auch vom Hass. „Wer seinen Bruder haßt", sagt der große Johannesbrief, „ist ein Menschenmörder";

denn er grenzt mit seinem Hass den andern tendenziell aus seinem Lebenskreis aus. Wie kann dem abgeholfen werden?

Die Gotteskindschaft

Offensichtlich nur dadurch, dass der Mensch seiner Todverfallenheit überhoben wird. In ihrem kurz geschlossenen Gottesverhältnis überspringen die Terroristen die Todesangst und vollbringen bedenkenlos ihre mörderische Tat. Die wirkliche Religion der Todüberwindung ist aber nur die christliche. Deshalb bildet der Glaube an die Auferstehung Jesu die kristallene Mitte des Christentums. Doch von der Auferstehung, die Paulus als die Einsetzung Jesu in seine Gottessohnschaft begreift, gilt dasselbe wie von seiner Lebensleistung. Sie besteht in seinem in Wort und Wunderwirken getätigten Versuch, seine Gottessohnschaft den Seinen zu übereignen. Deshalb versichert der Auferstandene: "Ich lebe, und auch ihr werdet leben". Er nimmt die Seinen in sein genealogisches Gottesverhältnis hinein, so dass sie der Todverfallenheit grundsätzlich überhoben sind. Zwar müssen sie sterben; doch haben sie den Tod mit seinen Schrecken in einem letzten Sinn schon hinter sich Das ist der Sinn der Gotteskindschaft, die als die Spitzenaussage der christlichen Anthropologie zu gelten hat und in Erinnerung an Nikolaus von Kues, der ihr das bisher beste Werk widmete, aber mehr noch im Blick auf die gegenwärtige Situation, heute neu entdeckt werden muss.

Die Angstüberwindung

Doch der Friedensbotschaft steht noch ein anderes Hindernis entgegen: die angesichts der terroristischen Bedrohung vielfach zu pathologischen Zuständen führende Angst. Sie hat sich sogar in die Friedensmotivation eingeschlichen; denn eine Analyse zeigt, dass viele Friedensaktivisten einer Selbsttäuschung erliegen, da sich hinter ihrem Einsatz und ihrer Friedenssehnsucht nicht selten die

Angst ums nackte Überleben verbirgt. Doch das Unwesen der Angst steigert sich noch, sobald sie als Kollektivangst von den einzelnen auf ganze Gruppen übergreift. Auf der einen Seite versetzt sie die von ihr Befallenen in einen Zustand der Lähmung und, wie der bildstarke Ausdruck sagt, Kopflosigkeit, der mit ihrer Intelligenz auch ihre Willenskraft schwächt, so dass sie buchstäblich zu allem fähig werden. Auf der anderen Seite erzeugt sie eine Hektik, die weder eine realistische Einschätzung der drohenden Gefahr noch der Möglichkeiten ihr zu entrinnen, erlaubt. So aber entsteht jene Angstpsychose, die unversehens in hemmungslose Aggressivität umschlägt und so erst recht in das drohende Verderben hineintreibt.

Die biblische Urgeschichte erzählt von einem dreifachen Verlust des Paradieses: in dem Bericht vom Sündenfall verliert der Mensch das Paradies der ursprünglichen Geborgenheit in der Obhut Gottes, im Bericht vom ersten Brudermord verliert er das Paradies der brüderlichen Verbundenheit und im Bericht vom Turmbau zu Babel das Paradies der sprachlichen Verständigung. Dazu zitierte Haecker in seinem – von Heidegger verhöhnten – Buch: „Was ist der Mensch?" die Verse: „Das große Babylon ist nur ein Scherz, will es im Ernst so groß und maßlos sein wie unser babylonisch Herz". Demnach verliert der Mensch im ersten Fall die tragende Beziehung zu Gott, im zweiten die Beziehung zum Mitmenschen und im dritten die zu sich selbst. Das aber ist vor allem das Werk der Angst. Sie entfremdet den Menschen seinem Halt in Gott, seiner Beziehung zum Mitmenschen und, als Existenzangst, der zu sich selbst. Im Maß, wie der Mensch zur Gotteskindschaft gelangt, fällt jedoch dieser dreifache Schatten von ihm ab. Der Schatten der Gottesangst, weil er sich ans Herz des liebenden Vaters gezogen weiß, der Schatten der Sozialangst, weil er im anderen das Ebenbild seiner selbst und den ihm von Gott zugewiesenen Partner erblickt, und schließlich die Existenzangst, weil die ihm von Gott entgegengebrachte Liebe die Wunde seines Selbstzerwürfnisses heilt.

Im selben Maß aber fällt auch die anfängliche Lähmung von ihm ab, und er begreift, dass der Lebensstil Jesu auf ihn übergeht und ihn zu Akten dienender und helfender Selbstmitteilung befähigt. Sie besteht nach der Seligpreisung der Friedensstifter, die auch im Gegensinn gelesen sein will, primär in seinem Friedenszeugnis. Deshalb ist das neue Friedensbewusstsein an den Selbstbegriff des zur Gotteskindschaft Gelangten zurückgebunden. Er muss begreifen, dass nie vom Menschen größer gedacht, dass ihm auch nie Größeres zugedacht, aber auch niemals Größeres abverlangt wurde. Als Gotteskind gehört er wie nie zuvor sich selber an; als Gotteskind ist er aber auch wie nie zuvor allen verpflichtet. „Seht doch", ruft das Neue Testament auf seiner höchsten Reflexionsstufe, „welch große Liebe der Vater zu uns hegt, dass wir Gottes Kinder nicht nur heißen, sondern sind". „Weit schreitet da der Mensch über seine Natur hinaus", fügt Gregor von Nyssa dem hinzu, „da er aus einem Sterblichen ein Unsterblicher, aus einem Menschen ein Gott wird". Indem er aber die Scheidewand in seinem eigenen Herzen niederreißt, wird er, wie Gregor mit seiner Bestimmung des Friedens sagt, zum Urheber „liebevoller Übereinkunft unter den Menschen". Nichts wäre zeitgemäßer als der Versuch der Abrahamsreligionen, ihren Gläubigen diese Maxime einzustiften und sie so zu tätigen Zeugen des Friedens werden zu lassen. Denn das wäre der sicherste Weg, den gefährdeten Weltfrieden doch noch für das begonnene Jahrtausend zu retten.

Lutz Richter-Bernburg

Das Böse im Islam

Die Formulierung des Themas scheint eine Eindeutigkeit zu suggerieren, von der in der historischen Wirklichkeit genauso wenig die Rede sein kann wie mit Bezug auf „das" Christentum; von einer nach eigener, lunarer, Zeitrechnung schon mehr als 14 Jahrhunderte alten – und nach der heutigen Gemeinära nur ca. 42 Jahre weniger zählenden – Weltreligion widersprüchliche Diversität entlang zeitlicher und räumlicher Achsen auszusagen, ist zunächst nicht mehr als eine Trivialität; doch besteht immerhin beim Blick auf Alterität leicht die Versuchung zu metahistorischen Verdinglichungen, eine Versuchung, die umso größer ist, als sie gewissen Tendenzen innerhalb des zu untersuchenden Phänomenbestandes entspricht. Im Zusammenhang gegenwärtiger, nur allzu bedrängender Erscheinungen militanter Gewaltbereitschaft ist das Wort von der Fundamentalismusfalle geprägt worden, mit dem die Reduktion der vorfindlichen dia- wie synchronen Vielgestaltigkeit des Islams zu einem ahistorischen Konstrukt von Islam schlechthin sowohl auf Seiten der Fundamentalismen wie auf Seiten von der Außenwahrnehmung bezeichnet werden soll.[1] Analoges lässt sich auf die Frage nach „dem Bösen" im Islam anwenden; weder gibt es in der geschichtlichen Wirklichkeit „das" Böse, noch „den" Islam, sondern nur jeweils zeitlich

---

[1] Vergleichbare Ideen eines vorgeblich unwandelbaren Islams finden sich bereits bei mittelalterlichen Autoren, bspw. dem als „Klassiker" rezipierten religiösen Denker al-Ghazālī (1058-1111 u.Z.); vgl. als Beispiel einer heutigen Gegenposition gegen alle Formen von Verdinglichung al-Azmeh, Aziz, Islams and Modernities, London and New York: Verso 1993.

und räumlich relative Begriffe von beiden, die gegen alle Wunsch-, oder auch Angstvorstellungen, ausschließlich nominal auf gemeinsame Substrate zurückgeführt werden können.

Im folgenden soll nicht der vergebliche Versuch einer enzyklopädischen Darstellung islamischer Reflexionen über Identität und Wesen des Bösen gemacht werden; vielmehr soll die Frage nach dem Bösen im Islam in wiederholten Annäherungen aus verschiedenen Blickwinkeln gleichsam um- oder eingekreist werden, damit einerseits die irreduzible Widersprüchlichkeit geschichtlicher Realisierungen von „Islam" erkennbar wird und andererseits die Persistenz des Bedürfnisses, positive, überall und immer gültige Handlungsnormen als islamkonform zu definieren und so der eigenen Auslegung in Leugnung ihres Auslegungscharakters die Autorität der Offenbarung als des ewig-unwandelbaren Gotteswortes zu arrogieren.

Fast möchte man sagen, die Konvention gebiete, mit dem Koran zu beginnen, doch ist es gleich Konvention, ist es – natürlich – mehr als bloße Konvention; dennoch sei hier kategorisch, durchaus nicht salvatorisch-rhetorisch, weil es etwa epistemologisch zum guten Ton gehörte, festgehalten, dass die Frage nach muslimischen Begriffen vom Bösen nicht auf die Frage nach „dem" Bösen im Koran zu reduzieren und sodann mit Glück eindeutig zu beantworten wäre. Selbst wenn es gelänge, koranische Aussagen zum Thema in ein widerspruchsfreies System zu bringen, so hätte dies heuristisch für die Erhellung historischer Verwirklichungen islamischer Werte und Normen höchst begrenzten Wert, weil es die geschichtlich nachweisbaren, eben widersprüchlichen Rezeptionen des Korans ignorierte. Je länger desto ausschließlicher wurde der Koran im Lichte dessen apperzipiert, was in der muslimischen Terminologie *Sunna* heißt, d.h. des verbindlichen, normsetzenden Lebensvollzuges des Gottesgesandten Mohammed.[2] Diese Sunna nahm mit der Zeit immer stärker den Charakter einer zweiten

---

[2] Der arabische Begriff, der hier mit „Gottesgesandter" wiedergegeben wird, betont vor allem die Funktion der so bezeichneten 'Propheten' als Überbringer einer göttlichen (Text)-

Offenbarungsquelle neben dem authentischen und bis zum Endgericht abschließenden Gotteswort des Korans an, wobei diese strenggenommen nachgeordnete Quelle faktisch die übergeordnete war, weil sie den Interpretationsrahmen für den Korantext lieferte.[3] Dabei wurden mehrere Probleme, bzw. historische Gegebenheiten übersehen oder eher verdrängt: der Koran insistierte auf dem Menschsein Mohammeds und setzte sozusagen subsidiär nur dort göttliche Autorität ein, wo dessen menschliche Einsicht nicht hinreichte oder Entscheidungen den Gemeinschaftsfrieden nicht mehr gewährleisteten, während mit dem Begriff Sunna für jeden, auch den alltäglichsten, Lebensvollzug göttliche Inspiration und Rechtleitung gesucht und in Mohammeds verbalen oder nonverbalen Handlungen ge-, bzw. auf dem Wege der *pia fraus*, erfunden wurde. Auch den Risiken einer bloß menschlicher Einsicht entspringenden und so notwendig vielstimmigen Normendeduktion aus dem Koran versuchte man mit der Rückbindung an das vermeintlich sichere Prinzip Sunna zu entkommen. Anders als der rasch kanonisierte Korantext wurde Sunna jedoch nicht in einem festen narrativen Zusammenhang tradiert, sondern in dem quasi aus separaten (sowie disparaten) Momentaufnahmen mit oder ohne Tonspur bestehenden fluiden Textcorpus des *Hadíth* erst im Laufe von zwei bis drei Jahrhunderten fixiert, sodass sich darin vielerlei und teils fundamental widersprüchliches Material aus der bunten und oft eindeutig prä-orthodoxen Religiosität mehrerer Generationen von Muslimen nach Mohammed findet. Da die Gewordenheit des Hadíth aber aus dem Bewusstsein verdrängt wurde, wurde der unumgängliche Interpretationsakt, aus seiner disparaten Vielfalt einen Begriff von Sunna zu gewinnen, ebenso verdrängt. Die uneindeutige Bezeugung dieser Lebensvollzüge wurde zwar bemerkt, doch nach heutigen Kriterien nicht *materialiter*, sondern nur *formaliter*

Offenbarung; nach dem Koran sind Moses, Jesus und Mohammed als Übermittler der jeweiligen 'Bücher' von Judentum, Christentum und Islam die vornehmsten Gesandten Gottes.

[3] S. „Sunna," Encyclopaedia of Islam, [2]Leiden, etc.: E.J. Brill 1952-2000, IX (1997) 878a-881b [G.H.A. Juynboll; D.W. Brown].

überprüft. So lassen sich, überspitzt gesagt, aus dem Hadíth die widersprüchlichsten Werte ableiten, von sanftmütiger Menschenfreundlichkeit bis hin zu aggressiver Militanz im quasi manichäischen Kampf der 'Partei Gottes' gegen die 'Partei des Satans'.[4]

Nach diesen hier unvermeidlich gerafften Feststellungen zum Verhältnis der textlichen Grundurkunden des Islams zurück zum Koran selbst. Nach muslimischer, auch von der modernen Wissenschaft überwiegend akzeptierten Tradition verkündete Mohammed die als Gottes eigenes Wort geglaubten und nachmals als (Gesamt-)Koran kodifizierten 'Offenbarungen' in kleineren oder größeren Stücken seiner Umgebung seit ca. 610 bis zum Vorabend seines Todes im Jahre 632.[5] Der rezipierte Text ist keine Ausgabe „letzter Hand", noch folgt er chronologischer Anordnung. Es liegt auf der Hand, dass wechselnde Umstände während der zweiundzwanzig Jahre dauernden Verkündigung koranischer Texte auch zu unterschiedlichen Akzentsetzungen führten; freilich kann, ähnlich offenkundig, gläubige Rezeption keine Widersprüche in der Heiligen Schrift akzeptieren, sondern allenfalls Abrogationen früherer Bestimmungen durch spätere – aber auch dieses hermeneutische Verfahren hat bis heute widersprüchlichste Ergebnisse gezeigt. Vor jeder programmatischen Aussage zur Auslegungsbedürftigkeit, bzw. -unbedürftigkeit des Korans in Vergangenheit und Gegenwart wurde und wird der Koran immer schon ausgelegt, wie die Geschichte lehrt, so-

---

[4] S. Koran LVIII:19, 22 (vgl. V:66); als Korankonkordanz empfiehlt sich: Kassis, Hanna E., A Concordance of the Qur'an, Berkeley, etc.: University of California Press 1983 (engl. Sachindex zur Erschließung der arab. Lemmata; diese wiederum auch engl., einschl. engl. Übersetzung der Versbelege).
[5] Zu erster Einführung s. Nagel, Tilman, *Der Koran*, München: Beck 1983; jetzt auch Encyclopaedia of the Qur'ān [EQ], Jane D. McAuliffe, hrsg., bisher 2 Bde, Leiden – Boston – Köln: E.J. Brill 2001. 2002.

dass sich eine ähnliche Aussage anbietet, wie sie oben zur Wertededuktion aus dem Hadíth gemacht wurde.[6]

Schon oben wurde auf die im Koran immer wieder deutliche Subsidiarität seiner Normierungen im Verhältnis zu den in der Gesellschaft seiner frühesten Rezipienten gültigen Werten hingewiesen. So erklärt sich vielleicht auch die Tatsache, dass im Koran nicht eigentlich definiert wird, was als gut und was als böse zu gelten hat, sondern weitgehend vorausgesetzt;[7] unbeschadet dessen ergehen, wo Reformbedarf gesehen wird, Einzelnormierungen in bewusster Abkehr vom bisher 'Billigenswerten', vor allem im Bereich des Personenstands- und Erbrechtes – wobei diese juristische Nomenklatur der religiös-moralischen Intention des Textes zuwiderläuft. Ebenso erklären sich aus der Voraussetzung eines eingeborenen Bewusstseins von Gut und Böse die häufigen bloßen Appelle zum Gutes-Tun. Dem widerspricht auch nicht die Ächtung von gemeinschaftsschädigendem Verhalten wie Mord (mit dem Spezialfall weiblichen Infantizids), Strassenraub, Unzucht, Trunkenheit, Glücksspiel, Veruntreuung von Vermögen, etc. Dem agnostisch-wissenschaftlichen Blick ist offenkundig, dass auch dort, wo der Koran hergebrachte Sitten reformiert oder annulliert, der Wertehorizont der arabischen Halbinsel nicht überschritten wurde.[8] Allerdings beansprucht der Koran für die Gemeinschaft seiner Anhänger als göttliches Privileg, zur präventiven Verteidigung überlieferte Normen, etwa Friedenspflicht während traditionell heiliger Monate, zu verletzen. Unten wird auf 'Unglauben' als Urverfehlung vor

---

[6] Mit dem arabischen Begriff wird Koranexegese als Disziplin und Literaturgattung Tafsír genannt; q.v., Encyclopaedia of Islam (wie oben, Anm. 3), X (1998) 83a-88a [A. Rippin]; vgl. Gätje, Helmut, Koran und Koranexegese, Zürich – Stuttgart: Artemis 1971.

[7] S. „Good and Evil," Encyclopaedia of the Qur'ān (wie oben, Anm. 5), II 335b-339b [Brannon M. Wheeler].

[8] Als argumentativ fast zu plakatives Beispiel bietet sich Sklaverei an; seit dem Koran galt die Freilassung von Sklaven als gottgefälliges Werk, doch als Institution blieb Sklaverei unverändert bis ins 20. Jahrhundert bestehen und ist selbst heute aus den Diskursen gewisser Islamisten nicht völlig verschwunden (ganz abgesehen von unklaren ökonomischen Gegebenheiten in gewissen Ländern).

allen Einzelübertretungen und den damit verbundenen ethischen Relativismus einzugehen sein.

Natürlich geht die Frage nach dem Bösen weit über die bloße Ahndung konkreter Übertretungen hinaus, sondern betrifft zuvörderst die Frage nach Ursprung und Natur des Bösen. Im strengen Monotheismus des Korans kann es schlechterdings kein widergöttliches Prinzip des Bösen geben, wie etwa in den dualistischen Systemen von Zoroastrismus oder Manichäismus.[9] Auch der Teufel oder Satan, der als Einflüsterer den Menschen immer wieder zum Bösen verleitet, ist nur Agent Gottes, da dieser ihm bis zum Endgericht Aufschub der verwirkten Strafe gewährt und eben die Lizenz, die Menschen zu versuchen.[10] Zwar spricht der Koran durchaus skeptisch über die Fehlbarkeit des Menschen, angefangen bei Adam und seiner (namenlosen) Frau, aber daraus ergibt sich keine Erbsünde; vielmehr wird Adam sein Fehltritt vergeben.[11] Seine im Islam gegebene Prophetenschaft impliziert nach dessen Prophetologie geradezu – weitestgehende – Sündlosigkeit. Doch bleibt die Frage nach dem Vergehen des Teufels; es liegt schlicht in Widersetzlichkeit, bzw. Ungehorsam, gegen Gottes Gebot. Nach dem Koran wurde ihm geboten, sich vor dem gerade aus Lehm erschaffenen Adam niederzuwerfen, was er mit Verweis auf den edleren Stoff Feuer, aus dem er selbst erschaffen war, ablehnte.

Abgesehen von Fahrlässigkeit oder Vergesslichkeit, die den Menschen seit Adam zu gottlosen Handlungen bewegen, liegt ebenso wie beim Teufel im Menschen das eigentlich Böse in der Widersetzlichkeit gegen Gott. Vorsatz und Fahrlässigkeit verbinden sich in menschlicher Verfehlung gegen den anfänglichen Bund, den Gott mit sämtlichen Nachkommen Adams vor ihrer zeitlich-

---

[9] Zu späteren dogmatischen Ableitungen daraus s. unten!
[10] S. „Shaytān," Encyclopaedia of Islam (wie oben, Anm. 3), IX (1996) 406b-409a [A. Rippin].
[11] „Adam and Eve," Encyclopaedia of the Qur'ān (wie oben, Anm. 5), I 22b-26b [Cornelia Schöck].

irdischen Existenz geschlossen hat; in ihm verpflichtete Gott die Menschen auf das Bekenntnis zu ihm als ihrem Herrn und zu ihrer Verantwortung im letzten Gericht.[12] Da nach dem Koran das Bekenntnis zu dem einen Schöpfergott vernunftgemäß Dankbarkeit für die wunderbar dem Menschen zuhandene Welt einschließt, verbinden sich im Namen der Sünde schlechthin, (arab.) *kufr*, die Bedeutungen 'Undank' und 'Unglaube'. Da beides eben gleichermaßen auch als widervernünftig gilt, trifft Unglauben die schärfstmögliche Missbilligung als Verfehlen sowohl von Gottes Gebot wie von Vernunfterfordernissen. Da der Koran natürlicherweise Glauben an seine Verkündigung und deren Befolgung, also 'Islam', zur Richtschnur macht, ist dessen Ablehnung, also Unglauben, oder schlimmer noch: Atheismus, das Böse überhaupt. Immerhin gibt es Abstufungen insofern, als die 'Leute der Schrift', vorwiegend Juden und Christen, eine garantierte, wenn auch mindere, Rechtsstellung genießen, da ihnen dereinst ebenfalls göttliche Offenbarung geschenkt wurde.[13]

Nochmals sei – eigentlich banal – betont, dass die Geschichte theologischer und ethischer Reflexion der Muslime – ganz zu schweigen von gesellschaftlicher Umsetzung – seit Mohammeds Tod 632 nicht gleichsam logisch zwingend aus koranischen Grundlagen abgeleitet werden kann; wenn methodisch-agnostischer wissenschaftlicher Beobachtung selbst die überschaubare „Urgemeinde" unter Mohammeds eigener Leitung nicht als volle Verwirklichung koranischer Forderungen gelten kann, so trifft dies naturgemäß *a fortiori* für alle folgenden muslimischen Gesellschaften zu.[14] Weder die vorislamisch-arabische Gesellschaft ließ sich koranisch formieren, noch gar spätere muslimische Herrschaftsverbän-

---

[12] S.„Covenant," Encyclopaedia of the Qur'ān (wie oben, Anm. 5), I 463-67 [G. Böwering]; zum folgenden s. auch „Creation," ibid., I 422a-480a [Daniel C. Peterson].

[13] Zum Vorwurf der Verfälschung ihrer authentischen, mit dem Koran als identisch vorgestellten heiligen Schriften gegen Juden und Christen s., mit dem arabischen Begriff, „Taḥrīf," Encyclopaedia of Islam (wie oben, Anm. 3), X (1998) 111a-112b [Hava Lazarus-Yafeh.

[14] Zur Urgemeinde s. Albrecht Noth, „Früher Islam," in: Haarmann, Ulrich, hrsg., Geschichte der arabischen Welt, ⁴München: Beck 2001 [11987], pp. 11-100, hier bes. p. 55f.

de in Regionen ganz anderer kultureller und religiöser Traditionen und Bevölkerungsmehrheiten, selbst wo diese im Laufe der Zeit überwiegend muslimisch wurden.

In nachkoranischer Zeit stellte die Konfrontation der Muslime mit sich selbst, will sagen, mit Konflikten innerhalb der eigenen Gemeinde, sowie mit alternativen, bzw. rivalisierenden Systemen zwei Hauptbereiche der Reflexion dar. Von innermuslimischen Disputen soll sogleich die Rede sein. Was nicht-islamische Religionen und Lehren betrifft, so boten die schon im Koran eingehender behandelten Schriftreligionen Judentum und Christentum weniger Anlass zu Polemik als dualistische Systeme, wie, besonders im 8. und 9. Jahrhundert, der Manichäismus, und in der Folge, seit dem 9. Jh., die Traditionen der hellenistischen, auch im Islam unter dem griechischen Namen firmierenden Philosophie – worüber ebenfalls unten mehr. Manichäismus wurde sicherlich zum einen deswegen so unerbittlich bekämpft, weil seine Missionspraxis weitestgehender Assimilation an die Religion der jeweils zu Missionierenden ihn dem Vorwurf der Subversion aussetzte, und zum anderen, weil sein Dualismus dem strikten Monotheismus des Islams zuwiderlief. Zoroastrismus als älterer Dualismus wurde bis in die Mitte des 11. Jahrhunderts aufgrund koranischer Aussagen ähnlich wie die Religionen der anderen 'Schriftbesitzer' geduldet, doch dann verstärkt verfolgt. Gegensätze der Werte- und Normensysteme wirkten sich solange nicht konfliktsteigernd aus, wie die nichtislamischen Religionsgemeinschaften das Verbot der Außenwerbung beachteten.

Innerislamische Auseinandersetzungen entzündeten sich rasch, kaum ein Vierteljahrhundert nach Mohammeds Tod, an der Frage des Verhältnisses von Glauben und Werken – zunächst vorwiegend der Leiter der Gemeinde, der Kalifen, die als solche, „Stellvertreter-Nachfolger" des Propheten, diesen in allen Funktionen außer der des Gesandten', d.h. Offenbarungsempfängers, beerbten.[15]

---

[15] Als Überblick s. Nagel, Tilman, Geschichte der islamischen Theologie, München: Beck 1994.

„Werke" bezeichnet hier nicht die religiösen Grundpflichten jedes gläubigen Individuums, sondern ein in jeder, nicht zuletzt politischer, Hinsicht gottgefälliges Leben. Die blutigen Auseinandersetzungen innerhalb des muslimischen Gemeinwesens, die in mehreren Schüben auftraten und als Reihe von Anfechtungen' beziffert wurden (oft ohne religiöse Konnotation als „Bürgerkrieg" übersetzt), führten der großen Mehrheit jedoch die Problematik einer Identifikation von Glauben und Werken vor Augen; dennoch blieb chiliastische Erwartung eines kollektiv und individuell vollkommen verwirklichten Islams ein Impuls politischer Umstürze, gerade auch im Falle von deren anfänglichem, doch kurzlebigem Erfolg. So trat schließlich eine Dissoziation von Glauben und Werken ein, die im Mehrheitsdogma das Heil an das Bekenntnis zum Islam und seinen Grundpflichten band; selbst schwere Sünden konnten danach im Endgericht durch Fürsprache Mohammeds vergeben werden. Theologische Begründung lieferte der koranische Satz, nach dem nur Gott das Verborgene, hier 'das Herz', kenne. Unter Bedingungen autoritärer Willkürregime, denen faktisch ein kaum eingeschränkter Ermessensspielraum *in politicis* zugestanden wurde, solange sie die Gültigkeit islamischer Dogmen und Normen nicht offen bestritten, privatisierte sich das Ideal und beschränkte sich auf eine leicht berechen- und überprüfbare Werkgerechtigkeit, die sich an den schon im Koran subsidiär-selektiv formulierten Einzelnormen ausrichtete. Schlagwortartig verkürzt kann von fideistischer Gesetzesreligion gesprochen werden. Böse sind danach, wie oben gesagt, viel eher Häresie und unterstellter – selten: deklarierter – Unglauben, als unethisches Handeln – ob nach damaligen oder heutigen Maßstäben. Vergleichbare Haltungen in der Gegenwart werden unten noch zur Sprache kommen.

Das hier verkürzt gezeichnete Bild gilt selbstverständlich nicht für alle Regionen oder Epochen; der umrissene Konsens hatte erst nach dem mittleren neunten (dem dritten islamischen) Jahrhundert allmählich, dann seit der Mitte des elften endgültig Mehrheitsgeltung gewonnen. Vorausgegangen war eine Zeit hochfliegenden rationalen Anspruchs – um nicht zu sagen: rationaler Selbstüberhebung

– in der Theologie[16]; dazu gehörte die Lehre von der Analogie zwischen Schöpfer und Geschöpf, welche einerseits die Grundlage für den göttlichen Gehorsams- wie Strafanspruch an den Menschen bilde und andererseits diesem erst sowohl die göttlich geforderte Einsicht in die Gebote wie daraus folgend, ihre gehorsame Erfüllung ermögliche. Aus der Emphase, mit der Gottes Einheit und Einzigkeit sowie seine Gerechtigkeit vertreten wurden, ergibt sich negativ, dass Mehrgötterei bzw. nach dem Arabischen, 'Beigesellung', und 'Ungerechtigkeit' die größten Sünden waren; wer nicht bereute, musste des göttlichen Gerichtes gewärtig sein, denn alles andere hätte der Prämisse der göttlichen Gerechtigkeit widersprochen. Es kann nicht verwundern, dass sich diese Elitenlehre mit ihrem Appell an Selbstverantwortung und ihrer strengen Gerichtsdrohung nicht durchsetzte; dazu kam der Vorwurf, das Postulat der Analogie zwischen Schöpfer und Geschöpf verkleinere den souveränen persönlichen Schöpfergott auf das Maß menschlichen Denkens. Besonderen Anstoß erregte die Behauptung, der Mensch 'erschaffe' seine Handlungen; Gottes Schöpfertum musste nach der neuen Orthodoxie auch das Böse einschließen. Dem Menschen blieb nur, seine Handlungen zu 'erwerben'.[17] Es fällt schwer, in dergestaltigem Insistieren auf göttlicher Omnipotenz nicht einen Widerhall realer politisch-gesellschaftlicher Zustände zu sehen; unter den Bedingungen häufig unberechenbarer Autokratie war die frühislamische Forderung nach gerechtem Regiment lange zugunsten eines unpolitischen Quietismus aufgegeben, mehr noch: ein Recht auf Widerstand gegen Despotie als *ultima ratio* geleugnet worden.[18]

---

[16] kollektiv mit dem arabischen Begriff Muʿtazila genannt; dazu sowie zu den früheren Stadien überhaupt s. van Ess, Josef, Theologie und Gesellschaft im 2. und 3. Jahrhundert Hidschra, 6 Bde, Berlin – New York: Walter de Gruyter 1991-1997, hier bes. IV (1997) 353-737.

[17] arab. kasb oder iktisāb; s. dazu Nagel (wie oben, Anm. 15), p. 307 (Index), *s.v.* Erwerb.

[18] Vgl. Ann K. S. Lambton, "Quis custodiet custodes ? Some reflections on the Persian theory of government," Studia Islamica 5 (1956), pp. 125-48.

Über „das Böse im Islam" kann nicht gehandelt werden, ohne der gesellschaftlich-politischen Rückbindung zu gedenken, die in der koranischen Maxime vom Anempfehlen des Billigenswerten und Unterbinden des Missbilligenswerten' als Praxis einer gottgefälligen Gemeinschaft Ausdruck findet.[19] Schon in der Begrifflichkeit wird hier an existente, als unstrittig vorausgesetzte Normen und soziale Kontrolle angeknüpft. Sosehr dies in der Rezeption bis heute als Idealforderung anerkannt wird, so große Variabilität kennzeichnet die geschichtliche Verwirklichung. Wichtig war vor allem die Vermeidung öffentlichen Ärgernisses, während die häusliche Sphäre weitgehende Unverletzlichkeit genoss. 'Sittenpolizeien' wie im heutigen Iran oder Saudi Arabien, die diese missachteten, stellten in der Vormoderne keinesfalls die Regel dar.

Seit mehr als einem Jahrtausend hat sich ethische Reflexion im Islam nie allein auf den Koran oder diejenigen – äußerst heterogenen – Überlieferungen bezogen, die aus seiner oder der Umwelt der ersten muslimischen Generationen in das Riesencorpus des Hadith, also vorgeblich des normsetzenden Vorbildes Mohammeds, eingegangen waren, sondern immer auch mit der aus dem Späthellenismus angeeigneten, vorwiegend aristotelischen, philosophischen Ethik sowie der politischen Theorie iranischer Tradition.[20] Wichtig ist in diesem Zusammenhang vor allem, dass beide Traditionsstränge, sowohl der griechische wie der iranische, nicht originär religiös begründet waren, auch wenn die muslimische Rezeption griechischer Philosophie durch deren vorherige Christianisierung, d.h. Adaptation an monotheistisch-dogmatische Religion, sehr erleichtert wurde. In der politischen Theorie des klassischen und mittelalterlichen Islams lassen sich Prozesse gegenseitiger Durchdringung von griechischen, iranischen und islami-

---

[19] S. Cook, Michael, Commanding Right and Forbidding Wrong in IslamicThought, Cambridge UP 2000.

[20] S. Fakhry, Majid, Ethical theories in Islam, Leiden, etc.: E.J. Brill 1991 (Islamic philosophy, theology and science; 8); Hovannisian, Richard G., hrsg., Ethics in Islam, Malibu, Calif.: Undena 1985 (Giorgio Levi Della Vida Biennial Conferences; 9); Lambton (wie oben, Anm. 11).

schen Vorstellungen beobachten, wie von Platons Staatslehre, vom iranischen Ideal gerechter Herrschaft und vom Imám als vollkommenem Führer der muslimischen Gemeinde (arab. *umma*).[21] Dabei wurde ausdrücklich am Primat der Gerechtigkeit als religionsinvarianten Wertes festgehalten; für die Beständigkeit eines Gemeinwesens sei Gerechtigkeit, aber nicht Islam unabdingbar. In dieser Vernunfbegründung können Ansätze zur Formulierung eines nicht exklusivreligiös gebundenen Ethos gesehen werden, wie es etwa auch in des Großmoghul Akbars (reg. 1556-1605) Devise vom (gleichen) Frieden mit allen – unabhängig von ihrem Bekenntnis – zum Ausdruck kam.[22] Über das gute Leben im Diesseits hinaus lag der islamische Mehrwert dann in der Garantie jenseitigen Heils, doch konnte das Urteil darüber getrost Gott anheim gestellt bleiben. Erleichtert wurde die Ausbildung derartig „inklusivistischer" Lehren sicherlich durch die Überzeugung von der grundsätzlichen Übereinstimmung der verschiedenen ethischen Systeme – bei gleichzeitigem Festhalten an der transzendentalen Überlegenheit des islamischen.

Problemlösungen der Vergangenheit können nie unübersetzt auf gegenwärtige Herausforderungen übertragen werden; dennoch ist kulturell-religiöse 'Authentifikation' scheinbar oder wirklich präzedenzloser Antworten auf neue Situationen durch Aufweis vergleichbarer Vorgänge in der jeweils als verbindlich wahrgenommenen Tradition ein wohlerprobter Weg, die Akzeptanz von Neuem gegen gesellschaftliche Widerstände zu fördern.[23] Auch in diesem Sinne mögen vorstehende Hinweise auf philosophische Ethik im vormodernen Islam oder Akbars Innenpolitik nicht überflüssig sein.

---

[21] S. Lambton, Ann K. S., State and overnment in medieval Islam, Oxford UP 1981 (London oriental series; 36).

[22] S. „Akbar," Encyclopaedia Iranica, E. Yarshater, hrsg., [mehrere Verlage], I (1984) 707b-711b [F. Lehmann].

[23] al-Sayyid, Ridwân, "Contemporary Muslim thought and human rights," Islamochristiana 21 (1995), pp. 27-41, hier bes. p. 39ff.

Zuletzt noch einige Bemerkungen zur Gegenwart. Hier ist vor allen Einzelbeobachtungen festzuhalten, dass der Blick heutiger Muslime auf ihre vormoderne Vergangenheit *nolens volens* immer schon durch 'westliche' Wahrnehmungsmuster strukturiert ist; Kolonialismus und Imperialismus sowie das knappe Jahrhundert seit dem Ende des ersten Weltkrieges haben auch ideologisch (hier rein deskriptiv gebraucht) zu einer gewissen Integration in westlich dominierte Systeme geführt, die unweigerlich, selbst bei intentional schärfster Ablehnung jeder 'Verwestlichung', über den zeitlichen Abstand hinaus entfremdete Distanz von der als eigen beanspruchten Tradition impliziert; damit ist, bisweilen entgegen jedem Augenschein, immer auch ein gewisses Maß von Säkularisierung verbunden.[24] Um etwaigen Missverständnissen vorzubeugen: mit „westlichen Ideologien" sind hier nicht nur die uns heute so teuren pluralistisch-liberalen gemeint, die im demokratischen Rechtsstaat ihre politische Organisation finden, sondern ebenso Nationalismen und andere „Ismen" verschieden autoritärer bis totalitärer Ausprägung, deren monströse Wirkungsgeschichte der vergangenen hundert Jahre weder beendet ist noch gar in Vergessenheit geraten sollte.

Zur Veranschaulichung der eben aufgestellten allgemeinen Thesen sollen zwei Positionen dienen, deren Gegensätzlichkeit die kaum *materialiter* zu überbrückenden Spannungen im zeitgenössischen Islam immerhin andeuten kann. In den ersten Monaten dieses Jahres (2003) wurde in der englischsprachigen Monatsschrift der von Saudi-Arabien dominierten Muslimischen Weltliga (*Muslim World League*) scharfe Kritik an dem absehbaren (und dann erfolgten) Angriff einer unter Führung der USA stehenden Staatenkoalition gegen den Irak geübt.[25] Hier geht es nicht um eine Debatte über die Sache selbst, sondern ausschließlich um die im genannten *Journal* vorgebrachten Argumente. Auffällig daran war zunächst eine Identifikation von arabischem Nationalismus und – sunnitischem!

---

[24] vgl. hier Charfi, Abdelmajid, « La sécularisation dans les sociétés arabo-musulmanes modernes, » Islamochristiana 8 (1982), pp. 57-67.
[25] The Muslim World League Journal, 30 (1423/2002-3), Nr. 10&11, p. 1(*Editorial*), und 31 (1424/2003-4), Nr. 2, pp. 1 (Editorial), 20-27 (Resolution der MWL und Namensartikel).

– Islam; der Irak wurde umstandslos als arabisch-muslimisches Land bezeichnet, ohne irgendeine Erwähnung von dessen nicht-arabischen oder nicht-muslimischen Staatsbürgern. Der kriminelle Charakter des irakischen Regimes wurde ebenfalls mit Schweigen übergangen; die Hauptopfer von dessen massenmörderischen Aktionen sind freilich entweder Nicht-Sunniten oder Nicht-Araber, wie die irakischen Schiiten, bzw. die – überwiegend sunnitischen – Kurden, um von anderen Greueltaten der nun beseitigten irakischen Diktatur zu schweigen. In einem intentional religiösen Kontext wie dem *Journal of the Muslim World League* könnte solch selektive Wahrnehmung ethischer Probleme überraschen, wäre nicht schon die Erwartung einer (selbst-)kritischen Debatte in diesem in Saudi Arabien publizierten offiziösen Organ wirklichkeitsfremd.

Eine der gerade angesprochenen ethischen Gleichgültigkeit konträre Position vertritt der tunesische Gelehrte und Islamwissenschaftler Mohamed Talbi (geb. 1920); er wird hier allein wegen der Prägnanz seiner Formulierungen und wegen seines explizit religiösen Begründungsrahmens besonders genannt, nicht um ihn indirekt als Einzelgänger herabzusetzen (auch wenn er und Vertreter ähnlicher Standpunkte über keinerlei Rückhalt außer der Kraft ihrer Argumente verfügen).[26] Für Talbi sind 'gigantische Holokauste', wie sie das 20. Jahrhundert erlebt hat, und die andauernde Verletzung von Menschenrechten 'Verbrechen, die durch die fundamentalen Lehren des Korans strikt und ausdrücklich verurteilt werden'; daraus leitet er die besondere Verantwortung muslimischer Theologen ab, öffentlich die Stimme zu Verteidigung, bzw. Anklage zu erheben. Wenn auch Talbi gegen den oben gebrauchten Begriff der 'Authentifikation' Protest erhöbe, weil der Koran Menschenrechte immer schon enthalte, so erscheint wissenschaftlicher Betrachtung seine Interpretation doch zunächst als schlagendes Beispiel für genau diesen Prozess; in ihm werden überkommene autoritative Texte in neuer Rezeption (*relecture*) transparent für neue Erfahrungen und Fra-

---

[26] Talbi, Mohamed, "Religious Liberty: a Muslim Perspective," in Swidler, Leonard, ed., Religious Liberty and Human Rights in Nations and Religions, Philadelphia: Ecumenical Press, and New York: Hippocrene Books 1986, pp. 175-87.

gestellungen, sodass sie sich als an einen ebenso neuen Wertekanon, wie er etwa der *Allgemeinen Erklärung der Menschenrechte* zugrunde liegt, gebunden erweisen können.

Wertewandel kennzeichnet die Gegenwart womöglich stärker als manche andere Epochen. Keine Religion, oder genauer: niemand von deren Gläubigen kann sich laufenden Veränderungsprozessen verschließen. Gerade Versuche, dies mit allen Kräften zu tun, bezeugen ihre eigene Unmöglichkeit. So wird auch im Islam der Begriff vom Bösen weiter kontrovers bestimmt werden; ob sich ein ethisch-universalisiertes Verständnis wie bei Mohamed Talbi mittelfristig durchsetzen wird, ist weder so noch so absehbar. In jedem Falle sollten gerade Stimmen wie die seine nicht in der Kakophonie aktueller Ereignisse oder machtgestützter Apologeten untergehen.

Literatur:

Abu Zaid, Nasr H., Ein Leben mit dem Islam, Chérifa Magdi, übers., u. Navid Kermani, erz., Freiburg i. Br., etc.: Herder 2001 (Herder Spektrum; Bd. 5209);

idem, Islam und Politik: Kritik des religiösen Diskurses, Ch. Magdi, übers., Frankfurt a. M.: Dipa 1996

Charfi, Mohamed, «Islam et droits de l'homme,» Islamochristiana 9 (1983), pp. 13-24

Cooper, John, Ronald L. Nettler and Mohamed Mahmoud, hrsg., Islam and Modernity— Muslim Intellectuals Respond, London & New York: I.B. Tauris 1998

Fakhry, Majid, Ethical theories in Islam, Leiden, etc.: E.J. Brill 1991 (Islamic philosophy, theology and science; 8)

Hovannisian, Richard G., hrsg., Ethics in Islam, Malibu, Calif.: Undena 1985 (Giorgio Levi Della Vida Biennial Conferences; 9)

Krämer, Gudrun, Gottes Staat als Republik, Baden-Baden: Nomos 1999 (Studien zu Ethnizität, Religion und Demokratie; 1)

an-Na'im, Abdullahi A., Toward an Islamic Reformation—Civil Liberties, Human Rights, and International Law, Foreword by John Voll, Syracuse, NY: Syracuse UP 1990

Shepard, William E., Sayyid Qutb and Islamic Acitivism: a Translation and Critical Analysis of 'Social Justice in Islam', Leiden – New York – Köln: E.J. Brill 1996

Young, M. L., J. D. Latham, R. B. Serjeant, hrsg. Religion, learning and science in the Abbasid period, Cambridge UP 1990

Zilio-Grandi, Ida, Il Corano e il male, Torino: Einaudi 2002

Wolfgang Gantke

Das Problem des Bösen
in religionsgeschichtlicher Perspektive

1. Die Fragestellung

„Kann das Böse vermieden werden oder muß zumindest immer wieder neu dagegen angegangen werden, insofern der Mensch der Moderne selbst als Schöpfer seiner Lebensordnung und seines Handelns verantwortlich zeichnet?"[1]

Diese Fragestellung ist der Ausgangspunkt meiner religionsgeschichtlichen Betrachtungsweise des Problems des Bösen.

In religionswissenschaftlicher Perspektive kann zunächst einmal zurückgefragt werden: Ist der Mensch der Moderne wirklich der „Schöpfer seiner Lebensordnung und seines Handelns" oder handelt es sich dabei nicht vielmehr um eine bis heute nur teilweise erfüllte Verheißung? Das Versprechen der Moderne, der Mensch könne *aus eigener Kraft* auf der Grundlage seiner Vernunft und unter

---

[1] Ich knüpfe damit an eine der zentralen Fragen an, die die Veranstalter der Tagung in ihrem Ankündigungstext formuliert hatten. Einige zentrale Gedanken dieses Beitrags sind folgenden Aufsätzen entnommen: Gantke, Wolfgang: Religionsgeschichtliche Interpretationen des Bösen in problemorientierter Perspektive, in: Kucera, A. W. u. a.: Neuere Reflexionen zur Religionstheorie und religiösen Erkenntnis. Cuxhaven/Dartford, 1997, S. 41-58; Gantke, Wolfgang: Die Antwort des New Age und der Esoterik auf das Leid und das Böse, in: Kochanek, Hermann (Hrsg.): Wozu das Leid? Wozu das Böse? Die Antwort von Religionen und Weltanschauungen. Paderborn. 2002, S. 291-325.

Ausschaltung alles „Irrationalen" und „Bösen" eine gute, gerechte, klare, vernünftige Lebensordnung schaffen, scheint jedenfalls zu Beginn des 21. Jahrhunderts gescheitert.

In einem immer unübersichtlicher werdenden Zeitalter des Misstrauens, in dem das Vertrauen in das verantwortliche Handeln des modernen Menschen kontinuierlich schwindet, scheint nichts mehr eindeutig und auch die Grenzlinien zwischen dem Guten und dem Bösen sind so scharf nicht mehr zu ziehen. Ist das Vertrauen in die zweckrationalen Problemlösungsverfahren der Moderne wirklich immer gut und ist das vormoderne religiöse Vertrauen auf Kräfte, die nicht nur unsere eigenen sind, mithin das „naive" Lebens-, Seins- und Gottvertrauen wirklich immer schlecht? Es ist ja bemerkenswert, dass „aufgeklärte" westliche Menschen, die die religiösen Werte *aller* nicht-westlichen Kulturen als fortschrittsfeindlich kompromisslos ablehnen, in der Regel nicht als Fundamentalisten, sondern als Säkularisten bezeichnet werden, obwohl hier eine Offenheit für fremde Menschen- und Weltbilder wirklich nicht gegeben ist. Könnte es nicht sein, dass der vormoderne, religiös gebundene Mensch seiner Vernunft zu wenig und dass der säkularisierte, moderne Mensch seiner Vernunft zu viel zugetraut hat? Könnte es nicht sein, dass die Wahrheit in der Mitte zwischen den Extremen liegt und dass es, wie etwa der Taoismus (vgl. 2.4.) lehrt, gilt, Einseitigkeiten zu vermeiden?

Gibt es möglicherweise einen Zusammenhang zwischen dem Versuch der Moderne, alles Zufällige, Unentscheidbare, Uneindeutige und Unkontrollierbare ganz auszuschalten und der heutigen, sogenannten „Wiederkehr des Bösen", das sich beharrlich der Einfügung in die modernen rationalen Ordnungsstrukturen widersetzt und daher zumeist als das „irrationale" Andere des Eigenen interpretiert wird? Noch glaubt die Moderne das Böse vor allem außerhalb ihrer selbst suchen zu müssen und finden zu können, aber eine stärkere Besinnung auf die eigene, nicht immer rühmliche Herkunftsgeschichte scheint angesichts des harten Aufeinanderprallens grundverschiedener Auffassungen vom Menschen und vom Bösen in the long run unvermeidbar. Im heutigen interkulturellen Kontext sind dabei insbesondere die religiösen Wurzeln der Moderne stärker zu beachten und zu bedenken. Dabei sollte auch die Kritik an den Einseitigkeiten des christlichen Menschen- und Weltbildes nicht einfach ignoriert werden.[2]

Im Unterschied zum „historischen Objektivismus", der in der Religionswissenschaft heute nach wie vor vorherrschenden Betrachtungsweise, bei der das eigene Vorverständnis, die eigene unvermeidbare Standortgebundenheit, weitgehend undiskutiert bleibt, werde ich in meinen Überlegungen auch die anthropozentrische Moderne in eine umfassende religionsgeschichtliche Betrachtungsweise mit einzubeziehen und ihre unvergleichbare Sonderstellung herauszuarbeiten versuchen. Es kann also von einer Selbstrelativierung der säkularistischen Moderne gesprochen werden, die in einem umfassenderen religionsgeschichtlichen Kontext ihren Selbstverständlichkeitscharakter verliert und keineswegs als „wertneutraler" Ausgangspunkt vorausgesetzt werden darf.[3] Die moderne Religionswissenschaft kann dann selbst als eine kulturbedingte Hervorbringung der säkularen Religionsgeschichte der Moderne betrachtet werden.[4] Vor einem umfassenden religionsgeschichtlichen Hintergrund drängt sich dabei die Frage nach der Sonderstellung einer profanen, innerweltlichen Interpretation des Bösen auf.

---

[2] Vgl. Schlette, Heinz Robert (Hrsg.): Religionskritik in interkultureller und interreligiöser Sicht. Bonn, Alfter, 1998.

[3] Vgl. zu den methodischen Implikationen: Gantke, Wolfgang: Der umstrittene Begriff des Heiligen. Marburg. 1998. Zur Selbstrelativierung eines szientistischen Säkularismus vgl. auch die für viele überraschende religionsfreundliche Wende von Habermas: Habermas, Jürgen: Glauben und Wissen. in: Dialog. Zeitschrift für interreligiöse und interkulturelle Begegnung. 1/1(2002), S. 63-74.

[4] Vgl. auch: Kippenberg, Hans G.: Die Entdeckung der Religionsgeschichte. Religionswissenschaft und Moderne. München. 1997; Kuenzlen, Gottfried: Der Neue Mensch. Eine Untersuchung zur säkularen Religionsgeschichte der Moderne, München, 1994; Bauman, Zygmunt: Moderne und Ambivalenz. Das Ende der Eindeutigkeit. Hamburg, 1992.

Nach dem offenkundigen Scheitern des modernen Glaubens an die durchgängige Gesetzmäßigkeit und damit Plan- und Machbarkeit der Geschichte (- hier wäre übrigens der trotz aller Rückschläge in Teilbereichen offenbar immer noch ungebrochene „Machbarkeitswahn" anzusiedeln -) erscheint die Frage nach dem Bösen in einem neuen, veränderten Licht, schien doch im Rahmen des innerweltlichen Fortschrittsglaubens der Rekurs auf religiöse Interpretationen entbehrlich. Dieses uralte Menschheitsproblem schien nicht länger einer rein rationalen, „diesseitsorientierten" Lösung entzogen zu bleiben. Im Rahmen einer neuen, „idealen", vom Menschen selbst hergestellten rationalen Weltordnung, in der der vollständig aufgeklärte Mensch nur noch den jeweils besseren Argumenten folgt, schien das Problem des Bösen, auf ein Problem des rationalen Diskurses reduziert, prinzipiell lösbar zu sein. Auch durch die in der physikalischen Welt so erfolgreichen technologischen Problemlösungsverfahren konnte das Böse als anthropologisches, ontologisches und religiöses Problem nicht aus der Welt geschafft werden.

Angesichts der gegenwärtigen, so nach der Aufklärung nicht mehr für möglich gehaltenen „Wiederkehr des Bösen", die durch die Ereignisse vom 11. 9. 2001 aller Welt in besonders drastischer Weise vor Augen geführt wurde, scheint jedoch der moralische und spirituelle Fortschrittsglaube fragwürdig geworden zu sein, und es ist nicht damit zu rechnen, dass er so leicht wieder hergestellt werden kann.

Wir halten fest: Trotz aller wissenschaftlichen Fortschritte hat sich das Problem des Bösen auch am Anfang des 21. Jahrhundert keineswegs von selbst erledigt.

Im Gegenteil: Insbesondere angesichts der häufig doch recht gewaltförmigen Rückkehr der Religion gewinnt dieses uralte Menschheitsproblem erneut an Aktualität und ist nach wie vor eine Chiffre für das Unbegreifliche, das Unerklärliche, das in unsere vertraute Welt einbricht und das, wie die schrecklichen Ereignisse vom 11. September 2001 oder die Flutkatastrophe vom August 2002 zeigen, auch bei rational aufgeklärten Menschen Rat- und Fassungslosigkeit hervorruft. An dieser Stelle ist mit Günter Anders an die Immensität der latenten Bedrohungen des Menschen im Atomzeitalter zu erinnern.[5] Erstmals in der Menschheitsgeschichte ist die Menschheitsvernichtung als reines Menschenwerk denkbar und realisierbar geworden. Nach dem Fragwürdigwerden des anthropozentrischen Fortschrittsdenkens konnte sich erstmals ein anthropozentrisches Endzeitdenken entwickeln, das ganz ohne Gott, Götter oder Heiliges auskommt. In diesem profanen Endzeitdenken ist es ganz allein der Mensch, der die Verantwortung für die Zerstörung seiner eigenen Überlebensbedingungen trägt. Insofern ist er allein der Verursacher des Übels und des Bösen, weshalb Ulrich Horstmann ihn auch despektierlich als das „Untier"[6] bezeichnet. Im Rahmen der Religionsgeschichte scheint mir dieses profane Endzeitdenken in der Tat ein neues, so noch nie dagewesenes Phänomen zu sein[7] Wenn man so will, kann man diesen abgrundtiefen Nihilismus ohne Transzendenzbezug als einen „Europäismus" betrachten, der sich in dieser Weise in den noch religiös gebundenen, vormodernen Kulturen so nicht entwickeln konnte, der sich gegenwärtig aber weltweit ausbreitet.[8]

---

[5] Anders, Günther: Die Antiquiertheit des Menschen. Über die Zerstörung des Lebens im Zeitalter der dritten industriellen Revolution. Bd. II, München 1981. Vgl. auch: Beck, Ulrich: Risikogesellschaft. Auf dem Weg in eine andere Moderne. Frankfurt/M. 1986.

[6] Horstmann, Ulrich: Das Untier. Konturen einer Philosophie der Menschenflucht. Frankfurt/M. 1985.

[7] Vgl. Gantke, Wolfgang: Häretische Endzeitdenker im Kontext des modernen Fortschrittsglaubens. in: Hutter, M., Klein, W., Vollmer, U. (Hrsg.): Hairesis. FS für Karl Hoheisel zum 65. Geburtstag. Münster 2002, S. 511-524.

[8] Vgl. dazu: Kubin, Wolfgang: „Die Krankheit Gott" - Die Krankheit Mensch. Zum Problem des Unvollkommenen in China und im Westen. in: minima sinica. Zeitschrift zum chinesischen Geist, 10 (1999), S. 1-24. „Seit dem ‚Tode Gottes' ist der moderne Mensch zur Schizophrenie verurteilt. In einer Welt und einer Zeit, da er nur noch sich selbst begegnet, hat er sich die unsägliche Aufgabe auferlegt, sich der Grund seiner Existenz und allen Handelns zu sein. (...) Dies gilt auch für China. Doch für China steht dieser Nachweis noch aus. Das wohl deshalb, weil es eine Schwierigkeit zu geben scheint. Wovon bislang die

Dass das Problem des Bösen immer noch nicht gelöst ist, muss für den moralisch-humanistischen Fortschrittsglauben ein Skandal sein, und im Hinblick auf diese Frage scheinen zu Beginn des neuen Jahrhunderts nahezu alle Zukunftshoffnungen verflogen und angesichts der allgemeinen Ernüchterung im Hinblick auf Weltverbesserungsprogramme und ethische Weltprojekte ist gegenwärtig ein gewisser Utopieverlust zu konstatieren.

Auch die Hoffnung der sogenannten New Age-Bewegung auf einen neuen, besseren Menschen scheint angesichts eines verdüsterten Zukunftshorizontes, eines „Zukunftsgewißheitsschwundes" (Lübbe), nicht mehr weit zu tragen.

Auch diese neue „existentielle Situation" des modernen Menschen, dem das fraglose Vertrauen auf göttlichen Beistand in schweren Not- und Krisenzeiten abhanden gekommen und dem im Vertrauen auf die eigenen Kräfte der Gedanke einer schlechthinnigen Abhängigkeit von höheren Gewalten fremd geworden ist, verlangt eine grundsätzliche religionsgeschichtliche Besinnung.[9]

Rede gewesen ist, ist das Phänomen der Säkularisierung gewesen, und damit ist die Hinterlassenschaft des christlichen Erbes mitangesprochen. Nun kann man sich darauf versteifen, dass China eigentlich keinen christlichen Hintergrund kenne. Das ist zunächst richtig, aber auch ganz falsch. Chinas Anschluss an den Weltmarkt und an die Weltkultur bedeutet einen Anschluss an die Säkularisation der abendländischen Geschichte. Kurz, auch Chinas „Moderne", wie immer man sie bestimmen mag, ist ohne das Christentum undenkbar.", 1 ff. Dies gilt in ähnlicher Weise von den anderen nichtchristlichen Kulturen. Wenn im folgenden vom buddhistischen, hinduistischen und taoistischen Menschenbild die Rede ist, dann ist immer das traditionelle, „vormoderne" Menschenbild gemeint. Beim Marxismus und damit auch beim chinesischen Maoismus handelt es sich für Kubin um säkularisierte Formen christlicher Heilsgeschichte, die deshalb im folgenden ausgeklammert bleiben, weil der Schwerpunkt auf Alternativen zu den christlichen und den säkularisiert-modernen Interpretationen des Bösen gelegt wird.

[9] Angesichts der bedrohlichen Gegenwartssituation lohnt es sich m. E. die scheinbar so „altmodischen", uns fremdgewordenen Texte von Autoren wie Radhakrishnan, Bollnow, Buber, Graf Dürkheim, Gebser, Heuss, Jaspers, Marcel, Schweitzer u. a. zu lesen, die unter dem Titel „Die Kraft zu leben" bereits im Jahre 1964 erschienen sind. Vgl.: Bollnow, Otto Friedrich u.a.: Die Kraft zu leben. Bekenntnisse unserer Zeit. Gütersloh, 1964. Das Problem des Bösen wird indirekt in allen Beiträgen thematisiert.

Vielleicht kann auch der moderne Mensch in Krisenzeiten wie den unseren von den alten, religiös gebundenen Kulturen etwas dazulernen. Genau hier könnte eine der Aufgaben einer engagierten Religionswissenschaft liegen, die sich als Vermittlungswissenschaft den Selbstverständlichkeiten des modernen, säkularisierten Bewusstseins nicht a priori mit Haut und Haaren ausliefert, sondern die die religiösen Botschaften der vormodernen Kulturen ernst zu nehmen versucht und durch diese Offenheit für fremde Erfahrungswelten Alternativen zum säkularisierten Menschenbild aufzuzeigen vermag.

Werfen wir also vom von einigen Zeitdiagnostikern sicherlich voreilig verkündeten „Ende der Geschichte" (Fukuyama) einen kurzen Blick auf den „Anfang der Geschichte", wobei es sich hierbei natürlich nur um eine rationale Rekonstruktion handeln kann, denn wir können unser immer schon mitgebrachtes Vorverständnis nie ganz abstreifen und es bleibt immer ein unaufklärbarer Rest, so dass lediglich Annäherungsversuche an den Ursprung möglich sind.

Nach dem Religionswissenschaftler Gustav Mensching liegt am Anfang der Religionsgeschichte eine Zeit unmittelbarer, elementarer Naturverbundenheit ohne das ausdrückliche Wissen um Gut und Böse.[10] Der biblische Mythos vom Baum der Erkenntnis, von der Verführung durch die Schlange als dem Symbol des Bösen und vom Biss in den Apfel versinnbildlicht einen grundsätzlichen Bewusstseinswandel im Menschen:

„Ihr werdet sein wie Gott und wissen, was Gut und Böse ist." (Gen. 3,5)[11]

Hier ist etwas Neues geschehen. Der Mensch hat durch eine verbotene Tat das Stadium der Unschuld, den paradiesischen Zustand naturverbundenen Glücks aufgeben müssen. Gleichursprünglich mit dem Sündenfall wird das seiner selbst

---

[10] Vgl. zum folgenden: Mensching, Gustav: Gut und Böse im Glauben der Völker, Leipzig, 1941.

[11] Vgl. zum folgenden ebd., S. 10 f.

bewusste Ich des Menschen geboren, das um die Differenz von gut und böse weiß. Das menschliche Leben ist nun in unheilvoller Weise gespalten, weil sich der Mensch im Unterschied zum Tier hineingeworfen sieht in die Spannung zwischen Gut und Böse. In moderner Perspektive kann der Biss in die Frucht vom Baum der Erkenntnis als evolutionäre Bewusstseinserweiterung gedeutet werden, in der der Mensch seiner geistigen Fähigkeiten bewusst wird.

Die Frage wiederum, ob das Wissen um die Differenz von gut und böse sich für den Menschen selbst als gut und vorteilhaft erwiesen hat oder ob dieses Wissen zwangsläufig auch unerwünschte, „böse" Nebenfolgen nach sich ziehen muss, ist nicht eindeutig zu beantworten. Im Versprechen der Schlange, die im biblischen Kontext als Symbol des Bösen interpretiert wird, dass der Mensch wie Gott sein wird, ist die heute oft beschworene Gefahr der Selbstvergötterung des Menschen bereits deutlich ausgesprochen.

Immer schon ist darauf hingewiesen worden, dass sich die rationale Erkenntnisfähigkeit des Menschen auch in den Dienst verbrecherischer Ziele, mithin in den Dienst des Bösen, stellen lässt. Heute wird erkennbar, dass das Böse, das Unheilvolle, sich auch lange verbergen kann und dann hervorbricht, wenn das „wertneutrale" rationale Weltbeherrschungswissen plötzlich in ein irrationales Weltzerstörungswissen umzuschlagen droht. Alle rein rationalen Erklärungsversuche des Bösen scheinen jedenfalls zu scheitern. Es bleibt ein unaufklärbarer Rest. [12]

---

[12] Vgl. aber auch die eher rationale Problemlösungsstrategie in einem philosophischen Denkrahmen von: Geyer, Carl-Friedrich: Leid und Böses in philosophischen Deutungen. Freiburg i.Br./München, 1983. Ein „voreiliger Rekurs" auf „neu- bzw. spätneuzeitspezifische Irrationalismen" und auf ein „schlechthin Wunderbares" soll nach Geyers Programmatik auch dort vermieden werden, wo nicht auf Augenscheinliches und Verifizierbares zurückgegriffen werden kann. An „differenzierten Lösungsmöglichkeiten" soll festgehalten werden. Dem ist natürlich zuzustimmen, nur kann zurückgefragt werden, ob nicht gerade differenzierte Lösungsmöglichkeiten in der heutigen Situation eine stärkere Berücksichtigung des „irrationalen Faktors" beim Thema „Leid und Böses" gebieten. Kann nicht gerade die

Noch einmal zugespitzt formuliert:

In religionsgeschichtlicher Perspektive scheint die Hauptdifferenz zwischen den religiösen und profanen Antwortversuchen im Rahmen der anthropozentrischen Moderne auf die Frage nach dem Bösen die zu sein, dass in allen Religionen auch mit Kräften und Mächten gerechnet wird, die *nicht* unsere eigenen sind, während der moderne, säkularisierte Mensch das Problem des Bösen ausschließlich aus eigener Kraft durch rationale Problemlösungsstrategien zu bewältigen versucht.

Der moderne Mensch fühlt sich verantwortlich für das Übel in der Welt und versucht es durch eine moralische und technokratische Weltverbesserungs- und Fortschrittsprogrammatik, wenn schon nicht abzuschaffen, dann eben doch zu verringern. Die Abschaffung bzw. Entmächtigung des Bösen in der Welt will jedoch auch trotz all unserer bewundernswerten wissenschaftlichen und technologischen Hochrüstungsleistungen nicht gelingen. In einer seit den schrecklichen Ereignissen vom 11. September 2001 schlagartig verdüsterten politischen Atmosphäre wird die Welt auch alltagspraktisch wieder von rational kaum mehr kontrollierbaren irrational-numinosen Energien beunruhigt und die letztlich in die religiöse Sphäre weisende Sinnfrage wird wieder häufiger gestellt.

So wird auch Gott dort wieder ins Spiel gebracht, wo gefragt wird, warum ein guter und allmächtiger Gott solch schreckliche Ereignisse zulassen kann, aber auch dort, wo Selbstmordattentäter sich auf Gott und vorgeblich „edle" Ziele berufen, um ihre „bösen" Taten zu rechtfertigen. Die Grenzen zwischen dem

---

systematische Ausschaltung des Irrationalen heute auf das szientistische Vereinfachungsstreben zurückgeführt und als Verdrängung und „Rationalisierung" (im psychologischen Sinne) interpretiert werden? In allen vormodernen Religionen spielt jedenfalls das „Irrationale" eine entscheidende Rolle. Vgl. dazu auch: Otto, Rudolf: Das Heilige. Über das Irrationale in der Idee des Göttlichen. Breslau, 1917. Dass Irrationales auch in der modernen Wissenschaft ein nicht ganz auszuschaltender Faktor bleibt, hat die Rationalitätsdebatte um Th. Kuhn, P. Feyerabend, K. Hübner und den Interpretationismus deutlich gezeigt.

Guten und dem Bösen scheinen im heutigen interkulturellen Kontext jedenfalls nicht eindeutig gezogen werden zu können. Vielleicht wird die moderne Profangeschichte, in der der Mensch glaubte, die Welt ohne den Rückgriff auf Gott oder eine vorgegebene kosmische Ordnung in eine gute und gerechte, „menschengemachte" Ordnung umwandeln oder gar zwingen zu können, in einer umfassenderen Sichtweise einmal als ein Sonder-, vielleicht gar als ein „Sündenfall" der Religionsgeschichte erscheinen. Der moderne Mensch ist jedenfalls der erste, der ein solches Experiment wagt und dabei sein Überleben riskiert, weil erstmals in der Menschheitsgeschichte die Zerstörung der Erde als reines Menschenwerk realisierbar geworden ist. Die Frage, wie dieses Experiment grundsätzlich zu bewerten ist, stellt sich daher immer dringlicher. Was zu erkennen ist gut? Welche Erkenntnisse können unerwünschte, „böse" Folgen haben? Es ist sicherlich wichtig, im Zusammenhang mit den Grundfragen einer Weltethik, auch einer mit dem Anspruch auf interkulturelle Verallgemeinerbarkeit auftretenden Bioethik, stärker als bisher auf die Interpretationen des Bösen in nichtabendländischen Kulturen zu achten. Dies soll im folgenden geschehen.

2. Religionsgeschichtliche Interpretationen des Bösen im asiatischen Kontext

2. 1. Allgemeine Vorbemerkungen

Wie unterschiedlich das Problem des Bösen heute gedeutet werden kann, beweist allein schon die Unterschiedlichkeit der in diesem Buch vertretenen, nicht immer leicht zu vereinbarenden Ansätze, in denen sehr verschiedenartige Aspekte des Bösen in philosophischen, theologischen, politischen und psychologischen Kontexten behandelt werden.

Alle diese Interpretationen des Bösen bewegen sich mehr oder weniger im Denkrahmen eines entweder religiös-christlich oder säkularistisch geprägten abendländischen Menschen- bzw. Weltbildes, so dass es in einem religionswissenschaftlichen Beitrag zum Problem des Bösen sinnvoll erscheint, gezielt auf jene asiatische Interpretationen näher einzugehen, die in sehr grundsätzlicher Weise von den bekannten theo- und anthropozentrischen abendländischen Interpretationen des Bösen (die für den „fremden", asiatischen Blick übrigens recht nahe beieinander liegen" [13]) abweichen. Ich werde mich dabei in idealtypischer Weise auf die heute auch im Westen immer stärkeren Einfluss gewinnende „All-Einheitslehre" konzentrieren, wie sie von den drei mystischen Religionen Hinduismus, Buddhismus und Taoismus vertreten wird.

Es versteht sich von selbst, dass ich mich vor allem an den philosophischen Formen dieser drei Religionen orientieren werde, die zumeist unter dem Begriff „Non-Dualismus" zusammengefasst werden und von einer „übergegensätzlichen Einheit" ausgehen, die auch das Böse noch umgreift.

Im Unterschied zur „exklusivistischen" Interpretation in den drei monotheistischen, „prophetischen" Religionen Judentum, Christentum und Islam, in denen das Böse als eine von Gott scharf getrennte Größe erscheint, zumeist als personalisierter Gegenspieler Gottes (Satan, Iblis), wird das Böse in den asiatischen Einheitsreligionen gleichsam „inklusivistisch" gedeutet.

Es wird in nicht-dualistischer Weise interpretiert, derart, dass auch das Göttliche in sich selbst ein Element des Unerleuchteten, des Negativen, der Täuschung und des Nichtwissens besitzt. Letztlich ist aber alles, wenn auch in unvollendet-unvollkommener Weise, göttlich. Es ist dann die Differenz zwischen dem vollkommenen und dem unvollkommenen Aspekt des Göttlichen (im Menschen und

---

[13] Vgl. dazu auch neo-buddhistischer Perspektive: Nishitani, Keiji: Was ist Religion? Frankfurt/M, 1986. Nicht nur die sogenannte Religion wird von Nishitani anders interpretiert, sondern auch das sogenannte Böse.

in der Welt), die zur Ermöglichungsgrundlage für das Entstehen von Bösem wird. In dieser Perspektive handelt es sich beim Problem des Bösen weniger um ein Problem der Sünd- oder Boshaftigkeit des Menschen als vielmehr um ein Problem des Erlösungs- und Heilswissens, mithin des erleuchteten bzw. unerleuchteten menschlichen Bewusstseinszustandes. Das Böse ist auf einen Mangel an Heilswissen zurückzuführen, hängt also mit unserer Unwissenheit zusammen, aber wir können diesen spirituellen Mangel durch kontinuierliche Arbeit an unserem Bewusstsein in Verbindung mit entsprechenden Körper- und Meditationsübungen (Yoga, Tantra, Zen) grundsätzlich überwinden. Wie aber kommen jene Übel in die Welt, für die der Mensch nicht verantwortlich ist (Naturkatastrophen wie Erdbeben, Vulkanausbrüche und dergleichen) und die er allein durch Bewusstseinsübungen nicht zu überwinden vermag?

Hier stößt dann auch der Erlösungsoptimismus der Religionen, die auf die spirituelle Bewusstseinskraft des Menschen vertrauen, an Grenzen. Auf die Frage, warum auch der Gute, Edle, Gerechte und spirituell weit Fortgeschrittene von solchen Übeln nicht verschont wird, vermag auch die harmoniebetonte, ganzheitliche asiatische Geistigkeit keine überzeugende Antwort zu geben. Die Herkunft des Bösen bleibt ein Rätsel und nach dem Neo-Hinduisten Radhakrishnan vermag auch die indische Geistigkeit die Frage, warum diese Welt so ist, wie sie ist, nicht zu beantworten. Die Theodizee-Problematik taucht also in etwas veränderter Form auch in Kontexten auf, in denen kein guter und allmächtiger personaler Gott vorausgesetzt wird.[14]

Es ist diese kulturübergreifende Sinn-Problematik, die beim Problem des Bösen auf einen „irrationalen Rest" verweist, ohne den es möglicherweise das Phäno-

---

[14] Vgl. Gantke, Wolfgang: Die Gottesfrage im religionswissenschaftlichen Diskurs. in: Lebendiges Zeugnis. 49/2 (1994), S. 86-103. Einige Gedanken dieses Aufsatzes sind auch in diesen Beitrag eingeflossen.

men Religion, das in dieser Perspektive nicht *nur* auf ein kulturelles Phänomen reduziert werden kann, gar nicht gäbe.

Grundsätzlich kann festgehalten werden, dass die drei mystischen Einheitsreligionen Asiens die Selbsterlösungsmöglichkeiten des Menschen höher einschätzen als die monotheistischen Religionen, die unser Angewiesenbleiben auf ein personales Gegenüber betonen und die in dieser Hinsicht ein „dualistisches" Weltbild vertreten, in dem die Differenz zwischen dem Schöpfer und dem Geschöpf, zwischen Gott und Welt, stark betont wird. Schleiermacher sprach in diesem Zusammenhang vom „(schlechthinnigen) Abhängigkeits"- und Rudolf Otto vom „Kreaturgefühl."[15]

Dem säkularisierten modernen Menschen scheint der Sinn für dieses Gefühl der schlechthinnigen Abhängigkeit und Ohnmacht, für Bußgesinnung, Sühnebedürfnis und gar für so etwas wie eine Urschuld und Erbsünde vollkommen abhanden gekommen zu sein, weshalb die traditionelle christliche Symbolwelt in einer machenseifrigen Willens- und Verstandeskultur immer stärker zu einem Fremdkörper zu werden scheint. Der Sinn für das christliche Sünden- und Kreaturgefühl könnte vielleicht in einem weniger fortschritts- und planungsgläubigen Zeitalter wieder erwachen. Dem sich von allen Abhängigkeiten emanzipierenwollenden modernen Bewusstsein scheint jedenfalls das Vertrauen in die prinzipielle Selbsterlösungsfähigkeit des Menschen, wie sie der Buddhismus als eine, sehr vereinfacht gesprochen, „Religion ohne Gott" vertritt, entgegenzukommen, und dies könnte ein Grund für die gegenwärtige Faszinationskraft dieser asiatischen Religion im Westen sein.

---

[15] Hier erhebt sich die Frage nach der interreligiösen Verallgemeinerbarkeit dieses Kreaturgefühls. In Religionen ohne Sündenbewusstsein und Sühnebedürfnis scheint dieses Gefühl weniger ausgeprägt oder unbekannt. Im Rahmen der mystischen Einheitsreligionen kann es zu Verschmelzungserlebnissen, in der die Differenz zwischen der göttlichen und der menschlichen Sphäre völlig überwunden wird, kommen. Alles ist göttlich. „Das bist Du". Vgl. dazu: Otto, Rudolf. Das Heilige. Über das Irrationale in der Idee des Göttlichen. Breslau, 1917. In jüngster Zeit wird Ottos Klassiker wieder stärker rezipiert.

2.2. Das Problem des Bösen im Buddhismus

Im folgenden werde ich mich in problemorientierter Weise mit der buddhistischen Interpretation des Bösen auseinandersetzen. Da ich mich auf die Grundprobleme konzentrieren werde, sind idealtypische Vereinfachungen natürlich unvermeidlich.[16] Wenn von „dem" Buddhismus die Rede ist, dann sind zumeist die relativ „entmythologisierten" Frühformen des Buddhismus, die die heilsirrelevante metaphysische Frage nach Gott gar nicht erst stellen, gemeint. Auf fremdsprachliche Terminologien und nur für Experten interessante Spezialisierungen wird nach Möglichkeit verzichtet.

Der Buddhismus kann durchaus als eine frühe Form religiöser Aufklärung interpretiert werden, freilich einer Aufklärung, die sich nach innen wendet und der es im Unterschied zur nach außen gerichteten westlichen Aufklärung um „Erleuchtung", gleichsam um eine Machtgewinnung über die „chaotische" Innenwelt des Menschen geht. Nicht um Außenwelt-, sondern um Innenweltbeherrschung geht es hier, und nach buddhistischer Lehre kann nur auf dem Wege dieser Selbstdisziplinierung das Leid und das Böse in der Welt überwunden werden.

In seiner auch für heutige Verhältnisse erstaunlich nüchternen Daseinsanalyse geht der Buddhismus davon aus, dass alles Vergängliche und damit alles Irdische prinzipiell leidvoll ist. Alles Leben ist Leiden. Der Mensch befindet sich von vornherein in einer Unheilssituation, ist also erlösungsbedürftig.

Der Kreislauf des ewigen Geborenwerdens und Sterbenmüssens, die Krankheiten, die Schmerzen, die Verzweiflung, die Ängste, die Frustrationen: dies alles

---

[16] Zu der Gestalt Buddhas und zum Buddhismus allgemein vgl.: Klimkeit, Hans- Joachim: Der Buddha. Leben und Lehre. Stuttgart, 1990; Schmidt- Leukel, Perry (Hrsg.): Wer ist Buddha? Eine Gestalt und ihre Bedeutung für die Menschheit., München, 1998; Meisig, Konrad:Klang der Stille - Der Buddhismus, Freiburg i. Br., 1995; Schneider, Ulrich: Einführung in den Buddhismus, Darmstadt, 1980; Hutter, Manfred: Das ewige Rad. Religion und Kultur des Buddhismus. Graz u. a., 2001.

ist leidvoll, ja, selbst alle Freuden auf Erden sind letztlich leidvoll, weil sie eben vergänglich sind und alle Lust auf Ewigkeit zielt. In der Wandelwelt aber ist ewige Freude ein unerreichbares Ziel, eine Utopie, der der Mensch vergeblich nachjagt. Das Heil kann also nicht in der dem ewigen Wandel unterworfenen Welt liegen, sondern nur im Freiwerden von dieser Welt, im Nicht-Anhaften an sie. Im Hinblick auf die egozentrische, täuschende Ich-Welt kann im Vergleich zu den weltzugewandten monotheistisch-prophetischen Religionen in der Tat von einem gewissen Weltpessimismus des Buddhismus gesprochen werden. Der unstillbare Lebensdurst ist neben der Unwissenheit eine der Ursachen für das Entstehen von Unheil und Bösem.

Der historische Buddha, der sich selbst lediglich als Wegweiser, also als Mensch unter Menschen, verstand, hat einen Weg zur Überwindung des Leides und des Bösen aufgezeigt. Prinzipiell kann jeder Mensch diesen Heilsweg gehen. Er führt ins Nirvāna, in dem jede Ursache für das Entstehen von Leid und Bösem gleichsam „ausgelöscht" ist.

Das Nirvāna ist das Nicht-Bedingte, das gleichsam im Gegensatz zur bedingten Welt steht. Hier liegt ein Ansatzpunkt für einen gewissen Dualismus, denn das Heil liegt nicht in dieser bedingten Vielheitswelt. Der Erlösungsoptimismus des Buddhismus liegt nun darin, dass jeder Mensch, wenn er den Täuschungszusammenhang durchschaut und Buddhas Heilsweg konsequent folgt, aus eigener Kraft das Leid und das Böse überwinden kann. Das Nirvāna kann also als ein befreiter Bewusstseinszustand inneren Friedens interpretiert werden, in dem der Mensch an nichts Irdischem mehr haftet und in dem gleichsam jeder Willensstandpunkt transzendiert wird. Dem Menschen wird hier insofern ein erheblicher Macht- und Freiheitsspielraum zugebilligt, als er im Unterschied zum Tier nein sagen kann zu seinen Bedürfnissen und Trieben. Er ist nicht nur ein triebgeleitetes und somit fremdbestimmtes Bedürfniswesen, sondern als „Neinsagenkönner"

(M. Scheler) askesefähig.[17] Freilich plädiert der Buddha für den „mittleren Weg" jenseits aller Extreme, weshalb er den Weg strenger Askese ebenso zurückweist wie den Weg eines strengen Moralrigorismus. Jeder Dogmatismus tendiert zur Intoleranz und kann damit selbst zur Ursache von Bösem werden kann. Am Beispiel: Wer in einer bedingten Welt „unbedingt" gut sein will, fällt in den verhängnisvollen Gut-Böse-Dualismus zurück und läuft Gefahr, wider willen gerade das zu erzeugen, was er überwinden will. Die egozentrische Projektions-Falle, die das Böse ausschließlich als das Andere des Eigenen wahrnimmt, ist bereits vom Buddhismus „durchschaut" worden. In der Religionsgeschichte hat sich in der Tat kein Reich selbst als „Reich des Bösen" bezeichnet.

Es ist der Ichbehauptungswille des Menschen, der vom Buddhismus als unheilverursachend erkannt wird. Nur die Überwindung unseres Ego-Willens führt zum Heil. Das Übel der menschlichen Existenz liegt in dieser Perspektive in der Zerstörung der über allen Gegensätzen anzusiedelnden Einheit durch die Vereinzelung in unzählige Individualitäten. Das Erlösungsziel ist ein Bewusstseinszustand, in dem die Spaltung in Subjekt und Objekt überwunden ist. Noch einmal: Die Frage nach dem Ursprung des Unheils und des Bösen wird vom Buddhismus mit dem Hinweis auf den Lebensdurst, der zur Absonderung von der Einheit und zur Individualisierung treibt, beantwortet.

„Was, ihr Freunde, ist die Wurzel des Bösen? Begierde ist die Wurzel des Bösen, Haß ist die Wurzel des Bösen, Verblendung ist die Wurzel des Bösen."[18]

Die bösen Taten des Menschen werden letztlich auf seinen Ichwahn, auf Täuschung, zurückgeführt. Anzustreben ist eine gleichsam entindividualisierte, affektlose, gleichmütige, gelassene Grundhaltung, die alles „gelassen hat".

---

[17] Vgl. Scheler, Max: Die Stellung des Menschen im Kosmos. Bern, 9. Aufl. 1978. Schelers philosophische Anthropologie scheint nicht unerheblich vom buddhistischen Menschenbild beeinflusst.

[18] Zit. nach: Mensching, Gustav: Gut und Böse im Glauben der Völker, Leipzig, 1941, S. 45

Hier kann natürlich zurückgefragt werden: Können Menschen wirklich leben, ohne etwas haben oder sein zu wollen? Kann dies wirklich ein gutes, ein lebenswertes Leben sein? Nach buddhistischer Auffassung ist es durchaus möglich, in dieser Welt ohne die Verstrickung in Leidenszusammenhänge, also ohne Neid, Habsucht, Zorn, Hass, Gier, Stolz und Verblendung „gut" zu leben. Man kann seine tägliche Arbeit ohne Anhaften verrichten und man kann tausend Dinge haben, als hätte man sie nicht. Entscheidend ist, dass das Herz an nichts Vergänglichem haftet, weil genau dies früher oder später, spätestens beim Tod geliebter Menschen, Leid verursacht. In buddhistischer Perspektive wäre also der Versuch einer „Verabsolutierung von Vergänglichem", für die es in der Moderne ja zahlreiche Beispiele gibt, kein Heils-, sondern ein Irrweg. Das völlige Erlöschen des Lebensdurstes und damit auch das Ende der Wiedergeburten und die Überwindung aller Dualismen kann aber durchaus auch in der Wandelwelt realisiert werden. Auch der Dualismus von Nirvāna und Samsāra (Geburtenkreislauf) kann dann überwunden werden. Der historische Buddha ist selbst ein leuchtendes Beipiel für einen lebend Erlösten, einen Bodhisattva, der in der Wandelwelt wirkend alle Anhaftungen an Vergänglichem und alle Anfechtungen des Bösen überwunden hatte. Interessant ist dabei, dass selbst gute Taten im Buddhismus nur einen vorläufigen Wert besitzen, weil der Gut-Böse-Dualismus einem unerlösten Bewusstseinszustand entspringt.

„Die Übeltäter fahren zur Hölle, in den Himmel gehen die guten ein; völliges Nirvana erreichen diejenigen, welche von den Grundübeln frei sind."[19] Für den Buddhismus muss der nach Befreiung Strebende also die gesamte ethische Sphäre transzendieren, denn auch das Gut- und Bösesein haftet ja noch an der Individualität, die es zu überwinden gilt. Das Nirvāna steht für eine Sphäre, die jenseits von Gut und Böse liegt.

---

[19] Dhammapada, zit. nach Mensching, Gustav: Gut und Böse im Glauben der Völker, a.a.O., S. 46.

Ethisches Verhalten ist auch für den Buddhismus wichtig, aber es hat nur vorläufige Bedeutung für die letztlich auf Täuschung basierende individuelle Sonderexistenz in der Wandelwelt. Hier liegt eine entscheidende Differenz zu den prophetischen Offenbarungsreligionen.

In einer gewissen Spannung zu dieser buddhistischen Tendenz zum radikalen Loslassen von allem Irdischen steht die Forderung nach einem grenzenlosen Wohlwollen (metta) allen Lebewesen gegenüber. Liebe in diesem umfassenden Sinn ist selbstlos, sie haftet an nichts, will nichts festhalten, ist kein unstetiger Affekt. Eine egozentrierte Liebe würde den Menschen wieder an die Welt fesseln, während die egofreie Liebe dem Menschen zur Läuterung dient.

Der Buddhismus lehrt, dass es kein Ich als feste, in sich beständige Größe gibt. Ist dann aber Liebe, auch selbstlose Liebe, überhaupt realisierbar? Wer liebt eigentlich und wer wird wiedergeboren, wenn es kein festes Ich gibt?

Die Überwindung des Bösen bedeutet im Buddhismus letztlich die Überwindung des Bewusstseins einer individuellen Sonderexistenz des Menschen und das Verschmelzen mit der ursprünglichen Einheit, aus der der Mensch herausgefallen ist. Interessant ist nun aber, dass auch im nicht-dualistischen Buddhismus eine Personalisierung des Bösen erfolgt ist und zwar in der Gestalt des Mara. Mara bedeutet wörtlich „Mörder, Zerstörer". Er ist gleichsam der buddhistische Teufel, der Widersacher, der den Tod und die übelverursachenden, den Menschen überwältigenden Leidenschaften symbolisiert. Leidenschaften, auch die Sexualität, sind hinderlich für das Heil. Das gilt für alle mystischen Einheitsreligionen. Als Versucher will Māra die Fortschritte des Menschen auf dem Weg zur Befreiung verhindern. So soll auch der historische Buddha der Legende nach von Māra während seiner Erleuchtungsbemühungen in Versuchung geführt worden sein. Buddha fürchtete aber weder die von Māra aufgebotene, bedrohliche Vielzahl von Teufeln noch ließ er sich von den schönsten Töchtern des Māra verführen, woraufhin dieser seine Verführungsversuche beendete. Māra symbolisiert gleichsam den unheilerzeugenden Lebensdurst und damit das Böse. Der Buddhismus kennt auch verschiedene Höllen als Orte der Qual. Freilich gibt es keine unendliche Qual, keine ewigen Höllenstrafen, da auch die Höllen vergänglich sind. Ähnlich wie die Paradiese und Himmel sind die Höllen nicht als geographische Orte, sondern vielmehr als Bewusstseinszustände zu interpretieren. Der Buddhismus geht dabei von verschiedenen Bewusstseinsstufen des Menschen aus. Bestimmte negative Bewusstseinszustände bzw. Existenzformen können dann als Orte des Bösen und Schrecklichen, also als Höllen, interpretiert werden. Zahlreiche Himmel- und Höllenwelten existieren gleichsam in uns. Die Höllen sind Orte der Vergeltung böser Taten und können nach dem „Erlöschen" des schlechten, negativen Karmas wieder verlassen werden. Auf- und Abstiege durch viele Über- und Unterwelten sind durchaus möglich. Es gibt nicht nur eine Welt, einen Himmel, eine Hölle, einen Buddha. Dies ist in den Offenbarungsreligionen anders, denn hier gibt es eine Vielzahl von Einmaligkeits- und Ausschließlichkeitsansprüchen, die der Buddhismus so nicht kennt.

Ein Aufstieg durch eine Wiedergeburt in eine bessere Daseinsform ist im Buddhismus möglich. Im gesamten karmischen Bereich des Daseinskreislaufes mit seiner unerbittlichen Tatvergeltung bleibt der Mensch aber unvermeidlich in das Böse hineinverstrickt.

Nur eine Handlung, die völlig frei von Gier, Hass, Wahn und Verblendung ausgeführt wird, bleibt ohne karmische Auswirkung, wobei hier wieder zu beachten ist, dass auch edle Taten neues Karma und somit eine Wiedergeburt bewirken. Die Befreiung aus dem unheilvollen Daseinskreislauf setzt also auch die Enthaltung von guten Taten voraus, ein für das westlich-christliche Bewusstsein eher befremdlicher und kritikwürdiger Gedanke.

Hier liegt eine grundsätzliche Differenz zur Weltverbesserungsprogrammatik der biblischen Offenbarungsreligionen, die bis in die modernen Planungstheorien hineinwirkt. Im Rahmen des (traditionellen) buddhistischen Menschenbildes sind die Ermöglichungsbedingungen für die moderne Weltveränderungsdynamik gar nicht gegeben.

Im Zusammenhang mit der Karma- und Reinkarnationslehre sollte freilich auch nicht von Schicksalsgläubigkeit und von einem strengen Determinismus gesprochen werden, da das Leid und das Böse ja prinzipiell überwunden werden können, wenn der Mensch den rechten Entschluss fasst und den von Buddha aufgezeigten Weg zum Heil konsequent geht.

Das Böse hat im Buddhismus also nur eine begrenzte Macht im Bereich des noch unwissenden, unerleuchteten Bewusstsein. Der Mensch ist kein Sünder, die Vorstellung von einer Erbsünde ist dem Buddhismus fremd. Das Problem des Bösen wird letztlich auf ein Problem des jeweiligen Bewusstseinszustandes reduziert. An die Stelle der Sünde tritt dann im Buddhismus die Unwissenheit.

Da der Buddhismus keinen guten und allmächtigen Gott anerkennt, stellt sich für ihn die abendländische Geistigkeit beunruhigende Theodizee-Problem in gänzlich anderer Weise. In der nicht-dualistischen Perspektive des Buddhismus sind letztlich alle Entgegensetzungen, mithin auch der Gegensatz von Gut und Böse, Produkte einer der Unerleuchtetheit des Menschen entspringenden Täuschung. Dennoch kann hier natürlich weitergefragt werden: Wieso gibt es eigentlich diese Täuschung, wieso kam es zur Spaltung zwischen Subjekt und Objekt, zum Verlust des natürlichen Kontaktes mit der Einheit: christlich gesprochen: zur Vertreibung aus dem Paradies, zum Sündenfall? Der Buddhismus geht vom Faktum des Leidens aus, bietet in pragmatischer Weise einen Heilsweg an und lehnt jedes weitere metaphysische Fragen nach dem Warum konsequent ab. Es wird nur konstatiert, dass die Welt so ist, wie sie ist, also unvollkommen, ungerecht und leidvoll. Es gibt das Böse in der Welt, aber es ist überwindbar.

2.3. Das Problem des Bösen im Hinduismus

Für viele Religionswissenschaftler gibt es „den" Hinduismus nicht, sondern nur eine Vielzahl kaum zu vereinbarenden Religionen, die der Blick von außen vereinfachend unter der Fremdbezeichnung Hinduismus zusammenfasst.[20] Da aber auch zeitgenössische Neo-Hinduisten von „dem" Hinduismus und vom Hindutum (Hindutva) sprechen und zumeist die Lehre von der Nicht-Zweiheit (Advaita) zum gemeinsamen Nenner dieser Religion erklären, werde ich mich im folgenden vor allem an dieser philosophischen Form des Hinduismus orientieren.[21] Zwischen den philosophischen Interpretationen des Bösen im Buddhismus, Hinduismus und Taoismus gibt es so viele grundsätzliche Übereinstimmungen, dass sich bestimmte Grundmotive unvermeidbar wiederholen.

Auch den auf den ersten Blick mono- und polytheistischen Formen des Hinduismus liegt unterschwellig zumeist die All-Einheitslehre zugrunde.

Die einzelnen Göttergestalten können dann als Aspekte, als Emanationen, des einen Göttlichen interpretiert werden. Wo, wie etwa im Neo-Hinduismus bei

---

[20] Zum Hinduismus allgemein vgl.: Meisig, Konrad: Shivas Tanz. Der Hinduismus. Freiburg i. Br. u. a., 1996; Becke, Andreas: Hinduismus zur Einführung. Hamburg, 1996; Klimkeit, Hans- Joachim: Der politische Hinduismus. Indische Denker zwischen religiöser Reform und politischem Erwachen. Wiesbaden, 1981; Knott, Kim: Der Hinduismus. Eine kurze Einführung. Stuttgart, 2000; Stietencron, Heinrich v.: Der Hinduismus. München, 2001; Michaels, Axel: Der Hinduismus. Geschichte und Gegenwart. München, 1998.

[21] Auch einige Hindu-Fundamentalisten sprechen vom Hinduismus als einer einheitlichen Religion. Die Identität des Hinduismus liegt auch für sie zumeist in der inklusivistischen Advaita-Lehre, was, wie sich am Beispiel der Lehre Golwalkars zeigen lässt, zu Inkonsequenzen führen muß, wenn Christentum und Islam als Fremdreligionen ausgegrenzt werden. Vgl. dazu: Gantke, Wolfgang: Probleme des Hindu-Fundamentalismus im interkulturellen Kontext. in: Lüddeckens, D. (Hrsg.): Begegnung von Religionen und Kulturen. FS für Norbert Klaes. Dettelbach, 1998. Zur Ab- und Ausgrenzungsproblematik im Hinblick auf das Christentum vgl. auch: Klaes, Norbert: Wer ist ein „Hindu-Christ"? in: Gantke,W./Hoheisel,K./Klein,W. (Hrsg.): Religionsbegegnung und Kulturaustausch in Asien. Studien zum Gedenken an Hans- Joachim Klimkeit. Wiesbaden, 2002., S. 140- 151.

Aurobindo, Gott als Person gedeutet wird, kommt es im Unterschied zum westlichen Monotheismus zu einer Identifizierung Gottes mit der übergegensätzlichen Einheit. Er ist Es, das Eine. Er gibt gleichsam nichts, das nicht von seiner Göttlichkeit durchtränkt ist. Eine scharfe Grenzziehung zwischen dem Menschlichen und dem Göttlichen ist nicht möglich. Insofern ist auch der Hinduismus im Kern eine mystische, nicht-dualistische Religion und auch hier findet sich wieder das Grundmotiv, dass die Versteifung in das individuelle, isolierte Bewusstsein leidverursachend und die Überwindung des Eigenwillens heilsfördernd ist. Auch für den Hinduismus sind die Hauptursachen des Bösen die Ichsucht und der unerleuchtete Selbstbehauptungswille des Menschen.

In diesem zentralen Punkt gibt es eine grundsätzliche Strukturverwandtschaft zwischen dem Buddhismus, der ja seinerseits an die einheitsorientierte hinduistische Upanischaden-Lehre anknüpft und den philosophischen Formen des Hinduismus. Dieses Grundmotiv findet sich darüber hinaus auch im Taoismus, der ebenfalls an der „übergegensätzlichen Einheit" orientiert ist.

Es kann hier von einer interessanten einheitsmystischen Parallele gesprochen werden, die nicht nur im asiatischen Kontext nachweisbar ist, sondern die sich im Abendland in ähnlicher Weise auch im neuplatonischen Traditionszusammenhang (von Plotin bis Bruno) findet.

Spuren dieser einheitsmystischen Tendenz lassen sich darüber hinaus auch im deutschen Idealismus, in der Lebensphilosophie und in der „modernen" New-Age-Bewegung, die ja nicht unerheblich von der asiatischen Geistigkeit beeinflusst wurde, nachweisen. Die erstaunlichen Übereinstimmungen zwischen dem fließenden „Lebens"-begriff der religiösen Formen der westlichen Lebensphilosophie und der „immanenten Transzendenz" (Tao, Atman-Brahman-Identität, Buddha-Natur) der asiatischen Geistigkeit kommen in vielen Ost-West-

Vergleichen zumeist zu kurz, weil sich diese Vergleiche zumeist am traditionellen christlichen Menschenbild orientieren.[22]

Trotz vieler Übereinstimmungen im Grundsätzlichen im Rahmen einer interkulturell nachweisbaren „mystischen Parallele" ist die Antwortvielfalt auf das Problem des Bösen in den kulturellen Einzelkontexten erstaunlich. Dies gilt insbesondere für den Hinduismus. Hier gibt es keine dogmatische Antwort, wohl aber unterschiedliche, mitunter kaum zu vereinbarende, koexistierende Deutungen des Bösen und auch sehr unterschiedliche Wege zur seiner Überwindung.

Eine widerspruchsfreie Konstruktion der Wirklichkeit in all ihren Aspekten war nie das Ziel der hinduistischen Geistigkeit. Eine hinduistische Interpretation des Bösen scheint für das zweckrationale westliche Bewusstsein ganz besonders befremdlich, weshalb ich auf diese Deutung ausführlicher eingehe. Im Hinduismus ist der Gedanke eines göttlichen Weltspiels (Lila) entwickelt worden. Gott spielt mit sich selbst und der Welt, der Mensch ist gleichsam ein Mitspieler, der es dem Göttlichen durch seine Bewusstseinsarbeit ermöglicht, aus der Unwissenheit zu erwachen und sich im Menschen selbst zu entdecken und zu verwirklichen. Leid und Böses müssen in diesem Prozess der Selbstentdeckung, der Selbstverwirklichung Gottes im Menschen und in der Welt in Kauf genommen werden. Die Identifizierung des Göttlichen mit dem gesamten, die Notwendigkeit des Übels in Kauf nehmenden Weltprozess ist ein besonders im Neo-Hinduismus recht populärer Antwortversuch auf die Frage nach dem Bösen. Aurobindo interpretiert die gesamte spirituelle Evolution, also die Aufwärtsentwicklung des Menschen zum Göttlichen, als Spiel Gottes.

Noch herrscht ein Leid und Übel erzeugendes Ungleichgewicht zwischen der Natur des Menschen und der Natur der Dinge, und dieses Ungleichgewicht kann nicht von außen, etwa durch politische Institutionen, ausgeglichen werden, son-

---

[22] Vgl.: Gantke, Wolfgang: Religion, Wissenschaft und Leben. Zur Bedeutung der Hermeneutik O. F. Bollnows für die heutige Religionswissenschaft. Cuxhaven/Dartford, 1998.

dern nur durch einen spirituellen Weg nach innen, durch den sogenannten „Integralen Yoga", der sich die Verwirklichung Gottes in uns und in der Welt, die Vergöttlichung des Menschen und der Erde, zum nicht gerade anspruchslosen Ziel gesetzt hat.[23]

Auch dieser neo-hinduistische Antwortversuch auf das Problem des Leides und des Bösen fordert natürlich Rückfragen heraus: Wieso müssen in diesem evolutionären Weltspiel, in dem auch die kurzfristigen Abstiege und Rückschritte die langfristige Aufwärtsentwicklung nicht aufhalten können, so viele Hemmnisse, so viele Grausamkeiten, so viele Sinnwidrigkeiten in Kauf genommen werden? Wieso gibt es in der Vielheitswelt diesen Kampf zwischen Gut und Böse, Vollkommenheit und Unvollkommenheit, absolutem Sein und relativem Werden? Kann es die Opfer wirklich trösten, wenn all das Leid und das Böse auf die Unvollkommenheit des heutigen Menschen, der ein werdender Gott ist, zurückgeführt wird?

Kann es sie wirklich trösten, dass ihr Leid um des Erreichens höherer und edlerer Ziele willen unvermeidlich war und ist? Ist das Glück der einzelnen Menschen in diesem grausamen Welt-Spiel deshalb zweitrangig, weil sie als unvollkommene, unausgeglichene Übergangswesen in Dienst gestellt werden für eine höhere Aufgabe? Warum ist die Welt so unvollkommen und so ungerecht, wie sie heute nun einmal ist? Liegt die Schuld beim Menschen, weil er aufgrund seiner Egoverblendung seine eigentliche Aufgabe auf Erden verfehlt?

Wieso kam es zur Urspaltung, zum Verlust des unmittelbaren Kontaktes mit der Einheit? Wieso hat Gott sich nach einigen Interpretationen gleichsam „riskiert" und selbstvergessen im Welt-Spiel derart verloren, dass er nun auf die Mithilfe

---

[23] Vgl.: Aurobindo Ghose: The Life Divine, 3 Bde., New York, 1951; Gantke, Wolfgang: Aurobindo - ein neo- hinduistischer Denker zwischen Tradtion und Moderne. ZRGG 48,1 (1996), S. 1-19; McDermott. Robert: Sri Aurobindo. Vorbote eines Neuen Zeitalters, Grafing, 1991; Satprem: Sri Aurobindo oder das Abenteuer des Bewußtseins, Weilheim, 1970.

des Menschen angewiesen ist? Droht heute das Experiment Mensch auf Erden deshalb zu scheitern, weil Gott dem Risikofaktor Mensch zu viel an Freiheit (mithin auch an Freiheit zum Bösen) zugebilligt hat?

An dieser Stelle stößt das problemorientierte Weiter- und Nachfragen an unüberschreitbare Grenzen. Wir müssen eingestehen: Auch die im Unterschied zum Ur-Buddhismus ausgesprochen spekulationsfreudige hinduistische Geistigkeit vermag diese letzte und tiefste Frage nach der Herkunft und der Unvermeidlichkeit des Bösen in der Welt nicht wirklich befriedigend zu beantworten. Das Rätsel bleibt. Das Problem des Bösen gehört vielleicht zu jenen Grundproblemen der Menschheit, deren Kennzeichen ihre Unlösbarkeit ist.

Die verschiedenen Antwortversuche der Religionen können nicht mehr als Annäherungen an dieses bleibende Geheimnis sein, das auch den modernen Menschen weiterhin beunruhigt.

Interessant ist aber, dass der Gedanke, dass der mit der Welt und dem Menschen spielende Gott die Menschen aus der Ewigkeit in die Vergänglichkeit, aus der Seligkeit in das Leid, fallen lässt und sie gegen die Annahme des Descartes durchaus auch täuscht (Māyā), im schicksalsergebenen traditionellen Hinduismus vor der Begegnung mit dem Westen keine „metaphysische Revolte" (A. Camus) hervorgerufen hat.

Wenn sich der Mensch aus diesem letztlich gottbewirkten Verblendungszusammenhang aus eigener Kraft nicht zu befreien vermag, so liegt die Schuld nicht nur beim Menschen. Hier ist zu beachten, dass im hinduistischen Kontext zwischen dem Göttlichen und dem Menschlichen nicht scharf getrennt werden kann, liegt doch die Würde des Menschen darin, dass er in nuce göttlich ist. Eine Ursache des Bösen ist die Gottvergessenheit des sich an die irdischen Versuchungen und Vergnügungen verlierenden Menschen.

Im Rahmen der Reinkarnations- und Tatvergeltungslehre kann gegenwärtiges und zukünftiges Unheil auf vergangene Verfehlungen zurückgeführt werden. Man erntet gleichsam, was man sät und ist in dieser Perspektive selbst schuld an einem unglücklichen Schicksal. Dieser Erklärungsversuch des Bösen rückt den Hinduismus in die Nähe einer Leistungsreligion, in der man sich eine glückliche Zukunft gleichsam „verdienen" kann. Der Antwortversuch, dass jeder Mensch für sein glückliches oder unglückliches Schicksal letztlich selbst verantwortlich ist, passt eigentlich recht gut in die Leistungsideologie der Moderne, aber es ist eben nur *ein* Antwortversuch des Hinduismus unter vielen. Immerhin vermag er vielleicht die traditionelle Schicksalsergebenheit, die soziale Gleichgültigkeit und die Akzeptanz des in westlicher Perspektive unakzeptablen Kastenwesens zu erklären.

Für den Hindu besteht immerhin die Chance, dass das angesammelte schlechte Karma durch gute Taten so verringert wird, dass günstigere Wiedergeburtsbedingungen (etwa als Mann oder in einer höheren Kaste) ermöglicht werden. Zudem besteht für jeden Hindu in jedem Leben theoretisch die Chance einer völligen Befreiung vom Geburtenkreislauf. Während der Buddhismus die leidvolle Wiedergeburt grundsätzlich negativ bewertet, finden sich im Hinduismus durchaus unterschiedliche Stellungnahmen, wobei die negative Bewertung zwar überwiegt, aber gerade im Neo-Hinduismus auch die Vorteile dieser Lehre (Reinkarnation als Bewusstseinsabenteuer und Evolutionshilfe) gebührend herausgestellt werden. Westliche Anhänger der Reinkarnationslehre neigen im Gegensatz zum traditionellen Hinduismus dazu, vor allem die positiven Seiten dieser Lehre wahrzunehmen. Die Schmerzhaftigkeit des Wiedertodes wird dabei zumeist ausgeblendet.

Für den Religionswissenschaftler ist es interessant, dass die Karma-Lehre als Antwortversuch auf das Problem des Bösen in jüngster Zeit auch im Westen immer mehr Anhänger zu gewinnen scheint. Die Nähe zur naturwissenschaftlichen Kausalitätshypothese könnte hierbei eine entscheidende Rolle spielen. Es sei aber darauf hingewiesen, dass es im Hinduismus neben den Strömungen, die vor allem auf die Leistungskraft des menschlichen Bewusstseins vertrauen, gerade auch in der eher volksreligiösen Bhakti-Frömmigkeit, das Vertrauen auf Gnade, Barmherzigkeit und die Herabkunft einer uns zur Hilfe kommenden Erscheinungsform Gottes in schwierigen Situationen gibt. Die Bandbreite im Hinduismus reicht also von einer strengen Leistungs- bis hin zu einer Vertrauens- und Gnadenreligion. In der gelebten Hindu-Religiosität finden sich zumeist Mischformen, die die erwünschten feinsäuberliche religionswissenschaftliche Klassifizierungen kaum zulassen.

2.4. Das Böse im Taoismus

Auch der chinesische Taoismus, dessen Lehren auch nach Korea und Japan hineingewirkt haben, kann als eine mystische Einheitsreligion charaktieriert werden, die für die Wirklichkeit in sich polar (Yin-Yang-Prinzip) ist.[24] Alles, was ist, hat (mindestens) zwei Seiten, weshalb es darauf ankommt, Einseitigkeiten zu vermeiden. Wenn die Wirklichkeit als Einheit zweier kontrastierender Momente interpretiert wird, dann muss es, wenn es zu leidverursachenden Ungleichgewichten kommt, um den Ausgleich und um die Wiederherstellung der Harmonie des Ganzen gehen.

Einseitigkeiten können in dieser ganzheitlichen Betrachtungsweise nur von Übel sein, weshalb dieses taoistische Gleichgewichtsparadigma in der gegenwärtigen westlichen Ökologie- und Gesundheitsdiskussion eine bemerkenswerte Popularität erlangt hat, obwohl derartige Zeitgeistanpassungen immer auch Zurechtlegungen von häufig Andersgemeintem an neue Problemkonstellationen implizie-

---

[24] Zum Taoismus allgemein vgl.: Kaltenmark, Max: Lao-Tzu und der Daoismus. Frankfurt/M., 1981; Köhn, Livia: Early Chinese Mysticism: Philosophy and Soteriology in the Taoist Tradition, Princeton, 1992; Robinet, Isabelle: Meditation taoiste. Paris, 1979; Malek, Roman: Der Taoismus. Freiburg/Br. u. a., 1996.

ren. Einseitigkeiten rufen nach der taoistischen Harmonie-Lehre Disharmonien im menschlichen Körper und in der Welt hervor und werden damit zur Bedingung der Möglichkeit für das Entstehen von Krankheit, Leid und Bösem.

Im Taoismus findet sich wie im Buddhismus eine Tendenz, die den Stellenwert der Ethik relativiert. Wenn man sich, wie in jeder am gesunden Menschenverstand orientierten Ethik, an der sich auch der Konfuzianismus maßgeblich orientiert, das Erreichen des Guten bewusst zum Ziel setzt, dann wird damit schon die Existenz des Bösen als des vom Guten Unabhängig-Anderen anerkannt und der Mensch ist bereits aus dem „harmonischen" Bewusstsein der über allen Entgegensetzungen anzusiedelnden Einheit in das disharmonische Bewusstsein der Vielheitswelt mit all ihren Widersprüchen herabgefallen.

Hier zeigt sich eine erstaunliche Nähe zum Heraklitschen Wirklichkeitsverständnis, in dem alles, was ist, aus gegensätzlichen, einander im Gleichgewicht haltenden Eigenschaften besteht und in dem die Welt sich ständig wandelt, obzwar letztlich alles eins bleibt: ein werdendes Ewiges. Leid und Böses können vermieden werden, indem sich der Mensch in diese vorgegebene Harmonie der Gegensätze einfügt. Es handelt sich also um ein, wenn man so will, ökologieförmiges Einfügungsparadigma, das mit dem modernen Bild vom Menschen als einem humanegoistisch-technokratischen Herrn oder gar „Macher" der Natur nicht zu vereinbaren ist. Heideggers umstrittener Seinsbegriff erinnert nicht umsonst an den unbestimmt-unergründlichen Tao-Begriff. Auch er, der den Taoismus schätzte, bezeichnet den Menschen bescheiden als „Hirt des Seins". Nach dem Verlust des unmittelbaren Kontaktes mit dem Tao, der natürlich vorgegebenen Harmonie, muss der Mensch sich ethische und technische Ziele setzen. In Wahrheit entsteht das Ungleichgewicht auf Erden und die Unordnung im Menschen und seinem Staat durch den Abfall vom Tao, vom Einen, und den damit unvermeidlich einhergehenden Individualisierungs- und Isolierungstendenzen. Die Ursache des Bösen liegt also für den Taoisten im Individualisierungsprinzip, im endlich-menschlichen Selbstbehauptungswillen gegenüber dem unendlichen

Tao. Es gilt, diesen menschlichen Eigenwillen um der Wiederherstellung des Kontaktes mit dem unergründlichen Tao willen zu überwinden.

Der eigensüchtige Mensch wird so zur Ursache des Bösen in einer von sich selbst her harmonischen Welt.

Natürlich drängen sich auch bei diesem taoistischen Antwortversuch auf das Problem des Bösen sofort Rückfragen auf. Wird dieses Problem nicht verharmlost, wenn eine natürliche, harmonische, kosmische Ordnung vorausgesetzt wird, in die allererst der eigenwillige Mensch als Kulturwesen Unordnung erzeugt? Ist nicht der Mensch, mit Plessner gesprochen, von Natur aus „künstlich", weshalb „künstliche" Eingriffe in „natürliche" Abläufe, für ihn, der aus der Natur gleichsam „heraussteht" (exzentrische Positionalität), geradezu unvermeidlich sind? Gibt es nicht auch ein Schutzbedürfnis gegenüber den chaotisch-verschlingenden, dunklen Mächten der Natur, die dem Menschen keineswegs nur freundlich gegenübertritt? Auch in diesem Kontext ist wieder an jene Naturkatastrophen zu erinnern, für die der Mensch nicht verantwortlich ist. Ist das im Sinne einer „immanenten Transzendenz" (denn das mysteriöse Tao ist durchaus auch von dieser Welt) religiös gefärbte Naturbild des Taoismus nicht zu positiv gezeichnet? Im Unterschied zu „machtförmigen" westlichen Betrachtungsweisen der Natur (F. Bacon) erscheint die Natur im Taoismus keineswegs als ein Feind, den es zu besiegen und zu beherrschen gilt.

Schließlich ist grundsätzlich zu fragen, ob sich diese alten taoistischen Lehren überhaupt auf unsere heutige Situation übertragen lassen. Sind diese Lehren nur traditions- und kontextimmanent zu verstehen und muss nicht jeder Übertragungs- und Anwendungsversuch den traditionellen Taoismus verzerren und verfälschen? Verbirgt sich im diesseitsorientierten Taoismus nicht eine unreflektierte Naturgläubigkeit, in der die Würde des Menschen zu gering angesetzt wird? Umgekehrt gefragt: Könnte nicht auch ein durch den aktuellen Problemdruck verfälschter Taoismus durchaus hilfreich sein, wenn dadurch ein sinnvoller lebenshermeneutischer Beitrag zur Deutung des Problems des Bösen, unabhängig von texthermeneutischen Unrichtigkeiten, geleistet werden kann? Es ist ja nicht a priori auszuschließen, dass es eine kulturübergreifende religiöse Wahrheit gibt, an die Annäherungen von verschiedenen kulturellen Traditionen möglich sind?

Auch der vielleicht etwas naiv vom Gedanken einer natürlich vorgegebenen, harmonischen Ordnung ausgehende und auf die Vorstellung eines personalen Gottes verzichtende religiöse Antwortversuch des Taoismus auf das Problem des Bösen verdient es, in der heute so wichtigen vergleichenden Menschenbildforschung gebührend beachtet zu werden.

3. Ausblick

Diese Überlegungen zum Problem des Bösen zusammenfassend lässt sich sagen, dass von allen Religionen die Überwindung des Bösen prinzipiell für möglich gehalten wird. Das Böse ist nicht unbesiegbar. Freilich bieten die Religionen recht verschiedene Wege zum Heil an.

Alle Religionen lassen sich durch die Suche nach dem Heil und damit zusammenhängend durch den Versuch einer Leidbewältigung und Überwindung des Bösen charakterisieren.

Gäbe es das Leiden, das Unheil, die Sünde, das Disharmonische, die Unordnung, das Unvollkommene, das Kontingente, das Chaotische, das Ungerechte und die Lüge nicht, also all jene Phänomene, die im weitesten Sinne mit der Existenz von Bösem zu tun haben, dann gäbe es möglicherweise auch keine Religionen. Religion als die Anerkennung unserer Abhängigkeit von Unergründlichem scheint Unheilsbewusstsein vorauszusetzen. Es ist die Frage, ob sich im geschlossenen Denkrahmen eines sich in das Endliche versteifenden menschlichen Selbstbehauptungswillens ein religiöses Bewusstsein, dem in der innerweltlichen Ordnung etwas fehlt und das daher mit „unruhigem Herzen" Gott bzw. Heiliges sucht, überhaupt entwickeln kann.

Das Problem des Bösen beunruhigt in jüngster Zeit auch wieder den säkularisierten, modernen Menschen und ist sicherlich ein Grund für die gegenwärtig diagnostizierte „Wiederkehr von Religion".

In allen Religionen - trotz der Relativierung der Ethik in vielen Formen der Einheitsmystik - wird zwischen dem Guten und dem Bösen in mehr oder weniger scharfer Form unterschieden und in allen Religionen soll der Mensch das Gute tun und das Böse lassen. Dies ist eine bemerkenswerte Übereinstimmung in Grundsätzlichen. Das Böse wird als das Unheile, das Unheilige, als die mehr oder weniger mächtige Gegenkraft Gottes oder des Heiligen gedacht.

Im Unterschied zum Heiligen, das wir als eine unergründliche Kraft bezeichnen, die den Menschen auffängt, trägt, ihm Heil, Gnade und einen tieferen Lebenssinn schenkt, ist das Böse jene ebenfalls unergründliche Kraft, die uns niederzieht, in die Irre und Versuchung führt, täuscht, verblendet und in Unheilssituationen verstrickt.

Die Frage, wie sich diese beiden Kräfte genau zueinander verhalten, muss im Rahmen der Religionswissenschaft, die im Unterschied zu den Religionen bekenntnisfrei bleibt und daher keine eindeutige Antwort gibt, wieder offen bleiben. Durch ihre Antwortungebundenheit unterscheidet sich die Religionswissenschaft von den Theologien der Religionen.

Die Religionswissenschaft kann nur konstatieren, dass sowohl das Gute/Heile/Heilige als auch das Böse/Unheile/Unheilige in allen Religionen auch mit Kräften zu tun haben, die nicht nur menschliche Kräfte sind. Die Tendenz, das Böse als ein bloß subjektives oder psychisches Phänomen nur im Menschen selbst zu lokalisieren, scheint in religionswissenschaftlicher Perspektive eine spezifisch moderne Interpretation, die der Auffassung aller traditionellen Religionen, auch des Buddhismus, widerspricht. Die bleibende Herausforderung des Menschen durch das Böse sollte also keineswegs banalisiert und verharmlost werden. Dazu ist das Thema - gerade auch in unseren Tagen wieder - zu ernst. Der Machtspielraum das Bösen wird von den Religionen unterschiedlich eingeschätzt, doch gehen alle Religionen letztlich von der Übermacht des Guten aus. Alle Religionen lehren, dass in the long run das Gute über das Böse siegen wird. Die Religionswissenschaft unterscheidet sich von den Religionen dadurch, dass sie die Frage nach der Macht und der Zukunft des Bösen offen lässt. Im Unterschied zu den Religionen kann sie keinen „Heilsweg" zur Überwindung des Bösen anbieten. Sie weiß nicht so genau, wie viel Macht das Böse in Zukunft über den nicht-festgelegten, verführbaren Menschen noch gewinnen kann. Während die Religionswissenschaft die Möglichkeit, dass das Böse am Ende doch siegen könnte, nicht a priori ausschließen kann, gehen alle Religionen übereinstimmend davon aus, dass das Böse besiegt werden kann und am Ende auch besiegt wird.

Peter Welsen

Das Böse und das Problem der Freiheit

Wer dem Verhältnis des Bösen zur Freiheit nachgeht, stößt rasch darauf, daß es auf dem Hintergrund des Theodizeeproblems eine besondere Brisanz entfaltet. Immerhin steht auf dem Spiel, wem das Böse – wenigstens im Sinne eines moralischen Übels – letzten Endes zuzuschreiben ist. Es scheint, als böten sich zwei Alternativen an: wäre der Mensch frei, so könnte man sagen, er sei auch Urheber des Bösen und könne dafür zur Verantwortung gezogen werden; wäre er hingegen nicht frei, so träfe gerade dies nicht zu, und man stünde vor der Frage, ob es nicht auf eine andere Instanz – etwa Gott oder die von ihm geschaffene Natur – zurückzuführen wäre. Dann aber wäre zu klären, wie ein Gott, der unmittelbar oder mittelbar als Urheber des Bösen in Erscheinung tritt, noch als Träger derjenigen Eigenschaften in Betracht kommt, die ihm von den großen monotheistischen Religionen traditionell zugeschrieben werden.

Bekanntlich ist Gott nach christlicher – ähnlich wie nach jüdischer und islamischer – Auffassung allmächtig, allgütig und allwissend. Genau diese Lehre wird in der Philosophie der frühen Neuzeit auf breiter Front problematisiert, und zwar angesichts der Übel der Welt. Dazu zählt zunächst alles, was dem Menschen zum Leid gereicht, also Armut, Grausamkeit, Hunger, Krankheit, Naturkatastrophen, politische und soziale Ungerechtigkeit und Unterdrückung sowie schließlich der Tod. Es liegt auf der Hand, daß ein beträchtlicher Teil dieser Übel auf menschliches Verhalten zurückzuführen ist, also dem Bereich moralischen Übels bzw. des Bösen angehört.

Es gibt zwei historische Ereignisse, die im Zusammenhang mit der Debatte um die Theodizee eine wichtige Rolle spielen: der Dreißigjährige Krieg, in dessen Verlauf das Heilige Römische Reich Deutscher Nation die Hälfte seiner Bevölkerung einbüßt, sowie das Erdbeben, das 1755 Lissabon heimsucht und innerhalb kürzester Zeit sechzigtausend Menschen in den Tod reißt. Angesichts dieser Katastrophen erstaunt es nicht, daß zahlreiche Philosophen zu fragen beginnen, wie sich die Übel der Welt damit vereinbaren lassen, daß Gott sowohl allmächtig als auch allgütig ist. Es liegt nahe, eine der beiden folgenden Alternativen zu ergreifen: Gott will die Übel verhindern, aber kann es nicht, so daß er nicht allmächtig wäre, oder er kann sie verhindern, aber will es nicht, so daß er nicht allgütig wäre. Es drängt sich der Verdacht auf, daß die Übel der Welt ein Grund sind, Gott eine der beiden Eigenschaften abzusprechen, die angeblich sein Wesen ausmachen. In der Philosophie der Neuzeit gibt es eine Reihe von Versuchen, diese Schwierigkeit zu beheben. Sie zielen darauf ab, Gott gegen den skizzierten Vorwurf zu verteidigen. Mit einem Ausdruck, der auf die griechischen Etyma θεός (Gott) und δίκη (Recht, Gerechtigkeit) zurückgeht, wird solch eine Rechtfertigung Gottes angesichts der Übel der Welt gewöhnlich als Theodizee bezeichnet.

Offenbar müssen zwei Voraussetzungen erfüllt sein, damit das Problem der Theodizee auftreten kann. Es handelt sich darum, daß Gott existiert und daß er dies im Singular tut. Gäbe es kein göttliches Wesen, so wäre es müßig, sich den Kopf über seine Eigenschaften zu zerbrechen. Für einen Atheisten stellen die Übel der Welt zumindest insofern keine Schwierigkeit dar, als kein Gott existiert, den man zur Rechenschaft ziehen müßte. Aber auch für Anhänger einer Religion, die von der Existenz mehrerer Götter ausgeht, stellt sich nicht die Frage nach der Rechtfertigung des einen Gottes, der allmächtig und allgütig ist. So laufen dualistische Auffassungen, wie man sie z. B. in der Gnosis, dem Manichäismus oder der iranischen Zarathustra-Religion antrifft, darauf hinaus, daß die positiven Aspekte der Wirklichkeit einem guten und die negativen einem schlechten Gott zugeschrieben werden. Geht man von der Existenz einer noch größeren Anzahl von Göttern aus, so läßt sich die Schwierigkeit auf ähnliche Weise vermeiden, und das gilt auch für die Konzeption eines ambivalenten Gottes, der Gut und Böse in sich vereint. Anscheinend besitzen Religionen wie die geschilderten den Vorzug, auf Anhieb mit der Beschaffenheit der Welt übereinzustimmen.

Es drängt sich die Frage auf, warum sich der Monotheismus trotzdem in weiten Teilen der Welt durchgesetzt hat. Vielleicht liegt es daran, daß die Annahme eines allmächtigen und allgütigen Gottes für die Menschen attraktiv ist, weil dieser ein höheres Maß an Heil als andere Götter verheißt. Zwar fände dieses Heil im Jenseits statt, doch es wäre geeignet, die Übel der Welt aufzuwiegen und auf diese Weise der empirischen Wirklichkeit einen Sinn zu verleihen. Ob allerdings die bloße Attraktivität einer Religion ausreicht, um ihr Überzeugungskraft zu verleihen, darf bezweifelt werden. Worauf es ankommt, sind vielmehr die Argumente, die für oder gegen die Auffassung sprechen, Gott sei zugleich allmächtig und allgütig.

I

Die erste bedeutende Schrift, die dem Problem der Theodizee gewidmet ist, stammt von Leibniz und trägt den Titel *Essais de théodicée sur la bonté de Dieu, la liberté de l'homme et l'origine du mal* (1710)[1]. Leibniz ist – zusammen mit Descartes und Spinoza – einer der führenden Vertreter des Rationalismus, der die kontinentaleuropäische Philosophie des 17. und eines beträchtlichen Teils des 18. Jahrhunderts entscheidend prägte. Es ist kennzeichnend für die Rationalisten, daß sie glaubten, die reine, von der Erfahrung losgelöste Vernunft sei in der Lage, eine inhaltliche Erkenntnis der Wirklichkeit zu liefern. Mehr noch,

---

[1] G. W. Leibniz, Versuche in der Theodicée über die Güte Gottes, die Freiheit des Menschen und den Ursprung des Übels, Hamburg 1996.

diese Erkenntnis ist – nach Auffassung der Rationalisten – von einer Gewißheit, die es mit derjenigen der Logik oder Mathematik aufnehmen kann.

Wie bereits angedeutet wurde, setzt das Problem der Theodizee die Existenz eines göttlichen Wesens voraus, die Leibniz als Rationalist mit den Mitteln reiner Vernunft nachzuweisen versucht. Zwar legt Leibniz mehrere Gottesbeweise vor, aber das ausschlaggebende Argument ist das ontologische, und zwar deshalb, weil es sich auf reine Vernunft stützt, also ohne Erfahrung auskommt. In seiner ausgereiftesten Fassung bietet es sich wie folgt dar:

Etwas, zu dessen Wesenheit die Existenz gehört, existiert notwendig;

Gott ist etwas, zu dessen Wesenheit die Existenz gehört;

also existiert Gott notwendig.[2]

Angesichts der Tatsache, daß Leibniz in Gott den Schöpfer der Welt erblickt, schreibt er ihm einen Verstand, einen Willen und Macht zu. Nach seiner Auffassung bedarf Gott nämlich eines Verstandes, um die möglichen Welten, die sich zur Realisierung anbieten, zu erkennen, eines Willens, um sich für eine von ihnen zu entscheiden, sowie schließlich der Macht, um diese hervorzubringen. Nun ist Leibniz überzeugt, daß Gott ein vollkommenes Wesen ist, und das bedeutet für ihn, daß dies auch in Hinblick auf die drei genannten Fähigkeiten gilt. Deshalb betrachtet er Gott als allmächtig, allgütig und allweise.[3] Dann aber leuchtet es auch ein, daß sich Gott vom Prinzip des Besten leiten läßt, das eine der Formen des Satzes vom zureichenden Grund ist. Nach diesem Prinzip liegt es im Wesen Gottes, stets das Beste zu tun. Wendet man dieses Prinzip auf die Schöpfung der Welt an, so ergibt sich daraus, daß Gott nicht umhin kann, von den vielen Welten, die es in seinem Denken gibt, die beste zu realisieren. Man

---

[2] Vgl. G. W. Leibniz, Die philosophischen Schriften, Bd. I, Hildesheim 1973, 212 u. 223.
[3] Vgl. Theodicée, 96 u. G. W. Leibniz: Die Vernunftprinzipien der Natur und der Gnade, in: Hauptschriften zur Grundlegung der Philosophie. Teil II, Hamburg 1996, 597.

könnte also sagen, daß Gott – dem Prinzip des Besten zufolge – die beste aller möglichen Welten schafft. Genau diese Einsicht bildet den Dreh- und Angelpunkt des von Leibniz unternommenen Versuchs, Gott angesichts der Übel der Welt zu rechtfertigen.

Leibniz unterscheidet zwischen drei Arten von Übeln, dem metaphysischen, dem moralischen und dem physischen. Was das erstere anbelangt, so besteht es darin, daß die Welt als endliche weniger gut als ihr unendlicher Schöpfer ist. Es macht geradezu ihr Wesen aus, daß sie in diesem, also im metaphysischen Sinne ein Übel ist. Mit der Endlichkeit der Welt ist die ontologische Voraussetzung dafür genannt, daß es auch ein moralisches sowie ein physisches Übel gibt. Allerdings sind diese nicht notwendig, sondern lediglich zufällig.

Das moralische Übel setzt Leibniz mit der Sünde gleich. Es liegt auf der Hand, daß ein enger Zusammenhang zwischen der Sünde auf der einen und der menschlichen Freiheit auf der anderen Seite besteht. Ist der Mensch frei, eine Handlung durchzuführen oder zu unterlassen, so kann man ihn dafür zur Rechenschaft ziehen, andernfalls wäre das wenig sinnvoll. Mehr noch, kann man das moralische Übel dem Menschen anlasten, so scheint es, als komme Gott nicht mehr als sein Urheber in Betracht. Vergegenwärtigt man sich, daß nach dem Satz vom zureichenden Grunde alles, was geschieht, durch eine Ursache bewirkt wird, so ist nicht ohne weiteres nachzuvollziehen, daß der Mensch in der Lage ist, aus Freiheit zu handeln. Aber auch damit, daß Gott allwissend ist, läßt sich die Freiheit nicht auf Anhieb vereinbaren. Um diese Schwierigkeit zu beheben, unterscheidet Leibniz zwischen zwei Arten der Notwendigkeit, die er als absolute bzw. hypothetische Notwendigkeit bezeichnet. Während sich erstere auf Sachverhalte bezieht, deren Gegenteil schlechterdings nicht der Fall sein kann, wie sie z. B. in der Logik oder Mathematik begegnen, läuft letztere darauf hinaus, daß auch kontingenten Ereignissen eine Ursache zugrunde liegt, die sie herbeiführt. Für das Handeln des Menschen bedeutet dies, daß es von entsprechenden Neigungen determiniert wird. Fällt es lediglich unter den Begriff der hypothetischen, nicht aber unter denjenigen der absoluten Notwendigkeit, so genügt dies Leibniz, um den Menschen in moralischer Hinsicht als frei zu betrachten.

Allerdings ließe sich dann immer noch einwenden, daß Gott das moralische Übel, das er zugegebenermaßen nicht bewirkt, dennoch zu dulden scheint. Dies aber würde bedeuten, daß er entweder nicht fähig oder nicht willens ist, es zu verhindern, so daß man ihm die Allmacht oder die Allgüte absprechen müßte. Der französische Aufklärer Pierre Bayle, der mit einer Reihe von Anmerkungen in seinem *Dictionnaire historique et critique* (1695-97) den Anstoß dafür gegeben hatte, daß Leibniz die *Theodizee* verfaßte, spitzt diesen Einwand folgendermaßen zu: „Es kann also dem unendlich guten Wesen nicht entsprechen, den Kreaturen einen freien Willen zu verleihen, dessen Anwendung sie, wie es ganz sicher weiß, unglücklich macht. Gibt es ihnen also diesen freien Willen, so verbindet es damit die Fähigkeit, ihn immer richtig anzuwenden, und gestattet nicht, daß sie die Anwendung dieser Fähigkeit bei irgendeiner Gelegenheit unterlassen: und wenn es kein Mittel zur Festlegung des richtigen Gebrauchs seines freien Willens gäbe, dann würde es ihnen eher diese Fähigkeit genommen haben, als mitanzusehen, was sie ihnen zum Unglück gereicht."[4]

Darauf entgegnet Leibniz, daß es Gott keineswegs darauf ankomme, ob der Mensch glücklich oder unglücklich sei, ob er sündige oder nicht, sondern daß sein Anliegen die Welt als ganze sei, und daß er diese nach dem Prinzip des Besten eingerichtet habe. Mit anderen Worten, es wäre Gott zwar möglich, eine Welt ohne moralisches Übel zu schaffen, nur wäre dies nicht die beste. Folgt man dieser Argumentation, so muß man auch zugeben, Gott habe das moralische Übel gewollt. Allerdings mildert Leibniz diese Härte dadurch ab, daß er zwischen einem antizipierenden und einem nachfolgenden Willen unterscheidet. Während sich ersterer auf jedes einzelne Gut – z. B. das Glück des Menschen – bezieht, geht es letzterem – gemäß dem Prinzip des Besten – um die Welt als

---

[4] Zitiert nach Theodicée, 170 f.

ganze. Demnach würde Gott das moralische Übel nur mit dem nachfolgenden, nicht jedoch mit dem antizipierenden Willen billigen oder dulden. Angesichts dieser Überlegungen drängt sich die Frage auf, inwieweit eine Welt, die von moralischem Übel gekennzeichnet ist, tatsächlich einer Welt vorzuziehen ist, die frei davon wäre. Dies im einzelnen nachweisen zu wollen, hält Leibniz freilich für verfehlt. Er begnügt sich damit, auf das Prinzip des Besten zu verweisen, und zieht sich ansonsten darauf zurück, daß dem Menschen eine weitergehende Einsicht verwehrt ist.

Das physische Übel wird von Leibniz durch mehrere Überlegungen gerechtfertigt. So macht er zunächst geltend, daß das Gute in der Welt überwiegt. Tritt dennoch physisches Übel auf, so ist es teils als Strafe für das moralische Übel, teils aber als Mittel zu verstehen, ein größeres Gut zu verwirklichen. Selbst die ewigen Höllenstrafen stellen für Leibniz insofern keine Schwierigkeit dar, als sie aus der ewigen Verstocktheit der Sünder resultieren. Entscheidend ist jedoch das Prinzip des Besten, auf das Leibniz auch zurückgreift, um das physische Übel einsichtig zu machen. In der Tat macht das Prinzip des Besten die anderen Argumente überflüssig. Steht nämlich *a priori* fest, daß Gott die beste aller möglichen Welten geschaffen hat, so bedarf es keiner Gründe *a posteriori* mehr, um Gott zu entlasten. Damit aber eröffnet das Prinzip des Besten die Möglichkeit, jeden beliebigen Zustand der empirischen Wirklichkeit mit der Existenz eines allmächtigen und allgütigen Gottes zu vereinbaren.

II

Sieht man etwas genauer hin, so zeigt sich jedoch, daß das Prinzip des Besten nur dann geeignet ist, Gott gegen den Vorwurf zu verteidigen, er lasse das moralische Übel zu, wenn die Existenz eines göttlichen Wesens mit den Mitteln reiner Vernunft nachgewiesen werden kann. Ist seine Existenz hingegen problematisch, so ist es wenig sinnvoll, ihm notwendige Eigenschaften wie z.B. diejenige zuzuschreiben, es liege in seinem Wesen, stets das Beste zu tun. Anders als Leibniz glaubt Kant nicht mehr daran, reine Vernunft reiche aus, um zu einer inhaltlichen Erkenntnis der Wirklichkeit zu gelangen. Nach seiner Auffassung bedarf es dazu der Erfahrung, die eine Synthese von Anschauung und Begriff ist. Überträgt man diese Einsicht auf die Gegenstände der traditionellen Metaphysik, d. h. die Seele, den Kosmos als ganzen und Gott, so zeigt sich, daß sie sich – mangels Anschauung – nicht theoretisch erkennen lassen. Aussagen, die sich auf diese Gegenstände beziehen, sind aus der Perspektive von Kants theoretischer Philosophie weder wahr noch falsch, sondern sinnlos.

Auf diesem Hintergrund überrascht es nicht, daß Kant die Gottesbeweise der abendländischen Metaphysik, also auch das ontologische Argument, zurückweist. Der entscheidende Einwand setzt voraus, daß es unterschiedliche Arten von Prädikaten gibt: solche, die ausdrücken, was zum Wesen eines Gegenstandes gehört (reale Prädikate), solche, die einen Subjektsbegriff mit einem Prädikatsbegriff verbinden (logische Prädikate), und solche, die sich auf die Existenz von Gegenständen beziehen. Während ein Urteil, in dem einem Gegenstand ein reales Prädikat zugeschrieben wird, analytisch wahr oder falsch ist, kann ein Urteil über seine Existenz lediglich synthetisch wahr sein. Demnach läge ein Widerspruch in der Behauptung, ein Dreieck habe nicht drei Winkel, nicht aber in jener, Gott existiere nicht. Um über die Existenz eines Gegenstandes zu urteilen, muß man über seinen Begriff hinausgehen und eine andere Instanz – z. B. die Erfahrung – befragen. Da aber Gott kein Gegenstand der Erfahrung ist und keine andere Instanz zur Verfügung steht, die einen objektiven Zugang zu ihm ermöglichte, läßt sich nichts darüber sagen, ob er existiert.

Nun könnte man einwenden, daß es selbst dann, wenn die Existenz eines göttlichen Wesens dahingestellt bliebe, möglich wäre, das Prinzip des Besten in abgeschwächter Form zu verteidigen. Das liefe darauf hinaus, daß behauptet würde,

Gott könne, falls er tatsächlich existierte, nur das Beste tun. Wirft man einen Blick auf die Argumentation, die Leibniz vorschlägt, um Gott diese Eigenschaft zuzuschreiben, so stößt man darauf, daß er zunächst annimmt, Gott besitze einen Verstand, einen Willen sowie Macht, ihn dann als vollkommenes Wesen charakterisiert, um schließlich zu folgern, Gott könne nicht umhin, stets das Beste zu tun. Freilich sind die Prämissen dieses Schlusses keineswegs überzeugend. Es mag durchaus möglich sein, daß Gott so beschaffen ist, doch zwingend nachgewiesen werden kann das gewiß nicht. Vielmehr drängt sich der Eindruck auf, Leibniz sei einem Anthropomorphismus erlegen. Unter dieser Voraussetzung ist das Prinzip des Besten auch in seiner abgeschwächten Form nicht haltbar. Es brächte lediglich eine mögliche, nicht aber eine wirkliche oder gar notwendige Eigenschaft eines göttlichen Wesens zum Ausdruck, dessen Existenz ohnedies problematisch wäre.

Wie bereits erläutert wurde, macht sich Leibniz gerade das Prinzip des Besten zunutze, um den von Bayle erhobenen Einwand zurückzuweisen, es sei nicht nachzuvollziehen, wie ein allgütiger Gott dem Menschen mit der Freiheit ein Geschenk habe machen können, das ihn lediglich dazu befähige, das moralisches Übel in die Welt zu setzen. Hat sich der Beweis für dieses Prinzip als brüchig erwiesen, so scheint es, als stelle sich folgende Aporie ein: entweder der Mensch ist nicht frei, und er kommt nicht als Urheber des Bösen in Betracht, oder aber er ist frei, und er kann sich entscheiden, moralisch gut oder schlecht zu handeln, doch seine Freiheit wäre als Ursache des Bösen nicht ihm selbst, sondern Gott anzulasten. Ein allgütiger Gott müßte ein Übel, das er verhindern kann, auch tatsächlich verhindern. Wollte er das nicht, so wäre er nicht allgütig, wollte er hingegen, ohne es zu können, so wäre er nicht allmächtig. Damit wäre das moralische Übel ein Phänomen, das die Aussichten, die theistische Vorstellung eines allmächtigen und allgütigen Gottes mit rationalen Gründen zu verteidigen, einigermaßen ungünstig erscheinen läßt.

III

Zwar steht inzwischen soviel fest, daß ein Rekurs auf die menschliche Freiheit wenig geeignet ist, Gott gegen den Vorwurf in Schutz zu nehmen, er lasse das Böse bzw. das moralische Übel zu, doch es blieb noch ungeklärt, wie Freiheit zu verstehen sei, um den Menschen für sein Tun verantwortlich zu machen. Wendet man sich erneut Leibniz zu, so stößt man zunächst darauf, daß er eine deterministische Position einnimmt. Es wurde bereits angedeutet, daß Leibniz den Satz vom zureichenden Grund aufstellt, nach welchem alles, was geschieht, durch eine Ursache bewirkt wird. Für das Handeln des Menschen bedeutet dies, daß es – wie alle Ereignisse in der Natur – determiniert ist. So betont Leibniz in aller Entschiedenheit: „Beim Menschen wie auch sonst überall ist also alles gewiß und im voraus bestimmt und die menschliche Seele ist eine Art *geistiger Automat*."[5]

Man könnte sich fragen, wie das mit dem Versuch zusammenpaßt, das moralische Übel auf die Freiheit des Menschen zu schieben. Leibniz führt zwei Distinktionen ein, um dieses Ziel zu erreichen, und zwar unterscheidet er zum einen zwischen der Handlungs- und der Willensfreiheit und zum anderen zwischen der hypothetischen und der absoluten Notwendigkeit. Was die erstere Distinktion anbelangt, so läuft sie darauf hinaus, daß der Mensch unter bestimmten Umständen frei ist, so zu handeln, wie er will. Dies wäre genau dann der Fall, wenn seinem Willen kein äußeres Hindernis entgegenstünde. Diese Art von Freiheit, nämlich die Handlungsfreiheit, gesteht Leibniz dem Menschen durchaus zu. Freilich sei damit, daß der Mensch tun könne, was er wolle, keineswegs ausgemacht, daß er auch über die Willensfreiheit verfüge. Diese bestünde darin, daß der Mensch bestimmen könnte, was er wolle. Genau dies bestreitet Leibniz: „Von dem *Wollen* selbst kann man nun nicht recht sagen, es sei ein Gegenstand des freien Willens. Richtig gesprochen, wollen wir handeln und nicht wollen,

---

[5] Theodicée, 123.

sonst könnten wir ja weiter sagen, wir wollen den Willen haben zu wollen und so weiter in infinitum."[6] Demnach wäre es zwar möglich, daß der Mensch im Sinne der Handlungsfreiheit ohne äußeren Zwang handelt, dabei aber von seinen Neigungen – also von innen – determiniert ist. Hat aber der Mensch keinen Einfluß auf seine Neigungen, sondern wird er von ihnen einfach bestimmt, so scheint es schwierig, ihn für seine Handlungen – und damit auch das moralische Übel – zur Verantwortung zu ziehen. In diesem Sinne macht Kant gegen Leibniz geltend: „[W]enn die Freiheit unseres Willens keine andere als die letztere (etwa die psychologische und komparative, nicht transzendentale, d. i. absolute zugleich) wäre, so würde sie im Grunde nichts besser, als die Freiheit eines Bratenwenders sein, der auch, wenn er einmal aufgezogen worden, von selbst seine Bewegungen verrichtet."[7]

Freilich bleibt Leibniz noch die Möglichkeit, die Determination menschlichen Handelns durch die Neigungen, die seinen Willen ausmachen, zu relativieren. Dies gelingt ihm dadurch, daß er zwischen einer hypothetischen und einer absoluten Notwendigkeit differenziert. Während letztere bei Sachverhalten anzutreffen sei, deren Gegenteil schlechterdings nicht der Fall sein könne, wie sie z. B. in der Logik oder Mathematik aufträten, beschränke sich erstere darauf, daß auch kontingente Ereignisse durch Ursachen bestimmt würden. Sicherlich ist es richtig, daß die Determination empirischer Ereignisse wie z.B. menschlicher Handlungen nicht in dem strengen Sinne notwendig ist, wie das auf logische oder mathematische Sachverhalte zutrifft. Allerdings geht Leibniz einen Schritt weiter, indem er erklärt, auf diesem Hintergrund sei der Mensch trotz der Determination seiner Handlungen durch seine Neigungen letzten Endes frei: „Es gibt also eine Freiheit des Zufälligen oder eine auf Indifferenz beruhende, wofern man unter *Indifferenz* versteht, es gebe keinen Zwang für diesen oder jenen

---

[6] Theodicée, 123.
[7] Vgl. I. Kant: Kritik der praktischen Vernunft, in: Werkausgabe. Bd. VII, hrsg. v. W. Weischedel, Frankfurt a. M. 1968, A 174.

Entschluß; aber es gibt niemals ein indifferentes Gleichgewicht, d. h. einen Zustand, wo die Bedingungen auf beiden Seiten vollständig gleich sind, und wo keine stärkere Neigung für die eine Seite vorhanden ist. Unendlich viele große und kleine Bewegungen in uns und außer uns wirken, meistenteils unbemerkt, auf uns ein; ich wies schon darauf hin, daß es beim Verlassen eines Zimmers Gründe gibt, die uns bewegen, einen bestimmten Fuß voranzusetzen, ohne daß man darauf achtet."[8] Es liegt auf der Hand, daß die Distinktion zwischen hypothetischer und absoluter Notwendigkeit ungeeignet ist, der Freiheit des Menschen ein Refugium zu verschaffen. Um ein Ereignis als determiniert einzustufen, wird niemand ernsthaft fordern, es müsse mit absoluter Notwendigkeit eintreten, sondern die Notwendigkeit empirischer Ereignisse beschränkt sich darauf, daß sie nach Naturgesetzen verlaufen, und deren Gültigkeit ist eben bloß hypothetisch. Daher erscheint es unangemessen, empirische Ereignisse als frei zu bezeichnen, weil sie nicht absolut notwendig sind. Leibniz indessen fordert einen Grad an Notwendigkeit, den empirische Ereignisse nicht erreichen können, um die Möglichkeit ihrer Freiheit – in Hinblick auf menschliche Handlungen – zu sichern.

Man kann also zusammenfassend feststellen, daß Leibniz einerseits versucht, den Menschen mit Freiheit auszustatten, um ihm das moralische Übel anzulasten, anderseits aber keine überzeugende Konzeption der menschlichen Freiheit vorlegt. Weder reicht bloße Handlungsfreiheit, um den Menschen für das Böse zur Verantwortung zu ziehen, noch gelingt der Versuch, die Determination menschlichen Handelns dadurch zu durchbrechen, daß ihr keine absolute, sondern nur hypothetische Notwendigkeit zugeschrieben wird. Damit aber nimmt Leibniz eine Position ein, die seinem Anliegen einer Rechtfertigung Gottes angesichts der Übel der Welt wenig förderlich ist.

---

[8] Theodicée, 120.

IV

Abschließend ist auf zwei Fragen einzugehen, die einstweilen offengeblieben sind. Die erste zielt darauf ab, ob der Mensch tatsächlich frei ist oder nicht. Zwar spricht vieles dafür, daß Gott unabhängig davon, wie die Antwort ausfällt, für das Böse verantwortlich ist, doch die Frage nach der Freiheit ist auch aus anderen – z. B. ethischen – Gründen zu wichtig, als daß sie ohne weiteres vernachlässigt werden könnte. Wirft man einen Blick in die einschlägige Literatur, so kann man feststellen, daß die zahlreichen Versuche, die These der menschlichen Freiheit mit theoretischen Argumenten zu verteidigen oder zu widerlegen, zum Scheitern verurteilt sind. Um nämlich zu zeigen, daß alle Ereignisse determiniert sind, müßten zwei Voraussetzungen erfüllt sein: erstens müßten alle Ereignisse bekannt sein, und zweitens müßte man den Nachweis führen, daß jedes von ihnen tatsächlich nach einem kausalen Gesetz von einem anderen bewirkt wird. Offenbar ist dies aber nicht möglich. Das liegt zum einen daran, daß die Zahl der Ereignisse unendlich ist, und zum anderen daran, daß kausale Gesetze lediglich hypothetisch gelten. Selbst wenn sich ein Ereignis kausal erklären ließe, würde dies nicht implizieren, daß es wirklich determiniert ist. Um dies zu behaupten, müßte das kausale Gesetz, nach welchem es bewirkt wird, ein höheres Maß an Gewißheit als eine bloße Hypothese besitzen. Anderseits ist es ebenso unangemessen, zugunsten der menschlichen Freiheit darauf hinzuweisen, daß es Handlungen gibt, die nicht kausal erklärbar sind. Daß es für ein Ereignis zu einem bestimmten Zeitpunkt keine derartige Erklärung gibt, schließt keineswegs die Möglichkeit aus, sie zu einem späteren Zeitpunkt zu liefern. Dies aber bedeutet, daß eine determinierte Wirklichkeit letzten Endes ebenso denkbar ist wie eine indeterminierte, ohne daß sich ein strenger Beweis zugunsten einer der beiden Alternativen führen ließe.[9]

Nichtsdestoweniger scheint es, als sei der Indeterminismus im Vergleich zum Determinismus überzeugender. Das hat zunächst damit zu tun, daß er eine

---

[9] Vgl. a. F. v. Kutschera, Grundfragen der Erkenntnistheorie, Berlin / New York 1981, 285 f.

schwächere – und daher leichter zu rechtfertigende – Annahme beinhaltet. Während der Determinismus behauptet, alle Ereignisse seien durch kausale Gesetze bestimmt, kann sich der Indeterminismus damit begnügen, daß nicht etwa alle, sondern bloß einige Ereignisse diese Eigenschaft besitzen. Mehr noch, er muß keineswegs das menschliche Verhalten insgesamt, sondern lediglich einen Teil desselben als frei einstufen. Obgleich diese Position – theoretisch betrachtet – eine bloße Möglichkeit darstellt, gibt es eine Reihe praktischer Gründe, welche sie überaus plausibel erscheinen lassen. Abgesehen davon, daß sich die meisten Menschen selbst als freie Wesen verstehen und sich dementsprechend verhalten, gibt es Bereiche menschlichen Verhaltens, die sich ohne die Annahme der Freiheit kaum angemessen begreifen lassen.

Wendet man sich dem Phänomen der Erkenntnis zu, so stößt man darauf, daß es in grundlegender Weise von der Voraussetzung der Freiheit geprägt ist. Wenn jemand eine kognitiv belangvolle, wahre Aussage macht, so heißt dies nämlich, daß er sich im Ausgang von Gründen davon überzeugt hat, daß der behauptete Sachverhalt besteht, und er das entsprechende Urteil aus freier Zustimmung – und nicht etwa aus Zwang – fällt. Wäre hingegen letzteres der Fall, so könnte man das Urteil nicht ernster nehmen als die Äußerung einer Person, die unter dem Einfluß von Drogen oder einer schweren psychischen Erkrankung steht und deshalb gar keine Möglichkeit hat, anders zu urteilen, als sie es tut. Es liegt auf der Hand, daß auch Vorgänge wie das Argumentieren und Überzeugen von der Annahme der Freiheit abhängen. Ginge man davon aus, daß der Mensch dabei determiniert wäre, so wäre es ein sinnloses Unterfangen, jemanden mit Gründen dazu zu bewegen, einem wahren Urteil zuzustimmen. Das liegt daran, daß die Person, die es zu überzeugen gälte, so beschaffen wäre, daß bereits feststünde, wie sie unter den jeweiligen Umständen urteilen würde. Dazu käme, daß auch diejenige Person, die den Versuch einer Überzeugung initiieren würde, determiniert wäre, eine bestimmte Auffassung zu vertreten. Mit anderen Worten, der auf die Überzeugung des anderen abzielende Austausch von Argumenten wäre ein Vorgang, der dergestalt von Ursachen bestimmt wäre, daß beide Beteiligten von diesen manipuliert wären. Ohne die Voraussetzung der Freiheit dürfte also der Versuch, ein adäquates Verständnis des kognitiven Verhaltens des Menschen zu gewinnen, zum Scheitern verurteilt sein.[10]

Ähnliches trifft natürlich auf das Phänomen des moralischen Handelns zu. Konfrontiert man Menschen mit ethischen Normen, so geht man davon aus, daß sie sich frei entscheiden können, sich diese zu eigen zu machen und nach ihnen zu richten oder sie aber zu verwerfen. Ließe man hingegen diese Annahme fallen, so wären ethische Normen lediglich ein Mittel der sozialen Dressur, das dem Zweck diente, Menschen durch Verheißung von Lohn und Strafe zu einem bestimmten gesellschaftlich erwünschten Verhalten zu konditionieren. Es wäre dann auch verfehlt, jemanden für sein Handeln moralisch zur Verantwortung zu ziehen, da es nicht in seiner Macht stünde, dieses selbst zu bestimmen. Sogar das Aufstellen und die Durchsetzung von Normen wären im Rahmen eines konsequent zu Ende gedachten Determinismus gänzlich durch kausalen Ursachen geregelt. Es braucht nicht eigens erläutert zu werden, welche Folgen sich daraus für die Geltung ethischer Normen ergäben. Man kann also resümieren, daß der Determinismus auf eine Position hinausläuft, die sich vielleicht am treffendsten mit den Worten „Jenseits von Freiheit und Würde"[11] charakterisieren läßt. Auf

---

[10] Demgegenüber vertritt Mackie die Auffassung, das Problem lasse sich auch im Rahmen eines deterministischen Ansatzes befriedigend lösen. Er differenziert zunächst zwischen angemessenen und unangemessenen Ursachen eines Urteils, um dann zu behaupten, ein solches müsse zwar auf keiner freien Entscheidung, wohl aber auf einer angemessenen Ursache (z.B. entsprechenden Sinneseindrücken oder theoretischen Überzeugungen) beruhen. Vgl. J. L. Mackie, Das Wunder des Theismus, Stuttgart 1985, 272 f. – Daran ist auszusetzen, daß auf diese Weise der Prozeß des Überzeugens darauf hinausliefe, Menschen so zu manipulieren, daß sie einem Urteil unter dem Einfluß angemessener Ursachen ihre Zustimmung geben. Ferner müßte sich Mackie gefallen lassen, daß man seine Theorie auf seine eigenen Überlegungen anwendet. Er müßte dann einräumen, daß er aufgrund angemessener Ursachen – etwa seiner psychischen Struktur sowie gewisser äußerer Faktoren – kausal dazu genötigt wäre, die Lehre von der Determination durch angemessene Ursachen zu vertreten und anderen Menschen näherzubringen.

[11] Dies ist der Titel eines Buches, das aus der Feder eines bekennenden Deterministen stammt: B. F. Skinner, Beyond Freedom and Dignity, New York, 1971.

diesem Hintergrund ist es nicht weiter erstaunlich, daß die überwiegende Mehrheit der Deterministen ihre Lehre allenfalls theoretisch, nicht aber in der eigenen Lebenspraxis durchhält.

Nachdem sich herausgestellt hat, daß sich die Freiheit des Menschen zwar nicht im strengen Sinne beweisbar ist, wohl aber eine überaus plausible Annahme darstellt, ohne die sich weder das kognitive noch das moralische Verhalten des Menschen angemessen begreifen läßt, ist auf eine zweite Frage einzugehen, die bislang vernachlässigt wurde. Es handelt sich darum, daß die Probleme der Existenz sowie der Eigenschaften eines göttlichen Wesens mit den Mitteln der Vernunft untersucht wurden und daß sich im Zuge dieses Unternehmens die Aussichten, Gott angesichts der Übel der Welt zu rechtfertigen, als gering erwiesen haben. Nun drängt sich die Vermutung auf, daß sich dies ändern könnte, wenn man – statt die Vernunft zu bemühen – auf den Glauben setzt, um Gott zu verteidigen. Auf den ersten Blick sind die Übel der Welt durchaus ein guter Grund, dem Glauben an einen allmächtigen, allgütigen Gott eine Absage zu erteilen. Wer sich jedoch vom Glauben tragen läßt, ohne sich an der Diskrepanz zwischen den angeblichen Eigenschaften seines Gottes und der empirischen Wirklichkeit zu stoßen, wird auch in der Lage sein, die Übel, an denen sie leidet, mit dessen Allmacht und Allgüte zu vereinbaren. Man könnte sich darauf zurückziehen, daß ein Gott, der das Böse zuläßt, zwar nicht begreifbar, aber wenigstens möglich ist. Selbst ein dezidierter Atheist wie Schopenhauer hält diese Lösung für konsistent: „Denn daß ein allmächtiges und dabei allweises Wesen eine gequälte Welt schaffe, läßt sich immer noch denken, wenn gleich wir das Warum dazu nicht kennen: daher, selbst wenn man demselben auch noch die Eigenschaft der höchsten Güte beilegt, die Unerforschlichkeit seines Rathschlusses die Ausflucht wird, durch welche eine solche Lehre immer noch dem Vorwurf der Absurdität entgeht."[12] Ob aber der Glaube an einen Gott, der zwar allmächtig und allgütig, aber unbegreiflich ist, oder ein Verzicht darauf, der ebenso in eine

---

[12] A. Schopenhauer, Parerga und Paralipomena, Bd. II, Zürich 1977, 113.

dualistische Weltanschauung wie in den Agnostizismus oder gar Atheismus münden kann, vorzuziehen sei, ist eine Entscheidung, die ein jeder letzten Endes selbst treffen muss. Es scheint nicht ganz unangemessen, sich in dieser Hinsicht an Fichte zu halten, der in seinem *Versuch einer neuen Darstellung der Wissenschaftslehre* von 1797/98 erklärt: „Was für eine Philosophie man wähle, hängt sonach davon ab, was man für ein Mensch ist: denn ein philosophisches System ist nicht ein toter Hausrat, den man ablegen oder annehmen könne, wie es uns beliebte, sondern es ist beseelt durch die Seele des Menschen, der es hat."[13]

---

[13] J. G. Fichte, Versuch einer neuen Darstellung der Wissenschaftslehre, Hamburg ²1984, 17.

Hans-Klaus Keul

Die verkehrte Ordnung des Sittlichen.
Zu Kants Philosophie des radikal Bösen

I

Kants kritische Moral ist eine Philosophie der Freiheit, die das Selbstverständnis der Moderne von Grund auf prägt. „Es ist ein großer Fortschritt," – würdigt einmal Hegel bei aller Kritik am Subjektivismus Kants Philosophie der Moral – „daß dies Prinzip aufgestellt ist, daß die Freiheit die letzte Angel ist, auf der der Mensch sich dreht, diese letzte Spitze, die sich durch nichts imponieren läßt, so dass der Mensch nichts, keine Autorität gelten lässt, insofern es gegen seine Freiheit geht". Dank seiner findet der „Mensch ein schlechthin Festes, Unwankendes in sich selbst..., einen festen Mittelpunkt, so daß ihn nichts verpflichtet, worin diese Freiheit nicht respektiert wird".[1] Freiheit, - sie steht für das abgründige Vermögen des Menschen und der Unumgänglichkeit tätiger Entscheidung, sei es nun zum Guten oder Bösen, in der sich die Verlegenheit dieses Zwischenwesens bündelt: Nicht mehr die Sicherheit der Instinkte bestimmen ihn zum bloßen Vollzug seines Verhaltens, sein Leben ist ihm nicht schlicht gegeben, sondern zur praktischen Gestaltung aufgegeben, und im Praktischen ist der Mensch, mehr oder weniger gut und geschickt, zur Selbstbestimmung bestimmt.

---

[1] Hegel: Vorlesungen über die Geschichte der Philosophie III, Theorie Werkausgabe, Bd. 20, hg. von Eva Moldenhauer und Karl Markus Michel, Ffm. 1971, 367.

Denn praktisch „ist alles, was durch Freiheit möglich ist"[2], und als freihandelndes Wesen ist der Mensch für Kant allein das, was er selber aus sich macht, aus sich machen kann und soll.

In dem Kontext einer Theodizee allerdings lässt sich diese Form der Selbstbestimmung und mit ihr auch das Doppel von der Freiheit und dem Bösem nicht länger mehr verorten. Sind einmal alle Versuche der „Verteidigung der höchsten Weisheit des Welturhebers gegen die Anklage, welche die Vernunft aus dem Zweckwidrigen der Welt gegen jene erhebt"[3] theoretisch gründlich desillusioniert, da sie eine Einsicht prätendieren, die uns schlichtweg versagt ist, so wandelt sich auch im Praktischen der Stellenwert menschlicher Freiheit und mit ihr das Konzept des Bösen. Konsequent subjektiviert und radikalisiert, sieht Kant das eigentliche, das Moralisch-Böse weder in der metaphysischen Endlichkeit noch in einem physischen Übel gegründet, sondern ausschließlich in der Eigenart der menschlichen Natur. Das alte Problem der Theodizee, wie sich die göttliche Güte mit den allenthalben sichtbaren Übeln in der Welt vereinbaren lässt, weicht einem philosophischen Entwurf, der das Böse in der menschlichen Natur, genauer: in der Freiheit der Willkür verankert, um von hier aus den dornigen Pfad zum moralischen Guten individual- bzw. gattungsgeschichtlich auszudeuten. Einem Entwurf übrigens, der auf erkenntnistheoretische Gewissheit und praktische Sicherheit gleichermaßen verzichtet und zudem im Zeichen eines bloßen, aber aufgeklärten Glaubens steht, den Kant in seiner *Religion innerhalb der Grenzen der bloßen Vernunft* entfaltet.

Schon in einem frühen Brief an Lavater hat Kant die Grundzüge seiner Religionsphilosophie in nuce skizziert. „Sie verlangen mein Urteil" – schreibt er am 28. April 1775 – „über Ihre Abhandlung vom Glauben und dem Gebete. Wissen

---

[2] Kant: Kritik der reinen Vernunft (KrV), Theorie-Werkausgabe in zwölf Bänden, Ffm. 1968, Bd. IV, B 828.
[3] Kant: Über das Mißlingen aller philosophischen Versuche in der Theodizee, Bd. XI, A 194.

Sie auch, an wen Sie sich deshalb wenden? An einen, der kein Mittel kennt, was in dem letzten Augenblicke des Lebens Stich hält, als die reinste Aufrichtigkeit in Ansehung der verborgensten Gesinnungen des Herzens, und der es mit Hiob vor ein Verbrechen hält, Gott zu schmeicheln und innere Bekenntnisse zu tun, welche vielleicht die Furcht erzwungen hat und womit das Gemüt nicht in freiem Glauben zusammenstimmt. Ich unterscheide die *Lehre* Christi von der *Nachricht*, die wir von der Lehre Christi haben, und, um jene rein herauszubekommen, suche ich zuvörderst die moralische Lehre, abgesondert von allen neutestamentischen Satzungen herauszuziehen. Diese ist gewiß die Grundlehre der Evangelii, das übrige kann nur die Hilfslehre desselben sein, weil die letztere nur sagt, was Gott getan, um unserer Gebrechlichkeit in Ansehung der Rechtfertigung vor ihm zu Hilfe zu kommen, die erstere aber, was wir tun müssen, um uns alles dessen würdig zu machen".[4]

Auf Kants Religionsverständnis und auf dessen Verhältnis zum Protestantismus soll im Folgenden gleichwohl nicht eingegangen werden.[5] Wohl aber möchte ich zeigen, dass sich die irritierende, im ersten Stück der Religionsschrift verhandelte Lehre vom „radikal Bösen in der menschlichen Natur" durchaus auch als Konkretisierung des Kantischen Moralkonzepts und nicht bloß als dessen Revision begreifen lässt. Legt man nämlich der Deutung die methodische Differenz zwischen der Einsicht in und der Begründung des Moralprinzips auf der einen,

---

[4] Kant: Briefwechsel, hg. von Rudolf Malter und Joachim Kopper, Hamburg ³1986, 135f.

[5] Siehe dazu: Bohatec, Joseph: Die Religionsphilosophie Kants in der „Religion innerhalb der Grenzen der bloßen Vernunft". Mit besonderer Berücksichtigung ihrer theologisch-dogmatischen Quellen, Hamburg 1938, ferner Wimmer, Reiner: Kants kritische Religionsphilosophie, Berlin/New York 1990 und Ricken, Friedo/Marty, François (Hrsg.): Kant über Religion, Stuttgart Berlin Köln 1992. - Wie irritierend Kants Religionsschrift auf seine Zeitgenossen wirkte, davon zeugt auch Goethes Brief an Herder vom 7. Juni 1793: „Dagegen hat aber auch Kant seinen philosophischen Mantel, nachdem er ein langes Menschenleben gebraucht hat, ihn von mancherlei sudelhaften Vorurteilen zu reinigen, freventlich mit dem Schandfleck des radikal Bösen beschlabbert, damit auch die Christen herbeigelockt werden, den Saum zu küssen", in: Goethes Briefe in drei Bänden, Bd. I, Berlin und Weimar 1984, 348f.

dessen Anwendung und Ausführung auf der anderen Seite zugrunde, in Kants früher Terminologie zwischen dem „Principium der Dijudikation der Verbindlichkeit" und dem der „Exekution oder Leistung der Verbindlichkeit"[6] - eine Distinktion übrigens, die Kants kritischer Moralphilosophie insgesamt zugrunde liegt -, so lässt sich nicht allein die anscheinend apokryphe Lehre vom Bösen in den Textkorpus kritischer Moralphilosophie integrieren, sondern auch jenem ganz anders gearteten Einwand vom Formalismus der Kantischen Ethik begegnen.

Denn die Frage nach der Begründung eines Moralprinzips fällt mit der nach der Motivation des Handelns keineswegs in eins, können wir doch durchaus die Berechtigung einer Norm einsehen, ohne ihr dadurch auch schon Folge zu leisten. Das eine Mal geht es um objektive Gründe des Handlungsprinzips und der Billigung der Handlungsnorm, um die Angabe und Begründung eines unparteiischen Kriteriums ihrer Beurteilung also, die Kant ausdrücklich „nicht in der Natur des Menschen..., sondern lediglich a priori lediglich in Begriffen der reinen Vernunft" zu finden sucht; das andere Mal hingegen wird dieses Vernunftprinzip

---

[6] Kant: Eine Vorlesung über Ethik, hg. von Gerhardt, G., Ffm. 1990, 46. Im gleichen Kontext erläutert Kant: „Das oberste Principium aller Beurteilung liegt im Verstande, und das oberste Principium des moralischen Antriebs diese Handlung zu tun, liegt im Herzen... Die Triebfeder vertritt nicht die Stelle der Norm. Das hat einen praktischen Fehler, wo die Triebfeder wegfällt, und das hat einen theoretischen Fehler, wo die Beurteilung wegfällt" (ebd., 46f.). Siehe dazu Patzig, Günther: „Principium diiudicationis" und „Principium executionis": Über transzentalpragmatische Begründungssätze für Verhaltensnormen, in: Prauss G. (Hrsg.): Handlungstheorie in Transzendentalphilosophie, Ffm. 1986, 204-207. Für Prauss hingegen dient gerade das Lehrstück vom radikal Bösen als Beleg dafür, dass Kants praktische Philosophie insgesamt auf Sand gebaut ist. Denn ihr blinder Fleck besteht gerade darin, „Freiheit oder Autonomie *als solche* und nicht nur als moralische" zu denken, so dass jedes „andere als [das, hinzugefügt Verf.] sittlich gute Handeln, ob nun das sittlich böse oder nur legale,... weder autonom noch frei und damit überhaupt kein Handeln" wären. Mit dem „fundamentale(n) Problem des nichtmoralischen Handelns" konfrontiert, nimmt Kant jedenfalls zu seiner Theorie vom radikalen Bösen Zuflucht, und indem er das Konzept der Willkürfreiheit in den Korpus seiner Moralphilosophie einführt, gefährdet er noch die entscheidende Einsicht von der Identität vom freien Willen und praktischer Vernunft; vgl. Prauss, Gerold: Kant über Freiheit und Autonomie, Ffm. 1982, 100, 85, 81.

„auf den Menschen angewandt", um es „in seinem Lebenswandel *in concreto* wirksam zu machen",[7] wobei Kant nach dem subjektiven Grund der Befolgung der vorher vernünftig gebilligten Handlungsnorm fragt, dem also, was er immer wieder als „Triebfeder" bezeichnet. Gründlich verlagert sich damit der Akzent der Untersuchung von einer „Kritik des Subjekts" (GMS B 88) mit ihrer Lehre von der Autonomie des Willens aller vernünftigen Wesen zu einer nicht pragmatischen, sondern praktischen Anthropologie, mit der die Freiheit menschlicher Willkür ins Zentrum der Untersuchung rückt, in deren Rahmen auch Kants Theorem vom radikal Bösen in der menschlichen Natur verortet wird.[8] - Auf diesen Übergang von der Subjektivität zur praktischen Anthropologie möchte ich im Folgenden eingehen: Von dem freien Selbstbezug des Willens ausgehend, gilt es, zunächst die Güte dieses guten Willens darzustellen, von der in einem zweiten Schritt die praktische „Natur des Menschen" und mit ihr die Willkürfreiheit abgesetzt wird: und zwar in Form eine Kritik der Willkür, die den Gebrauch und Missbrauch der menschlichen Freiheit erörtert.

II

Auf die Schlüsselfrage der praktischen Philosophie: „Was soll ich tun?" antwortet Kant mit dem obersten Prinzip der Moralität, das er, und darin besteht die Originalität des kritischen Unterfangens, weder in der Absicht noch in den Folgen, auch nicht in den Zwecken des Wollens, sondern allein im Selbstverhältnis des Willens aufsucht. Denn dieser hat „seinen vollen Wert in sich selbst" (GMS B 3), so dass Kant auf dem Weg einer immanenten Analyse der Willensstruktur den moralischen Standpunkt der Unparteilichkeit zu erschließen sucht. Nicht als ob es ihm darum ginge, die lebensweltliche Sittlichkeit, laut Kant, die „gemeine sittliche Vernunfterkenntnis" dabei „etwas Neues zu lehren" oder ihr gar ein bis-

---

[7] Kant: Grundlegung zur Metaphysik der Sitten (GMS), Bd. VII, B X, ferner B IX.
[8] Weil, Eric: Problèmes Kantiens, Paris 1963, dt. Probleme des Kantischen Denkens, übers. von Hector, W., Berlin 2002, 130.

lang unbekanntes und fremdes Prinzip aufzupfropfen. Im Gegenteil, über sich selbst will er sie aufklären, ihr implizites Wissen um das Moralprinzip in ein explizites überführen, um, „wie Sokrates tat", sie nur auf ihr eigenes Prinzip aufmerksam zu machen; das Kant freilich in eine neue Formel gießen will, um ihm dadurch im menschlichen Gemüt „Eingang und Dauerhaftigkeit" zu verleihen. Denn bei allem Wissen um das Moralprinzip wird die Sittlichkeit des Alltagslebens durch eine ihr eigene „*natürliche Dialektik*" irritiert: dem „Hang" zur Selbstillusionierung nämlich, der Versuchung, gegen das immer schon bekannte Sittengesetz zu vernünfteln, es den eigenen Wünschen anzumodeln und damit letztlich zu verderben, - der erste Vorbote des späteren Lehrstücks vom radikal Bösen übrigens, der die praktische Kritik allererst auf den Plan ruft (GMS B 23).

(1.) „Gleichsam auf einem Scheidewege" wird der Wille zunächst lokalisiert, zwischen den materialen Triebfedern a posteriori und den formalen Prinzipien a priori, die ihn letztlich ausschließlich und rein bestimmen sollen (GMS B 14). Den Ausgang solcher Willensbestimmung bildet dabei die Definition des freien Willens als das Vermögen vernünftiger Wesens, „*nach der Vorstellung* der Gesetze d.i. nach Prinzipien zu handeln (GMS B 37). Das Reich der Freiheit wird vom Reich der Natur damit grundsätzlich geschieden, und wie in jenem ein jedes „Ding der Natur" dem allgemeinen Naturgesetz ausnahmslos unterworfen ist, so zielt schon die erste Bestimmung auf die Struktur des Selbstverhältnisses des Willens. Ausgestattet mit der Fähigkeit, nach Prinzipien zu handeln, vermag der Wille sich von natürlichen Neigungen, Begierden und Interessen zu lösen und sich gleichzeitig an die Vorgaben der praktischen Vernunft zu binden, so dass Kant den Willen vernünftiger Wesen mit der praktischen Vernunft zusammenfallen lässt. Weil aber beim menschlichen Willen die subjektiven Dispositionen zur Handlung nicht schon von sich aus mit den objektiven Vernunftbestimmungen übereinstimmen, weil der menschliche Wille noch anderen Neigungen und Triebfedern folgt und nicht ausschließlich von der reinen praktischen Vernunft bestimmt ist, fasst Kant das Verhältnis von Vernunft und Wille als Nötigung auf und nennt deren Formel *Imperativ*. Gebietet die Vernunft

Handlungen von bloß relativer Güte, als Mittel zur Verwirklichung eines außer ihnen liegenden Zwecks, spricht Kant von hypothetischen Imperativen; vom kategorischen Imperativ aber, sofern die Vernunft dem Willen unmittelbar Handlungen vorschreibt, die unabhängig von äußeren Zwecken ihre Güte in sich selbst tragen.

In der Form dieser unbedingten Vernunftbestimmung des Willens besteht denn auch das gesuchten Moralprinzips, das Kant, entsprechend den Kategorien von Einheit, Vielheit und Allheit, nach drei Formeln ausdifferenziert, die zudem einen je unterschiedlichen Aspekt des Selbstverhältnisses des Willens thematisieren. (1.) *„Handle nur nach derjenigen Maxime, durch die du zugleich wollen kannst, daß sie ein allgemeines Gesetz werde"* (GM S B 52), lautet dessen allgemeine Fassung. Als synthetisch-praktischer Satz a priori drückt er das *praktische Selbstverhältnis des Willens* in Gestalt einer doppelten Synthesis aus, die zwischen dem individuellen und allgemeinen Willen vermittelt. (a) Zunächst: Auch der Wille hat in der Form von *Maximen* eigentümliche Prinzipien. In einem vormoralischen Sinn schöpft er sie aus sich selbst, kommt doch, will es sich nicht im Chaos natürlicher Impulse zerstreuen, kein Individuum umhin, die Fäden seiner eigenen Lebensgestaltung selbst zu ziehen. „Maxime" bezeichnet Kant daher den subjektiven Grundsatz des Willens[9], bzw. „das subjektive Prinzip des Wollens" (GMS B 15). Als *Prinzip* stellt auch sie etwas Allgemeines vor, wenn sie, wie jeder andere Grundsatz auch, gleich „mehrere praktische Regeln unter sich" (KpV A 36) befasst und zur Einheit eines Ganzen zusammenstimmt, - so dass die Maxime die erste Gestalt einer praktischen Synthesis unseres Wollens abgibt. Als *subjektives* Prinzip aber ist diese Allgemeinheit von eigenartiger Natur: Auf den Willen dieses Subjekts, das sie gewählt hat, eingeschränkt, erhebt sie keinen universellen Anspruch, sondern gilt nur insofern, als sie „den Bedingungen des Subjekts gemäß" ist (GMS B 52). (b) Im Gegensatz dazu führt Kant die „objektiven Prinzipien" des Handelns ein, die er „praktische

---

[9] Kant: Kritik der praktischen Vernunft (KpV), Bd. VII, A 36.

Gesetze" nennt: Sie gelten nicht für diesen oder jenen Willen, sondern „für den Willen jedes vernünftigen Wesens" und sagen nicht, wie dieses Subjekt handelt, sondern wie es handeln soll (KpV A 36, GMS 52). Damit verlagert sich der Bezugspunkt des Verfahrens von der subjektiven Allgemeinheit hin zur objektiven, und mit ihm erhält auch der kategorische Imperativ die Form der zweiten praktischen Synthesis der Vernunft, wenn er aus der Vielfalt der Maximen die Einheit des Gesetzes kondensiert: Im Test der Verallgemeinerung werden die einzelnen Maximen auf ihre Tauglichkeit zur allgemeinen Gesetzmäßigkeit geprüft. Diese Qualifikation der Maximen zur Form des allgemeinen Gesetzes macht denn auch das Rationale von Kants Ethik aus, so dass letztlich allein die Handlungen erlaubt sind, die diesen Test bestehen, und d.h. sich widerspruchslos verallgemeinern lassen.

(2.) Erst dann jedoch, wenn der Wille auch als Fähigkeit verstanden wird, *„der Vorstellung gewisser Gesetze gemäß* sich selbst zum Handeln zu bestimmen" (GMS B 64), ist der entscheidende Schritt zur kritischen Ethik getan. Damit wandelt sich der Akzent der Untersuchung von dem praktische Selbstverhältnis zur *freien Selbstbestimmung* des Willens, so dass der freie Wille letztlich das objektive Prinzip des Wollens auch selber aus freien Stücken will. (a) Als objektiver Grund der Selbstbestimmung des Willens fungiert dabei der Zweck, durch den sich die vernünftige Natur insgesamt auszeichnet. Denn diese ist keineswegs ein Mittel zum beliebigen Gebrauch, auch nicht allein Urheberin aller möglichen „zu *bewirkenden* Zwecke", die sie sich nach Belieben setzen kann; vielmehr existiert sie als *„selbständiger Zweck"*, oder als *„Zweck an sich selbst"*, da sie sich ihr eigenes Dasein notwendig als Selbstzweck vorstellt (GMS B 83, B 64f.). Zugleich gibt dieser Selbstzweckcharakter der vernünftigen Natur den „obersten praktischen Grund" aller Gesetze des Willens ab. „*Handle so, daß du die Menschheit, sowohl in deiner Person, als in der Person eines jeden anderen, jederzeit zugleich als Zweck, niemals bloß als Mittel brauchst*" (GMS B 66f.) - lautet denn auch die zweite Formel des kategorischen Imperativs, welche die Vielheit aller Zwecke thematisiert. Unter dem Prinzip des Selbstzweckcharakters einer jeden Person verschränkt sie das Gebot der Wahrung des eigenen Selbstrespekts, - „werdet nicht der Herren Knechte", heißt es an anderer Stelle[10] -, mit dem Gebot der Achtung vor dem Anderen und verklammert damit den praktischen Selbstbezug des Subjekts mit dem in dieser kritischen Moral immer wieder vermissten Konzept der Intersubjektivität. Gleichwohl, Hand in Hand mit diesem Imperativ des vernünftig verfassten Humanen führt Kant die harte Scheidung von *Person* und *Sache* ein, welche die praktische Philosophie von nun an wie ein Schatten begleiten wird: Denn indem die eine sich selbst als Selbstzweck einen absoluten Wert zuspricht, entwertet sie in einem Atemzug alles übrige zum Gegenstand ihres beliebigen Gebrauchs.

(b) Ein letztes Mal verlagern sich die Gewichte, wenn das Selbstverhältnis des Willens als *Selbstgesetzgebung* begriffen wird, und erst mit diesem Schritt gelangt auch die Darstellung des kritischen Moralprinzips zu ihrem Abschluss. Dessen dritte Formel bildet das Prinzip der Autonomie: die „Idee *des Willens jedes vernünftigen Wesens als eines allgemein gesetzgebenden Willens*" (GMS B 70). „*Autonomie*" - damit benennt Kant zunächst die Fähigkeit vernünftiger Wesen, durch ihren Willen sich selbst Gesetze zu geben, und setzt sie scharf gegen jede Form der Fremdbestimmung ab, welchen die Gesetze, die den Willen zu Handlungen verpflichten sollen, außerhalb des Immanenzbereichs des Willens aufsucht. Da sich zudem, auf der Grundlage des Autonomieprinzips, ein jeder Wille für sich selbst und zugleich allgemeingesetzgebend begreift, gelangt Kant zu der Idee einer vernünftigen Einstimmung nicht allein des Willens in sich selbst, sondern des Ganzen aller Willen, in dem ein jeder sich Selbstzweck und zugleich Zweck für den anderen wäre. „*Reich der Zwecke*" hat Kant dieses „erhabene Ideal" einer „systematischen Verbindung verschiedener vernünftiger Wesen durch gemeinschaftliche Gesetze" zu einer reinen Verstandeswelt (*mundus intelligibilis*) getauft, in der ein jeder an der gemeinsamen Gesetzgebung partizipiert. Mit unterschiedlichen Rollen allerdings, so dass auch im Reich der

---

[10] Kant: Metaphysik der Sitten (MdS), Bd. VIII, A 96.

Zwecke zwischen bloßen Mitglieder und dem Oberhaupt zu unterscheiden wäre, - alle gesetzgebend zwar, doch bloß die ersteren auch den Gesetzen unterworfen. Auch perpetuiert sich hier die scharfe Scheidung von Person und Sache, so dass selbst im Reich der Zwecke „alles entweder einen *Preis* oder eine *Würde"* (GMS B 77) besitzt, je nachdem, ob ihm nur ein äußerer, daher ersetzbarer, oder ein innerer Wert eignet. - Kurz: Selbstgesetzgebung, Autonomie, das ist der Schlüssel der Kantischen Moral, mit der diese die Revolution in der praktischen Philosophie einleiten will. Einer Revolution der Gesinnung übrigens, von der Kant, nun selbstbewusst genug, Zeugnis ablegt: „Man sah den Menschen durch seine Pflicht an Gesetze gebunden, man ließ es sich aber nicht einfallen, daß er *nur seiner eigenen und* dennoch *allgemeinen Gesetzgebung* unterworfen sei..." (GMS B 73); so dass, frei nach Rousseau, die eigentliche, die moralische Freiheit allein in der Bindung des Willens ans selbstgegebene und zugleich allgemeingültige Gesetz besteht. - Der erste Teil der „Dijudikation der Verbindlichkeit" gelangt mit ihr zu seinem Abschluss.

Die Auflösung der ganzen Aufgabe, die mit der „Dijudikation" sich stellt und die sich als *Kritik des Subjekts* zwischen den beiden Polen von Freiheit und Gesetz bewegt, gestaltet sich bei Kant erheblich schwieriger. Auf die Frage wie der kategorische Imperativ möglich sei, antwortet zunächst die *Grundlegung* mit dem Hinweis auf die Verfassung des Zwitterwesens Mensch: Als Bewohner zweier Welten, der Sinnen- und Verstandeswelt, kann der Mensch grundsätzlich zwei unterschiedliche Standpunkte einnehmen, wobei ihn die Idee der Freiheit zu einem Glied der intelligiblen Welt macht. Unter dem Blickwinkel der Verantwortung fürs eigene Handeln wird jedenfalls die natürliche Kausalreihe von Ursache und Wirkung gesprengt, und wenn sich etwa ein verfehltes Verhalten durch falsche Erziehung auch erklären lässt, so wird damit der Aspekt der Selbstverschuldung keineswegs obsolet. Gleichwohl gerät bei Kant schon das Konzept der beiden Welten in eine merkwürdige Ambiguität, wenn es das eine Mal perspektivisch aufgefasst wird, als bloßer Gesichts- oder Standpunkt, den wir einnehmen können, das andere Mal jedoch sich ontologisch verfestigt, so dass die Verstandeswelt den Grund der Sinnenwelt abgibt (GMS B 83, B 119; B 111); einmal abgesehen davon, dass diese Art „Deduktion" weder über die „objektive Realität" der Freiheit noch über den gesuchten Status des Sittengesetzes etwas ausmacht. Von dem Wechselverhältnis von Freiheit und Gesetz geht auch die *Kritik der praktischen Vernunft* aus, wenn sie jeweils die eine als Bedingung der anderen auffasst: Freilich so, dass wir durch das moralische Gesetz (als *„ratio cognoscendi"*) unserer Freiheit allererst *„bewußt werden"* können, während umgekehrt die Freiheit als *„ratio essendi"* des moralischen Gesetzes fungiert: „Wäre aber keine Freiheit, so würde das moralische Gesetz in uns gar nicht *anzutreffen* sein" (KpV A 5, ferner § 5 und 6). Irritierend bleibt allerdings, dass auch die „Deduktion" des „Grundgesetzes der reinen praktischen Vernunft" über diese Feststellung nicht hinausgeht. Das Bewusstsein des Sittengesetzes nennt Kant „Faktum der Vernunft", das, „apodiktisch gewiß" und a priori „gegeben", „sich für sich selbst uns aufdringt" und keiner weiteren „rechtfertigenden Gründe" mehr bedarf, vielmehr seinerseits der „Deduktion" der Freiheit dient, deren „objektive Realität" sich dank seiner begreifen lässt (KpV A 54f., A 81f.), - so dass am Ende gerade die Schlüsselfrage der praktischer Vernunft: *„woher das moralische Gesetz verbinde?"* (GMS B 104) bei Kant offen bleibt, und wohl auch offen bleiben muss.[11]

Zusammenfassend kann man festhalten: *„Schlechterdings gut"* ist allein der Wille (GMS B 81), der in seinem Selbstbezug (a) der Form nach seine Maxime zum

---

[11] Zur Diskussion des Lehrstücks vom „Faktum der Vernunft", siehe u.a.: Henrich, Dieter: Der Begriff der sittlichen Einsicht und Kants Lehre vom Faktum der Vernunft, in: Prauss, G. (Hrsg.): Kant. Zur Deutung seiner Theorie von Erkennen und Handeln, Köln 1973, 223ff; ders.: Die Deduktion des Sittengesetzes, in: Schwan, A. (Hrsg.): Denken im Schatten des Nihilismus, Darmstadt 1975, 55ff; Prauss, Gerold: a.a.O. 1982, 67, 89f; Höffe, Otfried: Immanuel Kant, München 1983, S.202-207; Konhardt, Klaus: Faktum der Vernunft? Zu Kants Frage nach dem „eigentlichen Selbst" des Menschen, in: Prauss, G. a.a.O. 1986, 160ff; Wenzel, Uwe Justus: Anthroponomie. Kants Archäologie der Autonomie, Berlin 1992, 143ff; und noch immer Beck, Lewis White: Kants „Kritik der praktischen Vernunft", München 1974 (1960), X, § 2, 159, - dessen Interpretation mir am plausibelsten erscheint, wenn sie dieses „Faktum" als Tat bestimmt und auf dessen zweifachen Sinn hinweist: auf das Faktum „der" reinen Vernunft und „für" die reine Vernunft.

allgemeinen Gesetz verallgemeinert, (b) der Materie nach sich selbst und alle vernünftigen Wesen als Zweck an sich anerkennt und der nicht zuletzt (c) als mitgesetzgebender Teilnehmer im Reich der Zwecke an der Ordnung des Sittlich-Guten partizipiert: An einer, aller Erfahrung enthobenen, ganz anderen „Ordnung der Dinge", deren Einheit und Zusammenhalt aus dem Gewebe wechselseitiger Anerkennung, der reziproken Achtung der Würde unterschiedlicher Personen besteht; und die dem Lehrstück vom radikal Bösen in der menschlichen Natur zudem systematisch vorgelagert ist.

III

Wird der reine Selbstbezug des Willens auf den Menschen angewandt, so wandelt sich die Kritik des Subjekts zur praktischen Anthropologie, in deren Zentrum die Analyse des menschlichen Begehrungsvermögens rückt.[12] Kant hat es nach unterem und oberem Begehrungsvermögen, dem Begehren bzw. Verabscheuen von Lust und Unlust auf der einen und dem Vermögen von Wille und Willkür auf der anderen Seite differenziert und dabei jene Distinktionen eingeführt, die sich nur schwer dem bisherige Konzept einfügen. „Von dem Willen gehen die Gesetze aus; von der Willkür die Maximen", heißt es in der Einleitung zur *Metaphysik der Sitten*, die diesmal, und entgegen früheren Bestimmungen, als „frei" nicht mehr den Willen, sondern allein die menschliche Willkür aus-

---

[12] Sowohl über den Sinn dieses Übergangs als auch über die Bedeutung der Begriffe, in denen er sich vollzieht, liegen die gegenwärtigen Interpretationen im Konflikt. Handelt es sich bei dem Willen und der nun eingeführten Willkür um zwei unterschiedliche Vermögen oder um dasselbe Vermögen des Willens in unterschiedlichen Bedeutungen? Wäre dementsprechend die Autonomie von der Freiheit des Willens zu scheiden? Lässt sich in der Konsequenz das gesamte Unterfangen als Neuanfang, als Konkretisierung oder als Vollendung von Kants praktischer Philosophie verstehen? Siehe dazu: Wimmer, Reiner: Universalisierung in der Ethik. Analyse, Kritik und Rekonstruktion ethischer Rationalitätsansprüche, Ffm. 1980, 128-135; Beck. L. W.: 1974, 170-173; ähnlich, wenn auch ohne ausdrückliche Distinktion von Wille und Willkür, Pieper, Annemarie: Gut und Böse, München ²2002 (1997), 76f.; ferner Prauss: 1982, 66f. und Schulte, Christoph: radikal böse, München 1988, 28-32.

zeichnet. Nach wie vor wird dabei der Wille mit der praktischen Vernunft identifiziert. Doch bezieht er sich nun nicht mehr auf die Handlung, sondern soll unmittelbar die Willkür zur Ausübung der Handlung bestimmen, so dass an die Stelle des Selbstverhältnisses des Willens das Verhältnis zwischen Wille und Willkür tritt (MdS B 26, B 5). So verlagert sich das Interesse der Untersuchung von dem objektiven Aspekt des Sollens hin zum subjektiven des Könnens, wenn Kant sich nun nach dem Motiv, in seiner Terminologie, nach der „Triebfeder" der menschlichen Willkür erkundigt, das als gültig anerkannte Gesetz nun auch tatsächlich zu befolgen.

(1.) Genauer besehen allerdings sind diese Distinktionen keineswegs bloß irritierend, führen sie uns doch zum Ursprungssinn des Kantischen Kritikkonzepts zurück. Dieses entzündete sich ja am menschlichen Vernunftvermögen, das, wie alles was der Mensch anwendet, grundsätzlich richtig gebraucht, aber eben auch missbraucht werden kann; weshalb die Kritik die gültigen Prinzipien für dessen angemessenen Gebrauch allererst auszuloten hätte. Kritisch in diesem Sinne ist auch Kants praktische Anthropologie: Freilich nicht nur als Kritik der endlichpraktischen Vernunft, sondern als *Kritik der menschlichen Willkür* und ihres Gebrauchs oder Missbrauchs der Freiheit, mit der Kant zugleich einen Beitrag zur Aufklärung der menschlichen Natur leistet. (a) „*Natur des Menschen*", damit ist hier weder die praktische Sinnlichkeit in Gestalt vom Begehren, von den Neigungen und Interessen gemeint noch die Art, wie der Mensch sich selbst als Objekt erscheint, sondern allein jener „subjektive Grund des Gebrauchs seiner Freiheit überhaupt (unter objektiven moralischen Gesetzen)".[13] Seiner Natur nach ist der Mensch für Kant zunächst einmal das Wesen, das in radikaler Willkürfreiheit sich selbst entwirft und gestaltet. Ja, als Urheber seiner selbst zeichnet ihn vor allem diese Willkürfreiheit aus: die „absolute Spontaneität" ihres „Aktus", eine aller Erfahrung vorausgehende „intelligible Tat", mit der die Willkür sich selbst die Regel für ihren Freiheitsgebrauch gibt. Denn darin be-

---

[13] Kant: Religion innerhalb der Grenzen der bloßen Vernunft (Rel), Bd. VIII, B 6.

steht die Freiheit der Willkür, „daß sie durch keine Triebfeder zu einer Handlung bestimmt werden kann, *als nur sofern der Mensch sie in seine Maxime aufgenommen hat* (es sich zur allgemeinen Regel gemacht hat, nach der er sich verhalten will)" (Rel B 12).

(b) Mehr noch: Weil die Willkür mit diesem ersten, subjektiven Akt die oberste Maxime der Gesinnung von Grund auf prägt, die dann den ganzen weiteren Freiheitsgebrauch bestimmen wird, sei es nun in der Wahl aller weiteren Maximen oder in der Ausführung äußerer Handlungen, ist der Mensch auch Urheber seines eigenen *Charakters*, den er, selbst erworben, auch zu verantworten hat. Hinter diesen Ursprungsakt der Freiheit freilich lässt sich nicht zurückgehen, für diese grundlegende erste Wahl des einheitsstiftenden inneren Prinzips, dem der äußere Lebenswandel sich anmessen wird, kann kein weiterer Grund angegeben werden, so dass für Kant der Mensch als Willkürwesen zwar nicht zu einem grundloser Grund degeneriert, wohl aber gerade an seinem Ursprung sich selbst unerforschlich bleibt und bleiben muss.

(c) Indifferent jedoch kann diese Willkürtat nicht sein. Was empirisch durchaus möglich ist, dass der Mensch je nach Umständen sowohl gut als auch böse handelt, das sondert sich auf der Ebene der Prinzipien zu einem radikalen ‚Entweder-Oder'. Die erste und ursprüngliche Wahl der obersten Maxime und des Handlungsmotivs erhält damit die Signatur einer Grundsatzentscheidung zwischen dem Guten und dem Bösen, die im Gebrauch der Freiheit menschlicher Willkür ihre Wurzel hat. Denn: „Was der Mensch im moralischen Sinne ist oder werden soll, gut oder böse, dazu muß er *sich selbst* machen oder gemacht haben. Beides muß eine Wirkung seiner freien Willkür sein; denn sonst könnte es ihm nicht zugerechnet werden, folglich er weder *moralisch* gut noch böse sei" (Rel B 48).

(2.) Gleichwohl schöpft sich die menschliche Willkür nicht aus sich selbst. In ihrem Vollzug bleibt sie auch bei Kant auf anthropologische Vorgaben angewiesen: auf *Anlagen zum Guten* und dem *Hang zum Bösen in der menschlichen Natur*. Nicht als ob diese anthropologischen Bestimmungen das menschliche Verhalten vorab bestimmten und seine Freiheit erneut beschädigten. Im Gegenteil: Indem die Willkür sich frei zu ihnen verhält und sie zu Triebfedern ihrer Maximen macht, kann der Mensch auch versuchen, seine eigene Bestimmung tätig zu erreichen oder sich in seiner Verwirklichung gründlich verfehlen. (a) Drei ursprüngliche Anlagen zum Guten kennt Kant, mit denen er die klassische Bestimmung des animal rationale erweitert: die lebendige Anlage „für die der *Tierheit*" oder die „mechanische Selbstliebe", mit dem Trieb zur Selbst- und Arterhaltung, aber auch mit dem Trieb zur Gesellschaft; die lebendige und vernünftige Anlage „für die *Menschheit*", die Kant „vergleichende Selbstliebe" nennt und darunter jenes eigenartige Verlangen des Menschen versteht, sein Leben im Verhältnis zu seinesgleichen als glücklich bzw. unglücklich einzuschätzen; und nicht zuletzt die vernünftige Anlage „für die *Persönlichkeit*" oder zur Zurechnungsfähigkeit des Menschen, die „Empfänglichkeit der Achtung für das moralische Gesetz *als einer für sich hinreichenden Triebfeder der Willkür*" (Rel. 15ff.). Durchaus teleologisch konzipiert - als „Elemente der Bestimmung des Menschen" werden sie eingeführt und zudem nach ihrer jeweiligen „Beziehung auf ihren Zweck" unterschieden - bedürfen zumindest die ersten beiden Anlagen einer sittlichen Überformung, wenn sie zur Triebfeder der Maxime ins menschliche Gemüt aufgenommen werden, da sie bei falschem Gebrauch sich durchaus in „Laster der *Rohigkeit*" (Rel B 17) verkehren können.

(b) Nicht auf der gleichen ursprünglichen Ebene anthropologischer Bestimmungen siedelt Kant den Hang zum Bösen in der menschlichen Natur an. Allgemein versteht er unter „Hang" „die *Prädisposition* zum Begehren eines Genusses" (Rel B 20 Anm.). Doch wird, entsprechend den beiden Gesichtspunkten vom Menschen als Natur- oder Verstandeswesen, auch im Begriff des „Hangs" nach physischem und moralischem Aspekt geschieden, so dass wir von einem Hang zum Bösen nur sprechen können, sofern er der freien Willkürtat entspringt. Ob er dieser Prädisposition nachgibt oder ihr mit Vernunftgründen widersteht, - dieser Entscheidung und dem Gebrauch seiner Freiheit kann sich der Mensch jedenfalls nicht entziehen: Auch und gerade wenn er sich dem Hang zur Selbstliebe und zum Genuss überlässt, so hat er ihn, laut Kant jedenfalls, durch seine freie Tat zur obersten Maxime seines Handelns erhoben und die „Abweichung der Maxime vom moralischen Gesetz" (Rel B 21), das Böse also, durchaus selbst verschuldet. Doch macht Kant es uns gerade hier nicht leicht, ihn zu verstehen, und angesichts der Frage nach dem Status dieses Hangs wird auch sein Sprachgebrauch merkwürdig ambig. Von dem "angeborenen" oder "natürlichen" Hang zum Bösen ist nun die Rede, mit dem die Menschengattung insgesamt und von Grund auf geschlagen ist und der zudem auch "nicht ausgerottet" werden kann (Rel B 21, B 35, B 26), - durchaus missverständliche Bestimmungen, in denen die Doktrin der Erbsünde noch deutlich Spuren hinterlässt. Mit der Lehre von der Willkürfreiheit sind sie wohl kaum vereinbar, zumal es in Kants Religionsschrift um die kritisch-rationale Rekonstruktion religiöser Bestände geht[14] und sie ansonsten den Ursprung des Bösen ausschließlich in dem uns allerdings unerklärlichen Missbrauch der Willkürfreiheit ausmacht.

Über drei Stufen lässt sich dieser Hang zu einer Triade des Bösen ausdifferenzieren. *Gebrechlichkeit* nennt Kant die erste Form des Bösen und meint mit ihr jenen Hang, der in der Schwäche der menschlichen Natur besteht, das durchaus rein anerkannte Moralprinzip auch zu befolgen und durchzuführen. *Unlauterkeit* heißt die zweite Form, die das Motiv der Maxime betrifft: Zwar vermag diesmal der Mensch das moralische Gesetz zu befolgen, doch nicht allein um des Gesetzes willen; vielmehr mengt er noch andere, außermoralische Motive in seine Triebfeder mit ein. Doch erst mit der dritten Stufe dieses Hangs, der *Bösartigkeit* oder der Korruption des menschlichen Herzens, ist auch das erreicht, was Kant unter dem Titel des „radikal Bösen" verhandelt. Denn hier geht es nicht mehr

---

[14] Dem dient auch die Unterscheidung von Vernunft- und Zeitursprung jenes Hangs, und wie Kant jene Darstellung als "ungeschicklichste" verwirft, die das Böse „durch *Anerbung* von den ersten Eltern auf uns gekommen" vorstellt, so gewinnt er anderseits der Lehre von der selbstverschuldeten Sünde einen durchaus rationalen Kern ab (Rel B 41, 42f.).

bloß um eine Vermengung von moralischen und außermoralischen Motiven der Maxime, sondern um eine bewusst vollzogene Verkehrung „der sittlichen Ordnung in Ansehung der Triebfedern einer *freien* Willkür" (Rel B 23).

Mit der Analyse des Begriffs des Bösen klärt Kant deren Struktur über vier Schritte der Argumentation auf (Rel B 33f.) (a) Das moralische Gesetz ist „unwiderstehlich" und drängt sich jedem Menschen „(selbst dem ärgsten)" unnachgiebig auf. (b) Doch ist er als Naturwesen unweigerlich an die Triebfedern der Sinnlichkeit gebunden, die er gemäß dem Prinzip der Selbstliebe nun auch in seine Maxime aufnimmt. (c) Nun können beide Prinzipen nebeneinander in der Maxime nicht bestehen, so dass die eine Triebfeder der anderen formal untergeordnet werden muss. (d) Gibt er der Triebfeder der Selbstliebe den Primat und macht sie zur Bedingung der Befolgung des moralischen Gesetzes, so ist der Mensch (und selbst der beste) böse. Mit anderen Worten: Das Böse in der menschlichen Natur gründet bei Kant nicht in den beiden Grundvermögen des Menschen, weder in der Sinnlichkeit für sich noch in der Vernunft[15]; sondern in jenem Verhältnis, wodurch das Moralprinzips dem Prinzip der Selbstliebe und mit ihm der rücksichtslosen Verfolgung des eigenen Vorteils untergeordnet wird und das die *innere Ordnung des Sittlichen in sich verkehrt*. Und weil die Willkür in der Spontaneität ihrer Ursprungstat („*peccatum originarium*", Rel B 25) das Grundverhältnis der beiden Prinzipien auf den Kopf stellt und damit auch die oberste Maxime, den formalen Grund aller weiteren Maximen und allen Handelns, verdirbt und die Gesinnung des Menschen korrumpiert, nennt Kant dieses Böse „radikal". Am Ende entspringt diese Verkehrung der willkürlichen Verbindung der beiden ersten Formen des Bösen, der Gebrechlichkeit mit der Un-

---

[15] Denkbar ist noch eine vierte Stufe des Bösen, die sich nach Kant allerdings, auf den Menschen nicht anwenden lässt: Die zur *Bosheit* gesteigerte Bösartigkeit, „eine vom moralischen Gesetz ... freisprechende... , gleichsam *boshafte Vernunft* (ein schlechthin böser Wille)", ein teuflisches oder satanisches Wollen (Wimmer, 1990, 119), das sich das „Böse *als Böses*", den Widerspruch und die Rebellion gegen das Gesetz selbst zum alleinigen Motiv der Maxime macht, wenn es mit vollem Bewusstsein gegen das Sittengesetz verstößt (Rel B 32).

lauterkeit, durch die der Mensch vorsätzlich Schuld auf sich lädt und seinen Charakter zur Unredlichkeit und Falschheit verdirbt, - eben jenem Hang, sich selbst zu betrügen, den die *Grundlegung* in der natürlichen Dialektik des lebensweltlichen Moralbewusstseins am Werke sieht und den die Religionsschrift nun zum „faulen Fleck" der Menschengattung (Rel B 38) erklärt.

(3.) Der tiefste Punkt von Kants praktischer Philosophie ist mit dem Lehrstück vom radikal Bösen erreicht: der äußerste Gegenpol zu den Bestimmungen des guten Willens und das Scheitern aller Bemühungen um die Verwirklichung des höchsten Guts zugleich. Wenn sie, in ihrem Missbrauch der Freiheit, der Selbstliebe vor dem moralischen Gesetz den Vorzug gibt, dann stülpt die Willkür zum einen das Verhältnis der Glieder in jener Formel um, mit der Kant den guten Willen einmal bestimmte: die *„Würdigkeit, glücklich zu sein"*. Zum anderen muss diese zur Heteronomie verkehrte Selbstbestimmung auch ihren eigentlichen Zweck, das Glück, verpassen, wenn sie es ungefiltert ergreifen will. Denn für Kant bilden weder Glückseligkeit noch Würdigkeit für sich allein das höchste Gut der Praxis, sondern allein deren angemessene Proportion: „Glückseligkeit... in dem genauen Ebenmaße mit der Sittlichkeit der vernünftigen Wesen, dadurch sie derselben würdig sind", wobei in diesem Verhältnis die letztere die *„oberste Bedingung alles Guten"* abgibt (KrV B 842, KpV A 109). Auch diesmal ist Kant keineswegs ein Verächter der Glückseligkeit. Auf das Streben nach ihr, auf die Suche nach der „Befriedigung aller unserer Neigungen" (KrV B 834), können vernünftige, aber endliche, an die Sinnenwelt gebundene Wesen jedenfalls nicht verzichten. Allein, es bleibt ihr Unglück, dass der Begriff der Glückseligkeit für sie zu unbestimmt ist, um ein sicheres Prinzip fürs Handeln abzugeben, - müssten sie doch sonst allwissend sein und ihre eigene sinnliche Natur von Grund auf, und nicht nur als Erscheinung, erkennen. Einmal abgesehen davon, dass eine auf dem Prinzip der Selbstliebe, dieser, „Quelle alles Bösen" (Rel B 51), gegründete Ordnung sich selbst notwendig zerstört.

Allein, systematisch gesehen, bildet die Lehre vom radikal Bösen zugleich auch den Dreh- und Wendepunkt in Kants praktischer Philosophie. Von hier nimmt sein Konzept des Fortschritts seinen Ausgang, den Kant erneut in das Innere des Gemüts verlegt. Wie nämlich ein Menschen von guten Sitten keineswegs auch schon ein sittlich guter Mensch ist, - stimmen doch seine Handlungen in diesem Fall nur äußerlich und dem Buchstaben, nicht aber dem Geiste und der Gesinnung nach mit dem Gesetz überein -, so erwartet Kant die moralische Bildung nicht von der Besserung der Sitten, sondern von der Umwandlung der Denkungsart und der „Gründung eines Charakters" (Rel B 55). Dem dient die Unterscheidung zwischen der *Revolution der Gesinnung* und der *Reform des Verhaltens*, der Kant auch diesmal das Doppel von Subjekt und Mensch korreliert. Dabei versteht er den Begriff „Revolution" durchaus im traditionellen Sinn einer Rückkehr zur originären, jedoch durch die Willkürtat noch nicht verletzten Ordnung, so dass es ihm zunächst um die „Wiederherstellung der ursprünglichen Anlagen zum Guten in ihre Kraft" (Rel B 48) zu tun ist, der dann die Reform des Sittlichen folgt.

Bei aller Korruption durch den Missbrauch der Willkür ist der „Keim des Guten" im menschlichen Gemüt ja keineswegs erstickt und lässt sich auch, Kants Grundüberzeugung nach, nie, und selbst beim „ärgsten Bösewicht" nicht, gänzlich zum Verschwinden bringen. Auch hat mit ihrer ursprünglichen Tat die Willkür ihre Freiheit keineswegs suspendiert, so dass sie jederzeit zu einer Wandlung fähig ist. Hier, im Binnenraum subjektiven Verhaltens, setzt die radikale Umkehr der sittlich verkehrten Ordnung an, die Kant diesmal als den richtigen und der Vernunft angemessenen Gebrauch der Willkürfreiheit diskutiert. Erneut geht es dabei um eine intelligible Tat, um eine „einzige unwandelbare Entschließung", mit der die Willkür in ihrer absoluten Spontaneität die böse Maxime zugunsten einer neuen wendet, die Anlagen zum Guten als Movens in ihre oberste Maxime aufnimmt, den Primat des Moralprinzip vor dem der Selbstliebe wieder etabliert und damit die innere Verfassung des Subjekts revolutioniert; um eine „Verwandlung des Wollens selbst"[16], die Kant mit der christlichen Wiedergeburt verglichen hat, und die wir ebenso wenig wie den Missbrauch der Willkür begreifen können. - Ist aber der Grundstein zur sittlichen Ordnung einmal im Subjekt gelegt, so folgt der Revolution der Denkungsart die Reform der Sinnesart. In „kontinuierlichem Wirken und Werden" erschafft sich das „fürs Gute empfängliche Subjekt..." zwar nicht unmittelbar zu einem „guten Menschen", - das wäre wohl von dem krummem Holz, aus dem der Mensch auch für Kant geschnitzt ist, zu viel erwartet; aber doch zu einem Menschen, der zumindest hoffen kann, „sich auf dem guten (obwohl schmalen) Wege eines beständigen *Fortschreitens* vom Schlechteren zum Besseren" zu befinden (Rel B 55f.), - sofern er sich andauernd in der Festigung des moralischen Prinzips und dessen Gewöhnung im lebenspraktischen Verhalten übt. „*Moralische Glückseligkeit*" hat Kant dieses „Bewußtsein seines Fortschrittes im Guten" (Rel B 100, Anmk.) genannt und mit ihr zwar nicht die volle und umfassende Glückseligkeit des höchsten Guts gemeint, wohl aber die Gesinnung eines standhaften Zutrauens in sich selbst und das Vertrauen in das Glücken des eigenen guten Lebenswandels.

Wo aber etwas erstrebt wird, das unser Können allemal übersteigt, wo nicht allein der theoretische Verstand an seine Grenze stößt, sondern auch die praktische Vernunft ihre Ohmacht eingesteht, da eröffnet sich der Raum des Hoffens. So schließt auch die moralische Glückseligkeit die Hoffnung auf eine „übernatürliche Mitwirkung" ein - auf eine Beihilfe freilich, für die, will er sie empfangen, sich der Mensch vorher würdig gemacht haben muss und die sein eigenes Können auch nicht ersetzt, sondern ergänzt. Doch dieses Hoffen steht unter den Auspizien eines bloßen „Dürfens", das keinerlei Sicherheit verbürgt. Zu einem „reinen praktischen Vernunftglauben" nimmt Kant daher Zuflucht, einem, wie er selbst einräumt, „ungewöhnlichen Begriff", der dem Bedürfnis der Vernunft entspringt und zudem nur subjektiv sein kann. Ein „Fürwahrhalten" besonderer

---

[16] Karl Jaspers: Das radikal Böse bei Kant, in: Jaspers.: Rechenschaft und Ausblick, München 1951, 100.

Art, aus der Überzeugung der moralischen Gesinnung heraus, das, da es jeder objektiven Gültigkeit entbehrt und „selbst bei Wohlgesinnten bisweilen ins Schwanken" gerät, niemanden verpflichten kann, - ist doch „ein Glaube ..., der geboten wird, ein Unding" (KpV A 259f.). Glaube, das ist nach einem Wort von Jaspers „Hoffen im Scheitern der Vernunft am Unbegreiflichen, aber Hoffen durch die Vernunft selber" und ohne eine andere Garantie, die von außen käme.[17] Dies, dass das Eintreten des Erhofften nicht unmöglich ist, das ist denn auch das Mindeste, was sich „innerhalb der Grenzen der bloßen Vernunft" begründeterweise erwarten ließe.

Auf drei Fragen zu Kants Religionsphilosophie im Allgemeinen und dessen Lehre von der Sittlichkeit im Besonderen möchte ich am Schluss kurz hinweisen. Dass die Komposition der *Religion innerhalb der Grenzen der bloßen Vernunft* an Kants frühere Kritiken nicht heranreicht, darauf hat plausibel schon Cassirer aufmerksam gemacht, wenn er den selbständigen Charakter der Religionsphilosophie vermisst, den erst Schleiermacher herausstellen wird.[18] Zu fragen wäre auch, ob die Analyse des Binnenraums des Begehrungsvermögens zur Begründung einer Philosophie des Sittlichen genügt: Gemeint sind dabei nicht nur jene Schwierigkeiten, in die sich diese praktische Kritik beim Übergang von der Subjektivität zur praktischen Anthropologie verstrickt und die sich letztlich dem Konzept der Zweiweltenlehre verdanken, sondern auch und vor allem die objektiven und selbständigen Gestalten der lebensweltlichen Sittlichkeit, die sich keineswegs als bloße Entäußerung einer inneren Ordnung begreifen lassen. Schließlich wandelt sich damit auch Kants Konzept vom radikal Bösen, wenn es, aus dem Immanenzbereich des Wollens entlassen, nicht mehr die verkehrte Form einer innersubjektive Ordnung, sondern die Struktur der zerrissenen Welt

---

[17] Jaspers, Karl: Kant. Leben und Werk, München ³1975, 124.
[18] Cassirer, Ernst: Kants Leben und Lehre, Darmstadt 1974 (1918), 407.

des Sozialen annimmt, die spätestens seit Hegel unter dem Titel der Entfremdung und der versagten Anerkennung diskutiert wird.

Peter L. Oesterreich

‚Das primum movens aller Geschichte: Schellings anthroprogenetische Lehre vom Satan

F.W.J. Schelling gehört zu denjenigen Philosophen, die sich außerordentlich intensiv und produktiv mit dem Thema des Bösen auseinandergesetzt haben. Dabei ist seine Theorie des Bösen in der *Freiheitsschrift* bereits ausgiebig interpretiert und kommentiert worden.[1] Dagegen wartet der zweite Schwerpunkt der Schelling'schen Lehre vom Bösen, die Satanalogie seiner *Philosophie der Offenbarung*, noch weitgehend darauf, neu erschlossen zu werden.

Die Thematisierung des Teufels innerhalb seiner *Philosophie der Offenbarung* bedeutet für die Reputation des philosophischen Lehrers Schelling kein unbeträchtliches Risiko. Öffentlich vom Teufel zu reden, könnte sein Ethos als wissenschaftlicher Philosoph gefährden oder ihn in die Nähe eines Theosophen wie Jakob Böhme oder gar eines ‚Geistersehers' wie Swedenborg rücken. Deshalb betont Schelling in der Eingangspassage seiner Satanalogie ausdrücklich die

---

[1] Siehe u.a.: Jantzen, J.: „Die Möglichkeit des Guten und des Bösen", in: Höffe, O. / Pieper, A. (Hg.): F.W.J. Schelling. Über die Möglichkeit der menschlichen Freiheit, Berlin 1995, 61–90; Jacobs, W.G.: „Die Entscheidung zum Bösen oder Guten im einzelnen Menschen, in: Höffe, O. / Pieper, A. (Hg.): F.W.J. Schelling. Über die Möglichkeit der menschlichen Freiheit, Berlin 1995, 125–148; Oesterreich, P.L.: Das gelehrte Absolute. Metaphysik und Rhetorik bei Kant, Fichte und Schelling, Darmstadt 1997, 152–171 und Breuninger, R.: „Das Böse in der Philosophie Schellings", in: Breuninger, R. / Welsen, P. (Hg.): Religion und Rationalität, Würzburg 2000, 69–83.

wissenschaftliche Seriosität seiner Untersuchung. Er gehöre gerade nicht zu denjenigen, „welche in der Wissenschaft auf Abenteuer à la Don Quixote"[2] gehen. Stattdessen kündigt er gleich zu Anfang eine ‚kritische und historische Untersuchung' des Themas ‚Satan' an.

Zugleich erweckt Schelling im Exordium seiner Satanalogie die gespannte Aufmerksamkeit seines Publikums, indem er vorweg auf den innovativen und unorthodoxen Charakter seiner Lehre verweist. Die ‚gewöhnliche' oder ‚orthodoxe' Vorstellung vom Teufel, gegen die sich Schelling richtet, bezieht sich auf den metaphysischen Lucifer-Mythos, demgemäß der Teufel mit dem gegen Gott rebellierenden und gefallenen Engel Lucifer identifiziert wird. Diese orthodoxe Vorstellung vom Teufel als ‚Haupt alles Bösen', lässt sich nach Schelling folgendermaßen beschreiben: „Sie denkt sich diesen Satan als einen zwar mächtigen, aber doch keineswegs unbeschränkten individuellen, erschaffenen Geist, als einen ursprünglich guten Engel, der aus Hochmuth sich über Gott erheben wollen, sich ihm widersetzt habe, hierauf – von Gott ausgestoßen und seiner eignen Verkehrtheit überlassen – nun, wie Abtrünnige zu thun pflegen, alles aufgeboten habe, um auch andere, besonders die Menschheit von Gott abzuziehen und sie von sich abhängig zu machen."[3]

Schelling findet diesen Lucifer-Mythos in seiner modernen dichterischen Umdeutung, die von Miltons *Paradise Lost* und Klopstocks *Messias* ausgeht, in der zeitgenössischen Öffentlichkeit vor. Der Teufel wird hier nicht mehr, wie noch in Dantes *Divina comoedia*, als zottiges, menschenfressendes Ungeheuer geschildert, sondern als intelligenter, stolzer Rebell. „Milton und Klopstock haben sich alle Mühe gegeben, dem Satan nach der gewöhnlichen Vorstellung eine gewisse Erhabenheit zu geben, aber selbst der classisch gebildete Milton hat es

---

[2] Schelling, F.W.J.: Urfassung der Philosophie der Offenbarung, Bd.2, hg. v. W.E. Ehrhardt, Hamburg 1992, 616.

[3] Schelling, F.W.J.: Philosophie der Offenbarung, SW XIV, 242.

nicht vermocht."[4] Die neueren Dichter, die den orthodoxen Lucifer-Mythos derart ästhetisch positivieren, sind nach Schelling eifrige *advocati diaboli*, die zwar dem Teufel eine neue Würde zubilligen, aber andererseits den alten metaphysischen Realismus noch vertiefen. Durch die detaillierte dichterische Darstellung als konkrete individuelle Person depotenzieren sie zugleich die Erhabenheit des Diabolischen als eines unfassbares, universelles Geistprinzip.

Dabei richtet sich Schellings Kritik am metaphysischen Realismus nicht generell gegen die Positivierungstendenz der modernen Dichtung. Im Gegenteil: Gleich zu Anfang macht Schelling seinen Hörern klar, dass er dem Satan eine „noch höhere Realität und eine noch höhere Bedeutung"[5] zuzuschreiben gedenkt. Schellings sich daran anschließender Entwurf einer eigenen und, wie sich zeigen wird, anthroprogenetischen Satanalogie gliedert sich in einen kritischen Teil, der die orthodoxe Vorstellung des Teufels destruiert und einen positiven Teil, der dann seine ‚eigentliche philosophische Bedeutung' herausstellt.

1. Die Destruktion der orthodoxen Vorstellung vom Teufel

In seinem kritischen Teil der Satanalogie widerlegt Schelling mit fünf Argumenten und Hinweisen zum *Alten* und *Neuen Testament* die orthodoxe Vorstellung von der individuellen Geschöpflichkeit des Satans. Der erste ethymologische Hinweis bezieht sich auf den hebräischen Namen *satan*, aus dessen griechischer Übersetzung *diabolos* und schließlich das deutsche ‚Teufel' entstanden ist. Schelling erinnert daran, „daß in dem Namen ‚Satan' schlechthin nichts speciell Bezeichnendes liegt, daß er vielmehr von möglichst allgemeiner Bedeutung ist. Der Name ist bekanntlich aus dem Hebräischen, wo er eben nur W i d e r s a - c h e r im A l l g e m e i n e n bedeutet"[6]. Insofern ‚Satan' nur ganz allgemein

---

[4] A.a.O., SW XIV, 246.
[5] A.a.O., SW XIV, 243. A.a.O., SW XIV, 243.
[6] Ebd.

‚Widersacher' heißt, liegt in ihm – wie Schelling bemerkt – zwar die Andeutung einer Persönlichkeit im Sinne eines allgemeinen Geistes, aber nicht einer individuell erschaffenen Person. Schon dieser ethymologische Hinweis stellt somit die orthodoxe Vorstellung des Teufels als individuelles Geschöpf in Frage.

Die zweite Bemerkung weist zunächst darauf hin, dass es im *Alten* und *Neuen Testament* keine einzige Stelle gibt, in der gesagt wird, dass der Teufel erschaffen worden sei. Im Gegenteil wird ihm im *Neuen Testament* eine Erhabenheit zugebilligt, die sich mit der Vorstellung von einer endlichen, erschaffenen und individuellen Person nicht vereinbaren lässt. Er wird als ‚Fürst dieser Welt' und bei Paulus sogar als ‚Gott dieser Welt' bezeichnet. Nur indem Satan derart als eine über alles Individuelle erhabene, außer- und übergeschöpfliche Macht dargestellt wird, kann er – so Schelling – den würdigen Gegenpart zu Christus spielen. Dies sei für die Bogomilen sogar der Anlass, Satan den „*älteren* Bruder Christi"[7] zu nennen.

Bei aller zugestandenen Erhabenheit stellt aber die Bibel den Satan insgesamt nicht als ein eigentlich böses Prinzip dar. Der kritische Blick auf die Quellenlage im *Alten* und *Neuen Testament* weist sowohl die gewöhnliche Vorstellung vom Satan als individuellem Geschöpf, als auch die manichäistische Vorstellung eines gottgleichen bösen Prinzips zurück. Der Schlüssel zur biblischen Grundbedeutung des Satans lässt sich dagegen – so Schellings dritte Bemerkung – im Buch Hiob finden. Hier wird Satan zunächst ausdrücklich zu den ‚Söhnen Gottes' gezählt. Ferner wird er im Buch Hiob keineswegs als eigentliche Ursache des Bösen oder als direkter Feind Gottes vorgestellt. Satan tritt hier nicht als das originale Böse, sondern als der von Gott selbst zugelassene Versucher auf. Er verkörpert somit ein zur göttlichen Ökonomie selbst gehöriges und von Gott anerkanntes Prinzip.

---

[7] Schelling, F.W.J.: Philosophie der Offenbarung, SW XIV, 245.

Damit hat Schelling die positive Grundbedeutung des Satans als Macht der Versuchung, die das Innere und die Gesinnung der Menschen in Zweifel zieht und auf die Probe stellt, exponiert. Demnach ist der Satan die Macht, die „ohne selbst böse zu seyn, dennoch das verborgene Böse hervor- und an den Tag bringt, damit es nicht unter dem Guten verborgen bleibe"[8]. Der Teufel erfreue sich an dem hervor- und an den Tag gebrachten Bösen nur deshalb, weil es die Bestätigung seines Zweifels an der frommen Gesinnung des Menschen sei.

Schellings viertes, exegetisches Argument weist ferner die orthodoxe Vorstellung vom Teufel mit dem Hinweis auf die Versuchungsgeschichte Christi zurück: „Ist Satan ein b l o ß e s Geschöpf, so sind die Worte absurd, die er zu Christus sagt, die Worte: Diese ganze Macht und Herrlichkeit ist mein, ich gebe sie, wem ich will! Ist aber Satan ein Princip, und zwar, das schon fühlt, daß ihm bald nur noch das äußere Weltreich angehören wird ..., so sind diese Worte ganz consequent."[9] Wäre der Teufel nur als endliches, beschränktes Individuum vorgestellt, so wäre nicht nur speziell die Versuchungsgeschichte Christi unglaubwürdig. Ganz allgemein könnte er im Drama der Heilsgeschichte keinen adäquaten Gegenpart zu Christus spielen.

Gegen die Vorstellung einer endlichen individuellen Person spricht fünftens vor allem die Allgegenwart, die Satan zugeschrieben wird. Demgemäß besitzt der Teufel einen immer und überall gegenwärtigen Einfluss. Diese ubiquitäre und alles durchdringende Macht und Gewalt kann nicht von einem einzelnen Individuum ausgehen, da Individuelles sich gegenseitig ausschließt, sondern nur von einem allgemeinen kosmischen Prinzip. Von dieser Art eines universellen geistigen Prinzips sei Satan, der „überall und immer um, ja in dem Menschen ist und

---

[8] A.a.O., SW XIV, 248.
[9] A.a.O., SW XIV, 254.

jeden Augenblick ihm sich nicht nur vorstellen oder darstellen, sondern auch ihm sich insinuiren kann"[10].

Mit diesem fünften Kontra-Argument aus der Allgegenwärtigkeit des satanischen Prinzips endet Schellings Refutation der gewöhnlichen Vorstellung vom Teufel. Vorausblickend lässt schon der kritische Teil zwei Grundtendenzen der Schelling'schen Satanalogie erkennen. Das Diabolische wird als allgemeines Prinzip erstens positiviert, d.h. in die göttliche Ökonomie einbezogen und zweitens infinitisiert, d.h. als allgegenwärtige und ubiquitäre Macht verstanden. Ferner macht dieser fünfte Hinweis deutlich, wie Schelling die Einwirkung des Teufels auf den Menschen versteht. Der Satan vermag nicht direkt den menschlichen Willen zu okkupieren, sondern besitzt lediglich eine indirekte Vorstellungs- und Darstellungsmacht, durch die er die Menschen verführt. Gleichsam als versierter Rhetor verfügt er dabei über alle Mittel persuasiver Simulation, Suggestion und Insinuation.

2. Von der ironischen Natur des diabolischen Prinzips

Nach der kritischen Destruktion der gewöhnlichen Vorstellung gibt Schelling im positiven Teil seiner Satanalogie eine eigene philosophische Erklärung des Teufels. Die von Schelling hier entwickelte ‚eigentliche Idee des Satans' entsteht auf dem Boden des geschichtlichen Denkens seiner Spätphilosophie. Als Resultat enthält sie den Gedanken, dass der Teufel zwar kein ewiges und unerschaffenes, sondern ein vom Menschen ausgehendes geschichtliches Prinzip darstellt.

In Schellings Erklärung des Satan verbindet sich die anthropozentrische Perspektive seiner *Stuttgarter Privatvorlesung* mit der Grund-Existenz-Ontologie der *Freiheitsschrift*. Demnach beruht alle menschliche Persönlichkeit auf einem ‚dunklen Grund'. Jenes dunkle B-Prinzip, das die Möglichkeit der geschichtli-

---

[10] A.a.O., SW XIV, 255.

chen Entwicklung des Satanischen enthält, wird innerhalb des menschlichen Bewusstseins vor dem Sündenfall durch das göttliche A-Prinzip beherrscht und in Schranken gehalten. Erst durch die ‚unvordenkliche Tat' der menschlichen Freiheit im Sündenfall wird das vorher in Schranken gehaltene B-Prinzip entfesselt, so dass es aus der integrierten Seinsverfassung des Menschen als reiner negativer Geist hervortritt. So entsteht der Satan als ein zwar aus dem Menschen selbst hervorgegangenes, aber dann schrankenlos und allgegenwärtig gewordenes geistiges Prinzip. Der Teufel erweist sich nach dieser Erklärung somit als ein vom Menschen erregter, ‚gewordener' Geist, der, nachdem er ursprünglich im menschlichen Bewusstsein integriert war, dieses entfesselt transzendiert und es schließlich aufzuheben droht.

Für Schelling hat die genealogische Erklärung der Existenz des Teufels somit eine dezidiert anthropologische Basis. Die Entstehungsgeschichte des Satans beginnt mit dem Menschen. Aufgrund der im Sündenfall-Mythos symbolisierten ‚unvordenklichen' Tat der Freiheit geht der satanische Geist aus dem Menschen hervor. Diese Progenese transzendiert allerdings den Menschen und führt zur Verselbstständigung des diabolischen Geistes. Einmal entfesselt und freigesetzt existiert der Teufel als ein „universelles Princip, ein Leben eigner Art zwar, ein falsches Leben, eines, das nicht seyn s o l l t e , aber doch i s t , und einmal erregt, nicht wieder, wenigstens nicht unmittelbar wieder zurückgebracht werden kann"[11]. Als derart verselbstständigte und schrankenlos gewordene Potenz bedroht das diabolische Prinzip schließlich auch den Menschen selbst.

Die schon im kritischen Teil anklingende Tendenz zur Positivierung des Teufels findet ferner im positiven Teil der Schellingschen Satanalogie ihre Fortsetzung. Auch hier betont Schelling, dass der Satan selbst nicht böse sei, sondern lediglich eine „das Böse im Menschen a h n e n d e und es hervor, an den Tag zu bringen suchende Macht"[12] sei. Der Teufel ist somit wiederum nicht als sich ge-

---

[11] A.a.O., SW XIV, 257.
[12] A.a.O., SW XIV, 260.

gen Gott empörender, und zum Bösen pervertierter gefallender Engel zu sehen, sondern als eine zur göttlichen Ökonomie gehörige und von Gott selbst anerkannte Macht der Versuchung zu verstehen. Seine Natur ist es, „das Verbotene, das nicht seyn Sollende in Möglichkeit zu stellen, damit das eigentlich Böse, das nur in der Gesinnung liegt, offenbar werde"[13]. Als gottgewollte Macht der Versuchung in der gefallenen Welt ist somit der Satan, wie Schelling zugespitzt formuliert, sogar das ‚eigentliche Mysterium Gottes'.

Bei der näheren Bestimmung des Satanischen greift Schelling ferner auf die vom jungen Friedrich Schlegel konzipierte Gedankenfigur der romantischen Ironie zurück. Schon den rhetorischen Tropus Ironie prägen Antithese und Zweideutigkeit. So äußert der Ironiker das Gegenteil von dem, was er innerlich meint. Beim frühen F. Schlegel wird nun der auf einzelne Redewendungen beschränkte rhetorische Tropus (*ironia verbi*) zur unbeschränkten philosophischen Figur einer existentiellen Ironie (*ironia vitae*) und sogar zur universellen Ironie (*ironia entis*) erweitert.[14] Diese infinite romantische Ironie bildet für Schlegel das produktive Prinzip jener ‚ewigen Agilität', die das ‚unendlich volle Chaos' des Universums ermöglicht.

Der späte Schelling greift diese frühromantische Gedankenfigur in seiner Satanalogie wieder auf und lässt das diabolische Prinzip geradezu als Inbegriff infiniter Ironie erscheinen. Der tropologisch durch unendliche Ironie definierte Teufel avanciert beim späten Schelling zu einer hintergründigen Hauptfigur. Das Definitionsproblem, das der Topos von der unfasslichen Vielgestaltigkeit und Ortlosigkeit des Teufels als „transpersonaler Macht"[15] artikuliert, erklärt sich auch aus seiner ironischen Natur. Aus der schon von F. Schlegel hervorgehobenen ironischen ‚Wechselbestimmung' wird hier in Schellings *Philosophie der*

---

[13] A.a.O., SW XIV, 261.
[14] Zum Begriff der infiniten Ironie bei F. Schlegel vgl. Romantik-Handbuch.
[15] Track, J.: „Teufel VI. Systematisch-theologisch", in: *TRE XXXIII*, 136.

Offenbarung die Versatilität und der unerschöpfliche ‚Rollenwechsel' des Satans. Er ist „seiner Natur nach versatil und nie sich selbst gleich; unerschöpflich in seiner Natur wechselt es die Rollen"[16]. Angesichts seiner ironischen Natur verwundert es nicht, dass das Satanische für uns zunächst in einer verwirrenden Ambivalenz erscheint. Es trägt gleichsam ein doppeltes Gesicht: Einerseits zeigt es sich als Ursache von Zwietracht und allem Bösen. Auf der anderen Seite erscheint es als ein wohlgelittenes, zur göttlichen Haushaltung gehöriges und sogar ‚mit Majestät bekleidetes Prinzip'.

Als Inbegriff infiniter Ironie wird das Satanische bei Schelling zu einem produktiven Prinzip erhoben, das die Momente des kreativen Chaos und der ‚ewigen Agilität' im geschichtlichen Universum repräsentiert. Die Positivierung des Satanischen durch die romantische Gedankenfigur der infiniten Ironie gipfelt in Schellings Bestimmung der ‚eigentlichen philosophischen Idee des Satans'. Demgemäß ist es „das nothwendige primum movens aller Geschichte"[17]. Demnach beginnt erst mit dem Sündenfall und der Progenese des im Menschen angelegten diabolischen Prinzips die Menschheitsgeschichte, die sich nach Schelling in zwei Epochen gliedert. In der ersten Epoche des Heidentums und der Mythologie herrscht das Diabolische auch in der Religionsgeschichte. Auch in der zweiten Epoche, die mit dem Sieg Christi über den Satan anbricht, ist die Macht des Diabolischen nicht aus der Welt verschwunden. Der ‚Fürst dieser Welt' – so Schellings These – hat sein Wirkungsfeld lediglich vom religiösen auf das politische Feld verlagert. Die moderne politische Geschichte bildet somit „ein neues Theater der Wirkungen des Satans, die nicht minder blutbedeckte Schaubühne"[18]. Für Schelling beweist dieser geschichtliche Rollenwechsel und das Überspringen vom religiösen auf das politische Gebiet die unerschöpfliche Kreativität des Satanischen, die in seiner ironischen und versatilen Natur gründet.

---

[16] Schelling, F.W.J.: Philosophie der Offenbarung, SW XIV, 269.
[17] A.a.O., SW XIV, 271.
[18] Urfassung 639.

Eindrücklich schildert Schelling den zumeist unbewussten Einfluss des diabolischen Geistes auf den Menschen. Dabei besteht die Macht des Satans über den Menschen nicht in einer unmittelbaren Willensbestimmung, sondern in seinem persuasiv vermittelten suggestiven Einfluss, der in der Vorspiegelung verführerischer Möglichkeiten besteht: „Jener Geist ist im Besitz des Menschen, noch ehe dieser es ahndet oder weiß, und, an sich unendliche Möglichkeit, die nie völlig verwirklicht ist, spielt er in allen Formen, Farben und Gestalten ... Als diese unerschöpfliche Quelle von M ö g l i c h k e i t e n , die je nach Umständen und Verhältnissen andere, neue und wechselnde sind, ist dieser Geist der immerwährende Erreger und Beweger des menschlichen Lebens, das Princip, ohne das die Welt einschlafen, die Geschichte versumpfen, stillstehen würde. Dieß ist die eigentliche philosophische Idee des Satan."[19]

Die eigentliche Seinsmodalität des Diabolischen ist demnach nicht die Wirklichkeit, sondern die Möglichkeit. Der Satan verkörpert nach Schelling das Prinzip infiniter Potentialität, das als bloße Allmöglichkeit nur durch den Willen des Menschen zur Wirklichkeit gelangen kann. Daher wird die an Möglichkeiten unerschöpfliche Natur des diabolischen Geistes zugleich von einem ‚ewigen Hunger nach Wirklichkeit' getrieben. Gleichsam als hungriger Löwe sucht der Versucher nach Gelegenheiten, das, was in ihm bloß Potentialität ist, durch den menschlichen Willen zu realisieren. Er geht umher „und sucht, welchen er verschlinge in seiner ewigen Sucht, seinem nie ersättigten Bedürfnis, das, was in ihm als bloße Möglichkeit ist, durch den Menschlichen Willen zu verwirklichen"[20]. Dabei stehen ihm alle Möglichkeiten der visuellen und verbalen Suggestion zur Verfügung. Die indirekte, ideelle Gewalt, die das Diabolische über den Menschen besitzt, ist vor allem die der persuasiven Simulation, d.h. der täuschenden Darstellung von verlockenden Möglichkeiten menschlicher Selbstverwirklichung.

---

[19] Schelling, F.W.J.: Philosophie der Offenbarung, SW XIV, 270f.
[20] A.a.O., SW XIV, 271.

Wenn Schelling in diesem Zusammenhang den Satan als ‚Sophisten' im eigentlichen Sinne bezeichnet, knüpft er an Platons Kritik der sophistischen Rhetorik an, die eine Trugbildnerei durch Worte sei. Durch die ‚falsche trügerische Magie' von vorgestellten Möglichkeiten, die den menschlichen Willen anlockend an sich zieht, gewinnt das universelle diabolische Prinzip seine ideelle, persuasive Macht über den Willen des Menschen. Für das scheinbar unbegrenzte Reich diabolischer Simulation gilt ein für die Spätphilosophie Schellings grundlegender Begriffszusammenhang: „Möglichkeit, Macht, Magie sind immer beisammen."[21] Insofern die diabolische Macht lediglich eine ideelle ist, die sich an die innere Imagination und geistige Vorstellungsfähigkeit des Menschen wendet, bedroht sie weniger die ‚grob materiellen Naturen', sondern vorzüglich die intelligenten und außerordentlich begabten. Gerade die geistigen Naturen stehen in Gefahr, dem Einfluss diabolischer Vorspiegelungen und Simulationen zu erliegen. Damit wiederholt Schelling in seiner *Philosophie der Offenbarung* den schon in seiner *Freiheitsschrift* angesprochenen Topos. Er beinhaltet die allgemeine Auffassung von der besonderen Anfälligkeit der genialischen Natur für diabolische Verführung, die literarisch z.B. in Goethes *Faust* und später in Th. Manns *Dr. Faustus* ausgestaltet worden ist. Auch bei Schelling werden gerade die besonders Befähigten viel öfters vom Bösen als vom Guten begleitet.[22] Hohe Intelligenz und Imaginationsgabe scheinen zugleich mit dem Horizont schöpferischer Invention auch den Umkreis verführerischer und abseitiger Möglichkeiten zu erweitern.

3. Schellings philosophische Rede vom Teufel

Insgesamt versucht Schelling der alten religiösen und metaphysischen Rede vom Teufel einen neuen Sinn zu geben. Durch seine kritische Destruktion des ortho-

---

[21] A.a.O., *SW* XIV, 259.
[22] Vgl.: Schelling, F.W.J.: Philosophische Untersuchungen über das Wesen der menschlichen Freiheit, SW VII, 368.

doxen Luzifer-Mythos bekämpft Schelling jenen metaphysischen Realismus, den nicht nur die moderne Dichtung, sondern auch die heutige mediale Darstellung des Teufels noch vertritt. Auf der anderen Seite ist für ihn das Diabolische keine bloß subjektive Fiktion oder intersubjektive Projektion, sondern ein universell herrschendes Geistprinzip, das zwar ursprünglich vom Menschen ausgeht, aber innerhalb der Geschichte eine selbstständige Existenz und transpersonale, geistige Realität gewinnt. Insofern die Progenese des Satanischen das menschliche Sein radikal transzendiert, vertritt Schelling keine immanent anthropologische Theorie. Der Standpunkt der Schelling'schen Satanalogie kann deshalb als anthro*progenetischer* Realismus bezeichnet werden.

Schellings anthroprogenetische Satanalogie bedeutet zunächst eine vielen sicherlich paradoxal erscheinende, ethische Positivierung des Diabolischen. Entgegen der gewöhnlichen Vorstellung ist demnach der Satan selbst nicht böse, sondern lediglich eine Macht der Versuchung, die den Menschen auf die Probe stellt. Böse im eigentlichen Sinne kann nur – wie schon die *Freiheitsschrift* betont – der freie Wille des Menschen sein. Der diabolische Geist treibt lediglich das im Menschen schon latent vorhandene Böse hervor und bringt es zu Tage.

Zweitens wird das Diabolische durch Schelling entindividualisiert und infinitisiert. Es gewinnt den Charakter eines allgegenwärtigen geistigen Prinzips, das als *primum movens* die menschliche Geschichte bewegt. Durch diese Infinitisierung schützt und befreit Schelling das diabolische Prinzip zugleich vor seiner modernen literarischen, medialen und doxalen Fixierung, die bis zu seiner endgültigen Depotenzierung in der Form der Karikatur führen kann. Indem Schelling den Satan als Objekt der Literatur und der gewöhnlichen Meinung kritisiert, rettet er seine an sich ungegenständliche, gleichsam numinose Allgegenwart als universelles Prinzip.

Die dritte Haupttendenz der Schellingschen Satanalogie ist schließlich ihr Grundzug zur anthropologischen Refundierung. Das Diabolische ist keine völlig fremde, dämonische Macht, sondern gründet ursprünglich im Menschen selbst. Es ist ein aus ihm selbst entsprungenes, sich dann verselbstständigendes und sich geschichtlich gegen ihn wendendes Prinzip. Die anthroprogenetische Satanalogie in der *Philosophie der Offenbarung* bildet damit einen ergänzenden und vertiefenden Beitrag zur modernen Selbsterkenntnis menschlicher Freiheit. Sie stellt ein korrespondierendes Gegenstück zur *Freiheitsschrift* dar, die auch schon die menschliche Freiheit als ambivalentes ‚Vermögen des Guten und des Bösen' bestimmt hatte. Schellings Satanalogie verdeutlicht vor allem den anthropologischen Grund für die Anfälligkeit der menschlichen Freiheit gegenüber dem Bösen. Es ist die an sich positive Fähigkeit zur freien Imagination unendlicher Möglichkeiten, die in verselbstständigter Form die menschliche Freiheit zum Bösen verführen kann.

Es ist die entfesselte Macht des ironischen Alteritätsprinzips, d.h. des potentiell infiniten Anderssehen-, Anderdeuten- und Andershandelnkönnens, durch die das Satanische den menschlichen Willen anzuziehen und zu verleiten vermag. Das Einfallstor für das Diabolische ist somit der moralisch indifferente Möglichkeitssinn des Menschen, der gleichermaßen die ‚guten' wie auch ‚bösen' Möglichkeiten der Selbstverwirklichung vor Augen führt. Mit diesem scheinbar unbegrenzten Möglichkeitssinn des Menschen, der sowohl auf dem inneren Forum des Selbstbewusstseins, als auch auf dem äußeren Forum der öffentlichen und medialen Kommunikation auftreten kann, ist zugleich auch immer die Gefahr einer Versuchung durch das Böse gegeben.

Dass Schelling dennoch insgesamt dem produktiven Aspekt des Diabolischen ‚als primum movens aller Geschichte' den Vorzug einräumt, macht am Ende auch ihn zu einem *advocatus diaboli*. Dabei ist ihm durchaus bewusst, dass das Spiel mit dem Alteritätsprinzip sowohl die Chance zu fruchtbarer Innovation als auch das Risiko diabolischer Verirrung birgt. Dennoch nimmt Schelling selbst das von ihm thematisierte, risikoreiche Alteritätsprinzip für den Vollzug seiner philosophischen Rede selbstbewusst in Anspruch. In überzeugender retorsiver

Übereinstimmung demonstiert er die philosophische Freiheit des Andersdeutenkönnens wenn er selbstbewusst feststellt: „Wir haben die Bedeutung des Satans anders bestimmt ..."[23]

So gewinnt Schellings ethische Positivierung des Diabolischen und seine Exposition als produktives Prinzip am Ende auch einen ganz persönlichen Sinn. Das thematische Interesse Schellings am Thema des Teufels entspringt nicht zuletzt der Angst vor dem Versagen seiner eigenen philosophischen Produktivität, die ihn insbesondere in der Krisenzeit des Scheiterns seines großangelegten *Weltalter*-Projektes nach 1809 quälte. Mit seiner anthropogenetischen Satanalogie versichert sich Schelling in seiner Spätphilosophie aber – offensichtlich erfolgreich – aufs Neue der Möglichkeitsbedingung seiner eigenen philosophischen Kreativität. So scheint schließlich das ‚*primum movens* aller Geschichte' auch Schellings eigene philosophische Biographie zu bewegen.

---

[23] Schelling, F.W.J., Urfassung der Philosophie der Offenbarung, 649.

Renate Breuninger

Das Böse in der Philosophie der Subjektivität

Die neuzeitliche Philosophie hat, was vielfach beklagt wurde, keine Sprache zur Behandlung von Themen, in denen die Metaphysik die Theologie sozusagen beerbt hat. Mit der philosophischen Thematisierung des Bösen ist, so gesehen, auch das Problem der Übersetz- und Rezipierbarkeit metaphysischer Fragestellungen in neueren philosophischen Kontexten angesprochen. Die Mitleidsethik wäre zum Beispiel ohne die Wahrnehmung des Bösen schlechterdings unmöglich. In diesem Sinn hat Horkheimer betont, dass der Satz „Es gibt keine Metaphysik" alle Versuche zunichte mache, das Leiden und das Böse zu fassen. Die Möglichkeit oder Unmöglichkeit, über das Böse in begrifflicher Form zu reden, ist im Hinblick auf den Aufbau einer zeitgemäßen Ethik von höchster Bedeutung. Es scheint, dass von der Wahrnehmung des Bösen auch die Wahrnehmung der Moral abhängt.

Nun hatte aber gerade die neuzeitliche, mit Descartes beginnende Metaphysik unendliche Mühe mit dem Bösen. In einer vernünftig geordneten Welt, wo die Vernunft zum Subjekt der Wirklichkeit erhoben wurde, sind die Übel nur in einem die Schöpfungsordnung rechtfertigenden Diskurs in der Theodizee zu behandeln, die ihrerseits durch den Blick auf das Ganze zu einer, wie es neuerdings heißt, „Depotenzierung des Bösen" geführt hat.[1]

---

[1] Willi Oelmüller, Ist das Böse ein philosophisches Problem? In: Philosophisches Jahrbuch 98 (1991), S. 259.

Nicht ganz ohne Grund wurde die „Theodizee" von Leibniz als sein schwächstes Werk bezeichnet. Das 19. Jahrhundert hat in seiner Kritik hervorgehoben, die Theodizee sei lediglich zur Erbauung der Damen geeignet, wofür auch die Abfassung in französischer Sprache ein Beweis sei. Sie wurde auch ein „Beschwichtigungsmanuskript" und ein „Mohntränkchen"[2] genannt.

Dorothea Sölle bezeichnet die Theodizee von Leibniz sogar als einen „theologischen Sadismus".[3] Nach Gabriel Marcel hat *Hermann Lübbe* die radikalste Auseinandersetzung mit dem Theodizeegedanken geführt. Für ihn ist die Theodizee nichts anderes als eine hybride Selbstermächtigung des Menschen, der sich anmaßt, Gott vor den Richterstuhl seiner Vernunft zu zitieren. Eine Rechtfertigung Gottes sei nicht nur häretisch, sie setze, wie Lübbe ausführt, Religion und Moralität außer Kraft. Von dem Theodizeegedanken scheint nur noch ein bereits im 19. Jahrhundert (Hegel und Nietzsche) einsetzender Versuch zur Funktionalisierung des Übels übriggeblieben zu sein, bei der es um eine Art pädagogischer Sinngebung des Übels zu gehen scheint.

Das Böse lässt sich somit außerhalb eines theologischen Diskurses nur schwer fassen, und dies, obwohl das Übel in der Welt nicht zu leugnen ist. Es scheint sich also einer begrifflichen Darlegung zu entziehen. In diesem Sinne hat Safranski wohl recht, wenn er hervorhebt: „Das Böse ist kein Begriff, sondern ein Name für das Bedrohliche, das dem freien Bewußtsein begegnen und von ihm getan werden kann: es begegnet ihm in der Natur, dort, wo sie sich dem Sinnverlangen verschließt, ...in der Kontingenz..., im Fressen und Gefressenwerden. In

---

[2] A. Pichler, Die Theologie des Leibniz, 2. Bände München 1869, Band 1, S. 181.
[3] Dorothee Sölle, Leiden, Stuttgart 1984.

der Leere draußen im Weltraum ebenso wie im eigenen Selbst, im schwarzen Loch der Existenz."[4]

Worin liegt nun aber die innere Problematik der Rede vom Bösen? Mit dem Namen des Bösen wird so etwas wie die Korruptibilität, die Anfälligkeit und Bedrohtheit der Welt- und Lebensordnung bezeichnet. Das Böse erscheint als feindliches Prinzip, das in der gläubigen Rede als Satan, Teufel, Luzifer usw. bezeichnet wird. Hinter dieser Bezeichnung verbirgt sich wohl die Annahme einer Macht, die das Übel in der Welt bewirkt. Daher scheint auch der substantivische Gebrauch von böse als „das Böse" gerechtfertigt zu sein. Allerdings erhebt sich hier sofort die Frage, ob sich in der Annahme einer feindlichen Macht nicht schon ein Rechtfertigungsversuch verbirgt. Alles Übel wird dieser Macht angelastet, wodurch der Mensch sich zu entlasten strebt. So empfiehlt es sich, von einem adjektivischen Sprachgebrauch auszugehen. „Böse" sind zunächst einmal die Übel, von denen man betroffen wird, die Krankheit, der Tod, die Unfälle, die einem zustoßen, die Schicksalsschläge. Das alles sind Erscheinungen mit Ereignischarakter, die, mehr oder weniger unverschuldet, in unser Leben hereinbrechen. Obwohl der Mensch in der Regel daran keine Schuld hat, sind solche Ereignisse durchaus ethisch relevant. Es stellt sich in diesem Zusammenhang die Frage nach dem rechten Umgang mit solchen Übeln, vielleicht auch etwas hochgegriffen, nach dem menschlichen Sinn des Leidens. Auf diese Fragen soll hier allerdings nicht unmittelbar eingegangen werden.

Als böse gelten aber auch Handlungen, die eine Welt- und Lebensordnung in Frage stellen oder direkt angreifen; Terroranschläge zum Beispiel. Solche Handlungen widersprechen nicht nur den innerhalb einer Lebensordnung geltenden Normen; sie stellen diese Ordnung selbst in Frage. Daher können sie auch nicht als Einzelhandlungen im Rahmen einer geltenden Ordnung bewertet werden. Sie

---

[4] Rüdiger Safranski, Das Böse oder das Drama der Freiheit, München/Wien 1997, S. 14.

werden vielmehr als Ausdruck und Manifestation von Personen verstanden, die im Ganzen feindlich sind. Böse in diesem Sinne wären also nicht einzelne Handlungen, sondern Personen als Repräsentanten von Ordnungen, die meine in Frage stellen und in ihrem Daseinsrecht bestreiten.

Allerdings beinhaltet die Charakterisierung einer Ordnung und deren Repräsentanten als „böse" selbst auch wieder ein ethisches Problem. Gezeigt werden soll, dass die Etikettierung von jemandem als böse bereits „böse" ist oder zumindest sein kann.

Hier kommt es mir vorläufig nur darauf an, die Machtlosigkeit und Unverfügbarkeit des Menschen gegenüber ereignishaften Anfällen oder feindlichen Angriffen in den Blick zu rücken und das meint: die strukturelle Bedrohtheit jeder Lebensordnung. Solche Anfälle oder Angriffe können *jederzeit* eintreten: *Media in vita in morte sumus*. In dieser strukturellen Bedrohtheit wird das greifbar, was man die Präsenz des Bösen nennen könnte.

Diese Gegenwärtigkeit meint aber nicht die Gegenwart der Geschichtszeit, in der Zukunft und Vergangenheit in der Form der Zukünftigkeit und Unabgeschlossenheit des Gewesenen vermittelt sind. Die Gegenwart des Bösen scheint vielmehr eine mit der Geschichtszeit mitlaufende Gegenwart zu sein, die keinen geschichtlichen Ort hat.

Die Präsenz des Bösen lässt sich nun an drei Erscheinungsformen aufzeigen:

1. als „böse Sprache"

2. als Verkehrung der guten Absicht und

3. als Diabolik.

kettierung⁵ wird das Böse erst hervorgebracht. So erzeugt der Hexenhammer erst die Hexen. Die Sprache wird zum Hammer, der, obwohl er sich vermeintlich gegen das Böse wendet, genau das Böse erst hervorbringt. Dadurch, dass jemand als böse bezeichnet wird, wird er zum Feind, der vernichtet werden muss: *Ubi malum, ibi inquisitio*. Wer als böse benannt wird, dem wird das Daseinsrecht abgesprochen und er wird der Vernichtung anheim gegeben.

Ad 2) Nach der menschlichen Erfahrung gibt es aber auch das Böse, wo sich unsere besten Absichten in ihr Gegenteil verkehren und anderen Schaden zugefügt wird. Menschen können in der allerbesten Absicht schuldig werden. Nicht von ungefähr erreichte die „Theodizee" von Leibniz nach 1945 große Auflagen, in einer Zeit also, in der die gute Absicht, die Pflichterfüllung und der Gehorsam usw. betont wurde. Der Mensch handelt unter ethischen Prämissen und wird doch schuldig, weil er ohne es zu wollen, einem anderen übel mitspielt. Die Skala des Übels reicht hier von der Kränkung bis zur Schädigung an Leib und Seele. Auch wenn so etwas dem Menschen gedankenlos oder in falscher Einschätzung des Geschehens unterläuft, muss er für das Geschehene einstehen.

In diesem Sinne singt der Harfner in „Wilhelm Meisters Lehrjahre": „Ihr laßt den Armen schuldig werden, dann überlaßt ihr ihn der Pein" (Goethe, Wilhelm Meisters Lehrjahre 13. Kapitel). Dazu passt auch die Tatsache, dass Auschwitz inmitten einer hochentwickelten Kultur möglich geworden ist. Darin wird deutlich, dass die Menschheit durch das Ethos einer Kultur nicht schon per se gegen das Böse gefeit ist.

Max Frisch hat in seinem Roman „Stiller" das Schuldigwerden in die condition humaine zurückgenommen:

---

⁵ Wolfert von Rahden, Orte des Bösen. Aufstieg und Fall des dämonologischen Dispositivs, S. 45 ff, In: Die andere Kraft. Zur Renaissance des Bösen. Herausgegeben von Alexander Schuller, Wolfert von Rahden, Berlin 1993.

Max Frisch hat in seinem Roman „Stiller" das Schuldigwerden in die condition humaine zurückgenommen:

„Ich weiß nicht..., was du unter Schuld verstehst. Jedenfalls bist du soweit, sie nicht mehr bei anderen zu suchen. Aber vielleicht, ich weiß es nicht, meinst du, sie hätte sich vermeiden lassen, Schuld ist eine Summe von eigenen Fehlern, die man hätte vermeiden können, meinst du es so? Ich glaube allerdings, die Schuld ist etwas anderes. Die Schuld sind wir selbst."

Ad 3) Es scheint ein Kennzeichen des Bösen zu sein, dass es sich versteckt und in der Maske des Guten daherkommt. Unter dem Deckmantel eines sittlichen Anspruchs wird die sittliche Ordnung subversiv unterlaufen. So hat z.B. Paul Klee das Böse des Nazireichs im Bilde des Mephisto, der den Helm der Pallas Athene trägt, dargestellt.

Bei diesen drei Erscheinungsformen zeigt sich die Perversion als Hauptmerkmal des Bösen. Dies wurde besonders tiefgründig von Schelling erörtert. Daher möchte ich im Folgenden auf das Problem des Bösen in der Philosophie der Subjektivität bei Schelling eingehen, der das Problem, wie es sich in der Tradition der abendländischen Philosophie gestellt hatte, radikal zu Ende gedacht hat. Später hat Walter Schulz die Spätphilosophie Schellings neu erschlossen und kam zu einer völlig neuen Sicht des deutschen Idealismus. Als Folge davon hat er die Philosophie der Subjektivität ohne den metaphysischen Hintergrund weitergeführt.

1 Das Böse bei Schelling

Eine radikal philosophische Verinnerlichung des Bösen findet sich in der Freiheitsschrift von Schelling, die Heidegger als „eines der tiefsten Werke der deutschen und damit der abendländischen Philosophie" und als „Gipfel der Metaphysik des deutschen Idealismus" bezeichnet hat.[6] Entscheidend ist – wie ich glaube – für ein neues, auch heute noch bedenkenswertes Verständnis des Bösen, dass Schelling das Böse in das Innerste der Vernunft selbst aufnimmt. Die philosophische Wendung, die Schelling in seiner Freiheitsschrift macht, besteht darin, dass er die Freiheit, die selbst noch bei Fichte als arbiträr angesetzt wurde, zu substantialisieren versucht. Freiheit und mit ihr auch die Grundverfassung der Vernunft ist für Schelling der Wille. „Wollen ist Ursein".[7]

In der Philosophie Schellings, in der die Vernunft sich zum sub-iectum der Wirklichkeit erhebt, wird der Begriff der Subjektivität zu Ende gedacht. Das Neue bei Schelling ist darin zu sehen, dass der Wille nicht nur als Prinzip der Vernunftpraxis, sondern als das Umgreifende der Vernunft im Ganzen gedacht wird. Im Willen wird die Vernunft auf ihren eigenen unvordenklichen Grund bezogen. Der Wille ist das an der Vernunft, was in und durch diese entfaltet und expliziert wird, wobei für Schelling gilt, dass die vernünftige Explikation des Willens immer auch eine Selbstexplikation der Vernunft darstellt. In Bildern gesprochen, ist der Wille die Dynamik der Vernunft, ihr innerer Antrieb und somit der Trieb zur Freiheit. Das besagt letztlich auch, dass die Vernunft qua Wille immer auf einen dunklen, noch nicht erhellten Grund aufbaut, in dem Gut und Böse noch nicht voneinander unterschieden werden. Im Streben zur Vernunft ergreift der Wille sich selbst als freien Anfang und als Prinzip, das mit sich selbst beginnt. Diese freie Selbstsetzung der Vernunft ist jedoch nur in der

---

[6] M. Heidegger, Schellings Abhandlung „Über das Wesen der menschlichen Freiheit" (1809), Tübingen 1971, S. 2 und 1.
[7] F.W.J. Schelling, Schellings Werke, 4. Hauptband (hg. von Manfred Schröter), München, 3. Aufl. 1978, VII, S. 350.

Form der Abhebung von dem Ursein, auf das er doch immer noch bezogen bleibt, zu verstehen.

Im Unterschied zu Fichte meint Schelling den Akt der Selbstsetzung *begreifen* zu können und nicht nur *in actu* vollziehen zu müssen. Begriffen wird der Akt der Selbstsetzung in der Form einer ursprünglichen Disjunktion. Die Klarheit der Vernunft gibt es nur im Bezug auf das Schwere, Dunkle, das die Vernunft aber immer auch selbst ist. Wenn das Helle und Klare gänzlich vom Dunklen geschieden würde, wäre es nicht mehr das Helle. Licht und Dunkel bilden den Rahmen, in dem das Gute vom Bösen unterschieden werden kann. Das Böse ist hier immer auch das noch nicht in die Klarheit der Vernunft gebrachte. Das Gute ist die freie Verwirklichung des im Grunde Möglichen. „Aus diesem Grund ist auch jene Rede ganz richtig, daß wer keinen Stoff noch Kräfte zum Bösen in sich hat, auch zum Guten untüchtig sei".[8]

Insofern der Wille das Ursein darstellt, in dem Denken und Sein noch nicht getrennt sind, ist er das Prinzip der Schöpfung. Er durchdringt als Ursein jede Kreatur und ist die Selbsterhaltung. Als noch nicht erhellt, ist der Wille gewissermaßen in einer vernünftig noch nicht explizierten, geschlossenen Form als Eigenwille der Kreatur fassbar. Diesem liegt als solchem jede verstandesmäßige Ausdifferenzierung der Wirklichkeit des Seienden immer schon zugrunde. In der Form des Eigenwillens der Kreatur ist der Wille ein Gegenpol zu seiner vernünftigen Universalität. Eine letztendliche Aufklärung kann es nie geben, denn sie würde die Tilgung des „dunklen Grundes" und damit der Lebenskraft bedeuten.[9] Schelling spricht vom „nie aufgehenden Rest, das, was sich mit der größten Anstrengung nicht in Verstand auflösen läßt, sondern ewig im Grund bleibt".[10]

---

[8] ebd., VII, 400.
[9] ebd., VII, 413.
[10] ebd., VII, 360.

Die eigentliche Aufgabe der menschlichen Freiheit ist die Herstellung eines gemäßen Verhältnisses beider Prinzipien: „Der Mensch ist auf jenen Gipfel gestellt, wo er die Selbstbewegungsquelle zum Guten und Bösen gleichermaßen in sich hat; das Band der Prinzipien in ihm ist kein notwendiges, sondern ein freies. Er steht am Scheidepunkt; was er auch wähle, es wird seine Tat sein, aber er kann nicht in der Unentschiedenheit bleiben, weil sich Gott notwendig offenbaren muss und weil in der Schöpfung überhaupt nichts Zweideutiges bleiben kann".[11]

Ohne Eigenwillen gibt es keine Personalität, doch hat dieser leider die Tendenz, sich auszudehnen und mehr sein zu wollen, „egoistisch" zu werden. In der Egoität schließt der Mensch sich in sich selbst ein und verliert die Möglichkeit der freien Gestaltung aus dem Grund heraus. Die Grundaussage der Freiheitsschrift lautet: „Nur in der Persönlichkeit ist Leben; und alle Persönlichkeit ruht auf einem dunklem Grund...."[12] Dieselbe Kraft, die schöpferisch und produktiv tätig im Menschen am Werk ist, ist für das Böse verantwortlich. Die Quelle höchster Produktivität ist zugleich auch die äußerster Zerstörung, beide werden aus demselben „Grund", der der „Lebensgrund" ist, gespeist.

Die entscheidende Einsicht Schellings liegt darin, dass das Böse nicht eine relativ willkürliche Ausgrenzung aus den Bezirken der Vernunft ist. Wo das Böse erscheint, ist immer das Gute auch mit im Spiel.

Während bei Schelling der Wille immer noch ein vernünftiger, zur Klarheit strebender Wille ist, ist er für Schopenhauer ohne jede Vernunft. Er ist der dunkle Urgrund, ein blindes, nie zum Stillstand kommendes Streben. Der Mensch ist diesem in sich sinnlosen Streben ausgeliefert. Einen guten, vernünftigen Willen, mit dem das Handeln sich ethisch legitimieren könnte, gibt es nicht. Der Wille

---

[11] ebd., VII, 374.
[12] ebd., VII, 413.

ist ein oberstes metaphysisches Prinzip, eine Instanz, die nicht auf ein sinnhaftes Ziel ausgerichtet ist. Grundlos ist er nicht nur bar jeglicher Vernunft und blind, sondern auch ziellos. Er will sich selbst, ohne dass es ein Ziel gäbe, in dem er sich vollende. Das Leben ist ein einziges Tretrad, das sich sinn- und ziellos immer weiterdreht. Alles Sein ist daher zum Leiden bestimmt.

Der dunkle Wille Schopenhauers ist also die Wurzel alles Bösen und allen Leids. Er ist das *ens malum*. In dieser Festsetzung ist für die Perversion kein Raum. Damit wird die Frage aufgeworfen, ob das Böse ohne den Begriff der Perversion zureichend begriffen werden kann, d.h. ohne Bezug zum Guten oder Heilen. Immerhin hat Schopenhauer aber den Willen als etwas Dunkles aus der Einheit der Vernunft herausgelöst. In seiner Gefolgschaft wird der dunkle Drang oder der dunkle Wille gleichsam naturwissenschaftlich identifizierbar und objektivierbar. Was bei Schopenhauer noch als der dunkle Grund apostrophiert wurde, erscheint nun in einer naturwissenschaftlich orientierten Terminologie als Aggression und Luststreben.

Aggression und aggressive Verhaltensweisen haben, wie Konrad Lorenz zu zeigen versuchte, einen biologischen Sinn. Sie gewähren das Überleben in archaischen Stammeskulturen. In hochzivilisierten Gesellschaften kann die Aggression ihren lebenserhaltenden Sinn verlieren und so freigesetzt ein zerstörerisches Potential entfalten. So ihrer natürlichen Grundlage beraubt, pervertiert die Aggressivität zum Bösen.

2 Das Böse in der Philosophie von Walter Schulz

Es war der Tübinger Philosoph Walter Schulz, der immer wieder das Böse als ein altes Thema der Philosophie zur Sprache gebracht hat. Schulz hat erstmalig die großen Themen, die die Philosophie aus der Theologie geerbt hat, neu für die Philosophie fruchtbar gemacht. Möglich wurde dies durch seine Konzeption einer Philosophie der Subjektivität, die ganz unter dem Einfluss des neuerschlossenen Schelling steht.

Warum bestand *nach* Schelling die Notwendigkeit des Neuansatzes einer Philosophie der Subjektivität?

Für Schelling wie für den ganzen Idealismus wurde die Frage des Subjekts immer als eine umfassende Grundfrage aller möglichen Aussagen und aller Verstehensmöglichkeiten der Wirklichkeit gesehen. Die Vernunft selbst versucht als Subjekt die Wirklichkeit zu umgreifen. Die Voraussetzung dafür ist allerdings, dass die Wirklichkeit im Ganzen vernünftig strukturiert ist. Somit wird die Vernunft zur allgemeinen Grundlage, auf der überhaupt erst die Wirklichkeit zu begreifen ist. Damit ist alles Begreifen in der zum Subjekt erhobenen Vernunft bereits beschlossen und es entsteht die große Illusion des Idealismus, nämlich der ungebrochene Glaube an die allumfassende, mit Macht versehene Vernunft. Für Schelling ist in der Vernunft die Allmacht Gottes anwesend.

Wo ist dann aber das Bösen anzusiedeln? Es steckt in der Vernunft selbst als etwas, das noch nicht vernünftig ist, aber zur Vernunft drängt. Das Böse kann noch nicht in der Form der Vernunft erfasst werden, liegt aber dennoch als etwas durchaus Mächtiges auf dem Grund der Freiheit.

Da Schellings Philosophie noch theologische Voraussetzungen hatte, ging die Geschichte der Philosophie über ihn hinweg. In den Wissenschaften, so lautete das Credo des 19. Jahrhunderts, sind die Themen der Philosophie besser aufgehoben als in der Philosophie selber. Das Böse kommt im Horizont der Wissenschaft besser zur Geltung. Die zeitgenössische Philosophie, sofern sie sich mit dem Bösen beschäftigt, befasst sich daher mit der Verhaltenssteuerung und den Handlungsentwürfen des Menschen: Der Mensch möchte Herr im eigenen Haus sein und alle unkontrollierbaren Einflüsse von außen abhalten. Das Böse ist etrad Lorenz gesehen, wenn sie den Aggressions- und Destruktionstrieb im Inneren des Menschen ansetzen. Der Destruktionstrieb wiederum selbst ist bei Freud im Todestrieb verankert. Dieser zeigt sich als ein Streben zurück zur Natur, zum Starrwerden. Damit findet eine eigentliche Befreiung, eine Loslösung von der Freiheit hin zur stummen Natur statt. Der Trieb zum Tod überwindet letzten Endes die Ichkräfte und löst somit die Subjektivität auf. Das Böse ist daher im Unterschied zu Schelling nicht in der Vernunft und ihrem Streben, Subjekt der Wirklichkeit zu sein, verankert.

Walter Schulz nimmt das Böse wieder zurück in das Subjekt, doch ist dieses – im Gegensatz zu Schelling – machtlos. Das Ich selbst ist eine leere Vorstellung. Gerade dort, wo es sich selbst ergreifen will, entzieht es sich und verschwindet. Es kann sich daher nur in seiner Weltbindung fassen, die in sich selber gebrochen ist. Der Mensch, das nicht festgestellte Tier, ist für Schulz immer auch Fremdling auf dieser Welt und nicht für sie geschaffen. Das bedeutet, dass der Mensch in seinen Weltbindungen immer schon als Subjekt im Spiel ist. Das Subjekt ist für Walter Schulz durch zwei Tendenzen gekennzeichnet: der Weltbindung und der Weltflucht. Die sich widersprechenden Tendenzen lassen sich nicht zur Deckung bringen: in ihnen wird die Zerrissenheit des Subjektes manifest.

Allerdings: Dieses Subjektsein kann der Mensch nicht als solches fassen, es entzieht sich und entgleitet ihm ständig. Das bedeutet, die Subjektivität ist nicht durch eine höhere Macht gewährleistet und in ihr begründet. Nach Drüben ist die Aussicht ihm versperrt, das erfährt der Mensch am eindringlichsten im Bewußtsein des Todes, der, wie Schulz gegen Heidegger geltend macht, nicht mehr verstanden werden kann. Im Tod entgleitet sich der Mensch endgültig. Vor diesem Hintergrund erscheint das Leben gerade in seiner permanenten Gefährdung und in seiner Hinfälligkeit als höchstes, dem Menschen selbst anvertrautes Gut. Damit will Schulz zum Ausdruck bringen, dass mit dem Leben dem Menschen sem Hintergrund erscheint das Leben gerade in seiner permanenten Gefährdung und in seiner Hinfälligkeit als höchstes, dem Menschen selbst anvertrautes Gut. Damit will Schulz zum Ausdruck bringen, dass mit dem Leben dem Menschen auch die Sorge um seine Lebensordnung anvertraut ist, einer Ordnung, die die Möglichkeiten der Lebensführung (das eu zen) zur vollen Entfaltung kommen lässt. Diese Lebensordnung ist für Schulz nicht in der vom göttlichen Leben beseelten Vernunft begründet. Zwar sind die Ordnungen Explikationen der Vernunft, aber das Vernünftige ist nicht in der Subjektivität des Einzelnen begründet. Vernünftige, das heißt, allgemeine und verbindliche Ordnungen sind nur in Gruppierungen zu erlangen, die in einer freien Übereinstimmung über die Lebensordnung begründet sind. Nun sind aber Ordnungen, die weder in der Tradition begründet noch durch Herrschaftsverhältnisse herbeigeführt werden, nicht gegen sich einschleichende Einsprüche gefeit, die sich nur mit Hilfe von Überredungskünsten durchsetzen lassen. Der Konsens kann immer auch rein rhetorisch erreicht werden. Darin unterscheidet Schulz sich von Habermas. Weil nun aber der Mensch nur als sich vergemeinschaftender Einzelner zum Subjekt seiner Lebensführung werden kann, ist die Subjektivität von der bloßen Egoität nicht abzulösen. Für Schulz gibt es nicht mehr das absolute Subjekt im Sinne des Idealismus.

Während bei Schelling der „dunkle Grund" des Menschen noch in einem göttlichen Urgrund geborgen war, wird dieser nun in die sich selbst wollende Ichheit verlegt. Jede Selbstergreifung, so legt Schulz dar, begründet die Egoität des Menschen. Das Böse hat seinen Grund in der Subjektivität des Menschen: Es ist somit mit dem Streben des Menschen, sein Leben in verantwortlicher Weise selbst in die Hand zu nehmen, permanent vorhanden. In der Tendenz, ein Selbst zu werden, ist das Böse mitgegeben. Es sind daher nicht die Triebe, Leidenschaften und Affekte, die per se böse sind; sondern dass sie durch die Egoität gegen die Allgemeinheit einer Lebensordnung gewendet, also pervertiert wer-

Dementsprechend definiert sich das Gute als die Überwindung der Egoität. Das Gute ist kein vorgegebener Wert, es ist nicht mehr in einem wie auch immer gearteten Wertehimmel oder in den Normen der Gesellschaft zu lokalisieren. Für das eigene Leben kann es kein höchstes Gut geben, das vorab festliegt und die Lebensführung leitet. Eine dem Menschen angemessene, vernünftige Lebensweise, wie Kant noch meinte, kann es in der Philosophie der Neuzeit nicht mehr geben. „Gut" ist die Überwindung der Egoität. Der Begriff des Gutseins ist somit ein abgeleiteter, am Phänomen des Bösen gewonnener Begriff. Das Gute ist das Sekundäre, es ist Antwort auf eine ursprünglich mit dem Selbst gegebene Tendenz der Ausdehnung, den Willen zur Egoität. „Was wir mit dem Bösen meinen, ist ein sehr realer Sachverhalt, gleichsam ein anthropologisches „Urphänomen", dessen Wurzel der Egoismus und dessen eklatanteste Ausprägung der Hang des Menschen zur Grausamkeit ist. Das sich in der Grausamkeit in seiner radikalen Form zeigende Böse erscheint uns als eine ständig drohende Gefahr des Menschen, und diese Tatsache wird – so meinen wir – durch die heute maßgebende Ethik der rationalen Aufklärung zugedeckt." (Philosophie in der veränderten Welt, 719). Das Böse zeigt sich in allen Formen des Lebensfeindlichen, es tritt beispielsweise in Erscheinung als Aggression, Grausamkeit, Lebensneid und Geiz. Es definiert sich als das Bezugslose, das sich auf das Ego beschränkt. In der bezuglosen Selbstversenkung, in dem Sich-in-sich-selbst-Vergraben und darin, wo jeder Bezug zur Wirklichkeit fehlt, liegt das Böse, weil dort eine Mäßigung oder Maßfindung durch ein gegenwendiges Element fehlt.

Für Schulz kann die Aufhebung des Bösen in zweierlei Hinsichten geschehen:

1. Die Aufhebung der Egoität ist im Mitleid möglich. Das Mitleid ist etwas, das keiner vernünftigen Argumentation zugänglich ist. Es ist der emotionale Anteil an der Überwindung der Egoität. Nur dort findet eine zeitweilige Aushängung der Egoität statt, durch das Mitleid wird die Vereinzelung des Ich durchbrochen. Im Mitleid, in dem sich Schulz an Schopenhauer anlehnt, schwinden die Gren-

zen des einzelnen Ich, die Individualität wird aufgehoben und der Andere wird zum Bezugspunkt des Handelns. Dabei ist es wichtig, dass gerade die Andersheit des Anderen und meine Eigenheit aufgehoben sind. Mitleid ist daher für Schulz universell.[13] Als Charakteristikum sieht Schulz an, dass hier nicht mehr das Prinzip der Gegenseitigkeit herrscht, sondern „das Bewusstsein der Kreatürlichkeit und ihrer Gefährdung" (Ethik 358). Für Schulz ist das Mitleid im Gegensatz zu Schopenhauer eine uneingeschränkte Bejahung des Lebens, die die Egoität sprengt. (vgl. Grundprobleme der Ethik S. 358)

„Im Mitleid liegt eine Sympathie und eine Identifikation mit dem Anderen" (Grundprobleme der Ethik S. 358) Es meint daher bei Schulz: Überwindung der Negativität: „Hier ist Sympathie im wörtlichen Sinne Mitleiden... hier geht Mitleiden in Sympathie über: Man kommt zu einer Grundeinstellung, die die Negativität als Gesamtkennzeichen des Seins anerkennt, und das heißt, nicht utopisch die Welt verbessern will, aber jederzeit zu helfen bereit ist." (Grundprobleme der Ethik S. 327)

2. Der andere rationale Aspekt, die Egoität zu überwinden, geschieht durch das Stiften von Ordnung. Das Mitleid bleibt folgenlos, wenn es nicht in eine Ordnung für Andere umgesetzt wird. Umgekehrt wiederum muss jede Ordnung vom Mitleid durchwirkt sein, wenn sie nicht Gefahr laufen will, gewaltsam aufoktroyiert zu werden. Die Ordnung verleiht dem Leben Begrenztheit, sie überwindet Vereinzelung und Egoismus. „Die Ordnung selbst und als solche bezeichnen wir als das *Gute*. Das Gute ist das Verbindende und Vereinende und als solches das Haltgewährende." (Philosophie in der veränderten Welt S. 727)

Deutlich wird hier noch einmal, dass das Böse das primäre Phänomen, das „Urphänomen" (Philosophie in der veränderten Welt S. 719) ist, von dem her das

---

[13] Vgl. dazu auch: W. Schulz, Philosophie der zwischenmenschlichen Beziehungen. Das Ich und die Anderen, in: Universitas, 34. Jahrgang, Nov. 79, Heft 11, S. 1151-1159.

Gute sich bestimmt. In den Ordnungen des Menschen, die sich der Mensch selbst gibt, werden die „dunklen Triebe" des Menschen – hier die Egoität – gebändigt. Sie sind Formen der zivilisatorischen Bändigung von Lust und Aggression. Entscheidend ist aber, dass diese Ordnungen nur temporär gelten, dass sie in ständiger Gefährdung stehen, das meint zum einen eine Verfestigung im Sinne der Verabsolutierung einer Ordnung oder aber zum anderen ein Umstürzen einer Ordnung. Ordnungen müssen immer auch bewahrt und geschützt, d.h. gestaltet und neu geschaffen werden. Dabei gibt es kein zugrundeliegendes, festgeschriebenes, sittliches Gut. Der Mensch selbst ist Gründer und Schöpfer dieser Ordnung – einer Ordnung, in der er seine Freiheit erst begründet, indem er seine Egoität nicht negiert, aber einschränkt.

Nochmals: Für Schulz wird Subjektivität nur wirksam im Erschaffen von Ordnungen. Nur in und durch Ordnungen vermag sie sich mit der Welt zu verbinden. Ordnungen sind aber nur möglich durch ständig wechselnde Gruppierungen unter einer gemeinsame Idee. Unter einer Idee, die allgemein verpflichtenden Charakter für unsere Lebensordnung hat, suchen wir uns Verbündete. Das Subjekt kommt somit zu sich selbst im Erzeugen einer Lebensordnung. Das Böse zeigt sich im Zerstören der Ordnung. Erzeugen und Zerstören der Ordnung gehören zusammen. Mit jeder neuen Ordnung wird eine alte zerstört. Somit wohnt dem Schaffen von Ordnungen immer ein tragischer Zug inne. Destruktions- und Aggressionspotentiale können im Erzeugen einer Ordnung aktualisiert und im Zerstören freigesetzt werden. Neue Ordnungen werden in der Regel mit Machtmitteln durchgesetzt, in denen Leid erzeugt wird. Im Namen einer neuen, besseren Ordnung wird die alte zerstört. Schulz weist darauf hin, dass das eigentlich Grausame dann zutage tritt, wenn eine Ordnung mittels „instrumenteller Rationalität" (Grundprobleme der Ethik S. 347) destruiert wird. Die „organisierte Triebhaftigkeit" der schlimmsten menschlichen Entgleisungen „beweist, daß die spezifische menschliche Destruktivität weithin durch Rationalität formiert wird." (Grundprobleme der Ethik S. 347) Die Vernunft, die an sich machtlos ist, kann sich mit brutalster Egoität verbinden. Planvoll und mit Kalkül eingesetzte Rationalität, die zerstören will, fördert Abgründe des Bösen ans Licht, deren Ausmaß bis heute unvorstellbar ist.

Schulz gibt sich keiner trügerischen Hoffung hin, wonach die Welt besser gemacht werden könne. Wie Freud keine Möglichkeit der „Ausrottung des Bösen" sah, so meint auch Schulz, dass es „keine Möglichkeit des sittlichen Fortschritts" (Grundprobleme der Ethik S. 346) geben wird. Der Grund liegt in der Grundstruktur der Subjektivität, die die der Zerrissenheit und Gebrochenheit (Ethik 346) ist. Er fragt aber, wann und wo die Idee des Ordnungsschaffens gerechtfertigt ist und stellt dem Herstellen von Ordnung komplementär das Mitleiden an die Seite. Das Mitleid wird erst in der Verbindung mit der Herstellung einer vernünftigen Ordnung sittlich relevant. Das Mitleid allein ist noch kein Motiv der Weltverbesserung.

Fassen wir die Thesen in der Entwicklung zusammen:

Die Philosophie der Subjektivität löst das Böse von seinen theologischen Vorgaben, nimmt es in die Philosophie auf. Erst in der Philosophie der Subjektivität wird das Böse zum Thema eines reinen philosophischen Diskurses.

Der erste, der das Thema rein philosophisch verarbeitet, ist Schelling. Er war jedoch noch dem Idealismus verhaftet, er hatte einen ungebrochenen Glauben an die wirklichkeitsgestaltende Kraft der Vernunft. Seine Philosophie stand unter der Voraussetzung, dass in der Vernunft die Allmacht Gottes waltet. Der Urgrund, der Wille als die dunkle, drängende Kraft, die mittels des Verstandes aufgehoben ist, war immer noch in Gott geborgen.

3. Das Böse ist etwas Inneres, und nicht etwas Äußeres, das sich dem Streben nach Selbststeuerung entgegensetzt. Dies führt dazu, dass der Selbstermächti-

gung schon die Korruption immanent ist. In der Philosophie der Subjektivität ist die Egoität die Morgengabe der Aufgabe, aus seinem Leben etwas zu machen, das Leben als Gut wahrzunehmen.

Die entscheidende These in der Philosophie der Subjektivität lautet: Es gibt kein positiv besetztes Gutes mehr, auf das sich eine Ethik gründen könnte. Das Gute selbst ist immer eine Reaktion auf die Egoität des Menschen. Werte, die für die Gesetzgebung relevant werden können, sind philosophisch nicht zu begründen. Der Entwurf des Lebens muss unter ständiger Rücksicht auf das Böse geleistet werden. Einmal geschaffene Ordnungen können immer zugleich auch zerstörerisch sein. Jede Ordnung besteht nur auf Zeit. Mit dem Bösen muss immer und überall gerechnet werden. Am schlimmsten ist hierbei aber dieses Böse, das sich als solches nicht unmittelbar zu erkennen gibt, sondern die Maske des Guten wählt und dieses geschickt zu korrumpieren versteht.

Literatur:

Heidegger, Martin, Schellings Abhandlung „Über das Wesen der menschlichen Freiheit" (1809), Tübingen 1971.
Willi Oelmüller, Ist das Böse ein philosophisches Problem? In: Philosophisches Jahrbuch 98 (1991).
Pichler, A., Die Theologie des Leibniz, 2. Bände München 1869, Band 1.
von Rahden, Wolfert, Orte des Bösen. Aufstieg und Fall des dämonologischen Dispositivs S. 45 ff, In: Die andere Kraft. Zur Renaissance des Bösen. Herausgegeben von Alexander Schuller, Wolfert von Rahden, Berlin 1993.
Safranski, Rüdiger, Das Böse oder das Drama der Freiheit, München /Wien 1997.
Sölle, Dorothee, Leiden, Stuttgart 1984.
Schulz, Walter, Die Vollendung des Deutschen Idealismus in der Spätphilosophie Schellings, Pfullingen [2]1975.
ders., Der Gott der neuzeitlichen Metaphysik, Pfullingen 1957, [8]1991.Philosophie in der veränderten Welt, Pfullingen 1972, [4]1980.
ders., Ich und Welt. Philosophie der Subjektivität, Pfullingen 1979.
ders., Grundprobleme der Ethik, Pfullingen 1989, [2]1993.

ders., Subjektivität im nachmetaphysischen Zeitalter, Pfullingen 1992.ders., Der gebrochene Weltbezug. Aufsätze zur Geschichte der Philosophie und zur Analyse der Gegenwart, Stuttgart 1994.

ders., Philosophie der zwischenmenschlichen Beziehungen. Das Ich und die Anderen, in: Universitas, 34. Jahrgang, Nov. 79, Heft 11, S. 1151-1159.

Schelling, F.W.J., Schellings Werke, 4. Hauptband (hg. von Manfred Schröter), München, 3. Aufl. 1978.

Wilhelm Schmidt-Biggemann

Das Böse: Aphorismen und Aporien

Gliederung:

1. Mysterium iniquitatis I: Aporien der Metaphysik

2. Gut-Schlecht, Gut-Böse. Aporien der Moral

3. Freiheit zum Bösen: Mysterium iniquitatis II

4. Geschichtstheologie des Bösen: Zukunft, Kontingenz, Opfer

5. Theogonie und die Entstehung des Bösen. Einige Spekulationen

1. Mysterium iniquitatis I: Aporien der Metaphysik

Im Bezug auf die Kernfrage der Metaphysik nach dem Sein und dem Wesen erscheint das Böse als von einer merkwürdigen Natur, wenn es denn eine Natur hat. Etwas kann sich als böse erweisen, und dann wird es als „böse" identifiziert. Das Böse hat dann so etwas wie eine phänomenale Evidenz. Vorhersehbar, so, daß man etwas in seinem Wesen als böse schon qualifizieren könnte, ehe es zur Erscheinung gekommen ist, scheint Böses nicht zu sein.

Es besteht eine große Schwierigkeit mit dem Kollektivbegriff „das Böse". Gibt es „das Böse" oder handelt es sich um klassifizierende Benennungen für unterschiedlichste Phänomene, die sich erst zeigen müssen, damit sie im Nachhinein klassifiziert werden? Der Singular „das Böse" steht quer zur Kernfrage der Metaphysik nach dem Sein; denn sogar, ob das Böse im emphatischen Sinne „ist", ist umstritten. Augustinus hat es als *prope nihil* – nahezu nichts – zu beschreiben versucht. Gleichwohl ist es wie ein Phantom auf beängstigende Weise präsent. Deshalb stellt sich die Frage nur um so drängender: Was heißt „nahezu nichts", ist das nicht eher eine rhetorische Verlegenheit als eine philosophische Antwort?

Wo nicht einmal klar ist, ob es das Böse gibt, ist die Antwort auf die Frage, was denn das Böse sei, naturgemäß noch schwieriger. Die Frage nach dem Was des Bösen fragt nach seinem Wesen. Wenn man das Wesen von etwas kennt, dann kennt man seine innere Verfassung. Man kann es berechnen, man kennt sich mit dem, dessen Wesen bekannt ist, aus. Man kann positive Prädikate nennen. Genau dieses trifft für das Böse nicht zu; und es ist sogar unklar, ob es wirklich unberechenbar ist oder ob die Unberechenbarkeit nicht auch als Berechenbarkeit – mindestens scheinbar – daherkommt. Aber woher weiß man, wann „berechenbar" scheinbar ist? Doch wieder erst im Nachhinein, wenn sich der Schein selbst gezeigt hat, sei es als Schein, sei es als sein Gegenteil, die „Wahrheit".

Man könnte versuchen, vom Namen dessen auszugehen, der als „der" Urheber „des" Bösen gilt, vom Teufel, dem „Diabolos". Diabalein bedeutet durcheinanderbringen, verwirren. Unter diesen Bedingungen wäre dann das Böse die Negation der Ordnung. Ordnung ist ein metaphysischer Zentralbegriff. Sie ist die Einheit von Identität und Differenz. Insofern ist die Ordnung etwas, was durch Logik bestimmt ist. Organisation, das heißt in Ordnung bringen und halten, ist eine wesentliche Aufgabe der Logik. Bloß: Auch das Böse kann sich gut organisieren – (Was ist das für ein Satz? Welchen Gebrauch machen wir hier von „gut" im Bezug auf das Böse?). Man kann sich etwa bei militärischen Verbänden gut organisiertes Böses vorstellen. Aber auch das Chaos kann sich als entsetzlich und böse erweisen. Aus alledem kann man schließen: weder Ordnung noch Unordnung sind notwendige Prädikate des Bösen.

Bleiben die platonischen Transzendentalien: wahr, gut und schön. Definitionsgemäß ist das Gute dem Bösen entgegengesetzt. Aber zu „wahr" und „schön" steht das Böse quer. Das Böse kann sich als schön zeigen - das ist der „schwarze Glanz", der Schrecken und Horror auslöst; und es ist keine Frage, daß das Gute häßlich erscheinen kann: Die Vision vom geschundenen Gottesknecht beim Propheten Jesaia und die Kreuzigungsbilder Christi zeigen das.

Wie das Böse mit Wahrheit verbunden ist? Es gibt ohne Zweifel die „Wahrheit des Bösen" – und zwar nicht nur als Redewendung, sondern als Erfahrung. Und wahr im Bezug auf die Wahrhaftigkeit? Das Böse kann mit der Lüge verbunden sein. Lüge ist das Gegenteil von Wahrhaftigkeit; ob aber eine Lüge zu einem guten Zweck böse ist, ist sehr fraglich. Und weiß man, wie das Verhältnis des Bösen zum Unrichtigen ist? Wenn das Richtige als das Gerechte gefaßt wird, bleibt die Frage, ob das Gerechte immer das Gute ist. Was ist, wenn der Satz „fiat iustitia pereat mundus" zur Anwendung kommt? Ist die Realisierung dieser Justiz dann böse?

2. Gut-schlecht, gut-böse. Aporien der Moral

Eine Schwierigkeit besteht beim Bösen darin, daß es sozusagen entwesentlicht werden kann – ent-böst, wenn man so will. Man könnte meinen, dieser Vorgang sei angesichts der Feststellung, daß ein positives Wesen des Bösen nicht bestimmbar ist, entweder selbstwidersprüchlich oder banal. Denn wie soll etwas sein Wesen verlieren, wenn es keines hat? Und dennoch gibt es diesen Prozeß, einmal durch Nominalisierung, zum anderen durch Historisierung.

Der Prozeß der Nominalisierung des Bösen ist leicht zu beschreiben. Er ist von einer großen Faszination, derselben, die sich in der Zerstörung der Metaphysik durch Nominalisierung zeigt. Dem Bösen wird keine eigentliche Existenz zuerkannt, es wird nur als zusammenfassendes Wort für Ereignisse beschrieben, die für uns unbekömmlich sind und die wir nicht beherrschen können. Dabei geht man davon aus, daß diese Unbekömmlichkeit aus willentlichen, und deshalb verantwortbaren Handlungen erfolgt: Nur willentliche Handlungen seien böse, denn allein sie könnten als moralische Handlungen qualifiziert werden. In diesem Sinne seien etwa Naturkatastrophen nicht böse, sondern für die betroffenen „tragisch". Allerdings sagt man, es gebe bösartige Tiere; und im umfassenden Sinne sind die Übel, die ja wesensgemäß unbekömmlich sind, ohne die Semantik des Bösen nicht denkbar. Bis hierher läßt sich der Nominalismus im Gebrauch des Wortes „böse" nachvollziehen. Es handelt sich dann beim Bösen nur um die äußerliche Klassifikation von Phänomenen. Beim Menschen, immer dann, wenn moralisch qualifiziert wird, ist es mit der bequemen Nominalisierung des Bösen, seiner „Entwesentlichung", vorbei. Bei „bösen" Menschen müssen wir davon ausgehen, daß sie tatsächlich Böses getan haben und dafür verantwortlich sind. In der Kriminalgeschichte gibt es dafür genügend Beispiele; und jeden Tag läßt sich Entsprechendes in der Zeitung lesen. Es würde die Justiz zerstören, wenn man davon ausginge, es handle sich bei kriminellen Handlungen nur um die beliebige äußere Bezeichnungen für individuelle, in ihrem Wesen nicht einsehbare Ereignisse. Unter diesen Bedingungen wäre die Verurteilung eines Verbrechers ein reiner Willkürakt. Die Handlung würde nämlich nicht als wirklich böse, sondern als in sich einmalig und unerkennbar eingestuft, und unser Wissen darüber wäre nur äußerlich. Es ist richtig, man kann die letzte innere Motivation eines anderen Menschen nicht wirklich erkennen; man erkennt ja schon die eigenen Handlungen kaum. Aber genau diese Erkenntnis, daß man zwar nicht in das Innere eines fremden Menschen hineinschauen kann, und ihm trotzdem eine willentliche – und deshalb wesentlich böse – Handlung zutrauen muß, ist die Bedingung der Justiz. Das Paradox im juristischen Umgang mit dem Bösen besteht darin, daß man weiß, die eigentlichen Gründe für die böse Handlung nicht erkennen zu können, und doch so zu tun, als hätte man den Einblick.

Die moralischen Schwierigkeiten mit dem Bösen sind allerdings noch erheblich umfassender. Offensichtlich gibt es Dimensionen des Bösen, die über die Verantwortlichkeit eines jewoils Einzelnen noch hinausgehen. Ist Titus für den Plan und die Ausführung der Ermordung der Juden in der Spätantike allein verantwortlich? Wie steht es mit kollektiven Verantwortlichkeiten im Bezug auf die Judenmorde oder auf den kommunistischen Terror bei Hitler, Stalin und Pol Pot? Keine Frage, in diesen Fällen handelte es sich um Erscheinungen des Bösen – und es wäre zynisch, hier nominalistisch argumentieren zu wollen, hier handle es sich um an sich wertfreie Phänomene, die äußerlich und im Nachhinein als böse qualifiziert würden. Aber auf die Frage, ob ein solches Ausmaß des Bösen mit willentlich persönlicher Verantwortung im Bereich des Menschlichen – und zwar im bösen Bereich des Menschlichen – lokalisiert werden kann, wage ich keine Antwort. Bekommt die Erfahrung des Bösen hier eine schlimme Dimension, die oberhalb jeder Juridifizierbarkeit und jenseits der individuellen und kollektiven moralischen Verantwortung liegt?

Die naturhistorische Entübelung des Bösen. Eine Mustergeschichte

Nietzsche hat – durchaus als Interpret Darwins – das Böse in Naturgeschichte aufzulösen versucht. Er ging aus von den Grundideen „Struggle for life" und „survival of the fittest". Schon Darwin war selbst eher erschrocken, als er herausfand, daß die Natur, wie sie sich ihm darstellte, die überkommenen Prinzipien der Moral nachgerade auf den Kopf stellte: Die Teleologie der Natur, ihre Prozessualität zur Erreichung des Besten vollzog sich nicht nach dem Prinzip der Erhaltung jedes lebendigen Wesens, sondern das Leben insgesamt funktionierte so, daß jedes Einzelwesen gegen alle und ohne Rücksicht auf die Erhaltung eines anderen um sein Überleben kämpfte. Kampf und Krieg innerhalb der Rassen und unter den Rassen beförderten den Fortschritt der Natur, einen Fortschritt, der zur Entstehung des Menschen geführt hatte, der aber keineswegs als abgeschlossen betrachtet werden konnte. Die provokative Pointe, vor der sich Darwin ängstigte, bestand darin, daß dasjenige, was traditionell böse hieß, zur Bedingung des Fortschritts wurde und das, was traditionell gut hieß, diesen Fortschritt hemmte und im Laufe der Naturgeschichte zum Untergang verurteilt war. Das bedeutete: Das moralisch Böse mußte zum natürlichen Guten umgewertet werden und das moralisch Gute zum Schlechten. Damit war der Unterschied von Gut und Böse hinfällig; das Böse war keine ernst zu nehmende ursprüngliche Kategorie mehr.

Diesen Prozeß hat Nietzsche für die Naturgeschichte der Moral spekulativ präzisiert. Er hat seine eindrucksvollste Mustergeschichte als Geschichte des Bösen geschrieben: als Geschichte des Ressentiments. Er ging von der Entgegensetzung von gut und schlecht aus, die er, Darwins Gedanken aufnehmend, als den Motor des natürlichen Fortschritts auch für den Menschen begriff. In diesem Sinne war der natürlich-urspüngliche Mensch frei von Moral. Die Entstehung der Moral muß sich also als Verlust der Natürlichkeit beschreiben lassen.

Herrschaft des Starken über den Schwächeren war die Form, in der sich das survival of the fittest in natürlichen Urgesellschaften zeigte. Die Starken waren rücksichtslos; in ihrer Stärke brauchten sie keine Vorsicht und keine Erinnerung, sie lebten in der Lust ihrer Macht. Die Gegner waren ihnen im Wege, sie waren schlecht, aber nicht böse. Sie wurden deshalb unterworfen. Das Gesetz der Starken, das nur in der Exekution ihrer Herrschaft bestand, wurde den Schwachen eingebrannt, damit es als Ausdruck der Macht im Gedächtnis der Unterdrückten blieb. Genau dieser Prozeß erweist sich, so Nietzsche, als doppeldeutig. Denn die Schwachen, die das Gesetz des Starken ständig fühlten, wurden so nicht getötet, sondern überlebten als Unterworfene. Überlebend waren sie gezwungen, sich ständig zu erinnern. Diese Erinnerung konzentrierte sich auf ihre Unterwerfung, und diese Unterwerfung empfanden sie als schlimm. Sie hatten zwar nicht die Kraft, wie die Starken, ihre Gegner physisch zu überwinden, aber ihnen war in der Erinnerung doch die verminderte Kraft geblieben, diese Erinnerung zu sublimieren und damit geistige Herrschaft auszuüben. So wurde das Böse inveniert: Die erinnerte Unterdrückung der Schwachen wurde als böse bestimmt, und dieses Böse als der eigentliche Kontrapunkt des Guten bestimmt. Das Gute war dann, was den Schwachen nützt, das Böse, was ihnen schadet. Diese Umkehrung der natürlichen Herrschaftsordnung in die Ethik der Schwachen wurde als ewiges Gesetz verkündet – und die physisch schwachen, intellektuellen Gedächtnisvirtuosen übten mit dieser Lehre ideologischen Druck auf die herrschenden Krieger aus. So emanzipierten sich die Schwachen von den Starken, um nun ideologisch rhetorische, unnatürliche Intellektuellenherrschaft auszuüben.

Die Unterscheidung von Gut und Böse war in dieser Mustergeschichte nur als Moment von Herrschaft identifiziert; das Böse war entböst, es hatte seinen Anspruch als absoluter Begriff verloren.

Freud hat Nietzsches historische Mustergeschichte im Bezug auf die Kleinfamilie variiert. Das Böse ist bei ihm nur die Erinnerung an die Macht des Vaters, die dem Kind als Angst psychotisch wird. Die Erlösung von dem Übel ist einfach: Erinnerung an den Prozeß der Unterdrückung befreit von der Angst und führt zur emanzipierten Rationalität. Wenn es mit der Erlösung von dem Bösen doch so einfach wäre!

Denn was nützt es jemandem, der sich mit dem Bösen konfrontiert sieht, daß ihm die Intellektuellen sagen, das Böse sei eigentlich eine Erfindung zum Zwecke der Intellektuellenherrschaft oder die Erinnerung an den Vater als psychisches Über-Ich? Ist es Zynismus oder intellektuelles Heldentum, wenn man behauptet, es handle sich eben um den Lauf der Natur, der käme es auf das Schicksal des Einzelnen gar nicht an, wenn ihm im Prozeß der natürlichen Herrschaft Leben, Gesundheit, Freiheit und Eigentum bedroht sind? Welche Natur herrscht hier als absoluter Begriff?

3. Freiheit zum Bösen: Mysterium iniquitatis II

Video bonum proboque, deteriora sequor.

Freiheit ist immer mit Willen verknüpft; und einen Willen zu haben, der nicht frei ist, bedeutet, den Willen überhaupt zu leugnen. Nun gibt es die Phänomene der Willensschwäche oder das des bösen Willens. Worin bestehen sie?

Vielleicht ist das Gute dasjenige, das als gut eingesehen wird und auch getan werden soll. Das bedeutet, daß in diesem Prozeß Erkenntnis und Wille miteinander verbunden sind. Derlei ist wesentlich für Handlungen. Omne agens, heißt es, agit propter finem. Das Ziel des Handelns ist mithin ein Gut. Dieser Grundsatz kann nun entweder formal so begriffen werden, daß es sich um einen Zirkel handelt: Formal ist etwas gut, weil es Ziel des Handelns ist. Unter diesen Bedingungen gibt es gar keine böse Handlung, denn wenn das Ziel jeder Handlung formal als gut definiert wird, woher sollte das Böse kommen?

Damit eine Handlung böse wird, muß also ein anderer Begriff des Guten vorausgesetzt werden, einer, der nicht formal, sondern inhaltlich bestimmt ist. Das Gute muß als Gutes eingesehen werden; und eine Handlung soll sich nach dem Anspruch des Guten, verwirklicht zu werden, richten. Eine Handlung ist also gut, wenn es sich um eine Kombination von Einsicht und Willensentschluß handelt, nämlich die Einsicht in das Gute und den Entschluß, dieser Einsicht zu folgen. Dieser Akt heißt Gehorsam, Unterwerfung des Willens unter den Befehl einer Einsicht.

Kant hat diesen Zusammenhang als Autonomie beschreiben. Er versteht darunter, daß sich der Mensch in Freiheit ein Gesetz gibt, dem er gehorcht. Das Gesetz, das er sich gibt, ist allgemein und verpflichtend, es erhebt absoluten Anspruch auf Gehorsam, ein kategorischer Imperativ. Die bekanntesten Formulierungen: „Handle nur nach derjenigen Maxime, durch die du allein wollen kannst, daß sie allgemeines Gesetz werde". „Handle so, daß du die Menschheit in einer Person nie bloß als Mittel, sondern immer auch als Zweck gebrauchest." Das sind Einsichten, die beanspruchen, das Gute zu befehlen.

Ob ich diesem Anspruch gehorche? Ist es Willensschwäche, dem inneren Anspruch des Guten nicht zu gehorchen oder ist es Willensstärke, ihm zu widersprechen? Beidemal wäre das Ergebnis eine unmoralische, also eine böse Handlung.

Nun zeigen sich allerdings bei Kants Konstruktion der Ethik als rationaler Gesetzmäßigkeit zwei Schwierigkeiten. Die eine liegt in der Natur praktischer Gesetze. Während theoretische und physikalische Gesetze, etwa der Satz des Widerspruchs oder das Massenanziehungsgesetz, immer funktionieren und es keine Differenz zwischen Anspruch und Wirklichkeit gibt, ist das bei den Gesetzen praktischer Vernunft anders; sie sind selbst nur Anspruch und drängen auf Verwirklichung. So kann man beispielsweise nicht sinnvoll sagen: Ich setze jetzt für ein paar Minuten das Massenanziehungsgesetz außer Kraft und springe vom 10. Stockwerk herab. Aber man kann sinnvoll sagen: Für mich gilt das Gesetz, du sollst nicht stehlen, für eine Zeitlang nicht und man kann stehlen, ohne daß sich das praktische Gesetz selbst verwirklicht. Praktische Gesetze haben eben einen reinen Sollens-Charakter; ihre Verwirklichung hängt von menschlichen Willensentschlüssen und Institutionen ab. Ist der Gesetzesbegriff, der bei Kant zugleich für theoretische und praktische Philosophie gilt, deshalb äquivok?

Die andere Schwierigkeit liegt in Kants Konzept der Autonomie: Kant postuliert, daß man sich in Freiheit ein vernünftiges Gesetz gebe, dem man dann gehorche. Ein solches Gesetz sei der kategorische Imperativ. Dieser Konstruktion der Autonomie steht das Prinzip der Souveränität, der höchsten Macht, entgegen, das auch wieder aufheben zu können, was man gegeben hat. Dieses Konzept von absoluter Freiheit ist nicht minder plausibel als das der Autonomie. Und dann?

Wenn ich mir etwas befehle, habe ich auch die Macht, den Befehl zurückzunehmen. Dieser Befund hebt das Konzept der Autonomie auf. Die Freiheit der Autonomie macht es möglich, mich von dem Gehorsamszwang, den die Einsicht des Guten mir auferlegt, zu emanzipieren. Und diese Emanzipation hat ihren eigenen Reiz: Es ist der Reiz, die Freiheit zu fühlen, die als Gehorsam, und sei er auch selbst verordnet, nicht zur Erscheinung kommt. Das ist das Paradox: Freiheit zum Guten ist Unterwerfung unter das Diktat der Einsicht; als Freiheit zum Bösen wird Freiheit als Selbstherrlichkeit des Einzelnen erfahrbar. Für diese Tatsache wird die Geschichte des Teufels erzählt: Er habe sich der Einsicht in das Gute, das die Macht Gottes sei, nicht fügen wollen. Er habe den Gehorsam unter das, was er als richtig eingesehen habe, verweigert. Deshalb habe Gott ihn aus seiner Nähe verbannt und in die größte Gottesferne exiliert.

Die Devise des Teufels heißt: Non serviam. Ich will nicht dienen. Das ist zugleich die Devise der Emanzipation, die sich als Ausgang aus der Unmündigkeit (gleichgültig ob selbst- oder fremdverschuldet) begreift. Freiheit hat weniger die Tendenz zur Selbstverpflichtung als die des Willens zur Macht. So zeigt sich hier ein neues, durchaus schwer zu bewältigendes Paradox: theoretisch ist zwischen Emanzipation und Bösem nur schwer zu unterscheiden.

4. Geschichtstheologie des Bösen: Zukunft, Kontingenz, Opfer

Es gibt eine Phänomenologie des Unberechenbaren. In dieser Phänomenologie handelt es sich um die Dialektik des Neuen; und die klingt zunächst ganz harmlos: In dem Moment, wo sich das Neue zeigt, ist es noch nicht einzuordnen in alte, begrifflich schon bewältigte Erfahrungen. Nur in diesem ersten Moment ist das Neue neu. Sobald es klassifiziert, erzählt, dargestellt werden kann, ist es alt; seine Neuheit ist bewältigt. In dieser Fassung hört sich die Geschichtsphilosophie des Neuen ganz harmlos an. Bloß, was ist, wenn man das Neue nicht besteht?

Das Neue ist das Kommende, die Zukunft. In dieser Zukunft zeigt sich der Absolutismus der Realität. Der Zukunft kann man sich nicht entziehen, es sei denn um den Preis der Selbstaufgabe. Das aber macht genau die Definition von Tod aus: Wer die Zukunft nicht besteht, stirbt.

Die Zukunft ist definitionsgemäß nicht berechenbar. Die Forderung, die Zukunft vollständig berechnen zu wollen, ist vermessen und albern zugleich. Selbst wenn man alles vorher wüßte, die Sicherheit, daß es einträte, hätte man erst, wenn der Eintritt bereits vorbei und das Moment des Neuen, das der Zukunft stets anhaftet, verarbeitet worden wäre. In diesem Sinne ist Zukunft notwendig kontingent, und zwar in zweierlei Beziehung: Einmal ist Zukunft selbst kontingent. Es ist formal nie auszuschließen, daß die Zukunft selbst aufhört; das gilt für den eigenen Tod, das gilt ebenso für das Ende der Welt – beides sind denkbare und lange bedachte Szenarien. Zum andern sind die Inhalte der Zukunft kontingent; beides macht den Terror des Zukünftigen aus. Der Absolutismus der Realität besteht nämlich wesentlich im Terror der unausweichlichen Zukunft, in der Unsicherheit, die durch Kontingenz ausgelöst wird. Der Absolutismus der Zukunft kann sich nämlich als unbekömmlich und tödlich für uns erweisen – irgendwann wird er das für uns sein – oder er kann sich als bekömmlich erweisen; das ist das Moment der Hoffnung. Das Kommende ist absolut, daß noch nicht entschieden ist, ob es gut oder böse sein wird, macht seinen Schrecken aus, es ist der Schrecken des noch unentschieden-Göttlichen. Die Reaktion des Menschen auf dieses Absolute besteht in Furcht und Zittern.

Der Absolutismus des Kommenden – das ist die Einsicht des Revolutionsfeindes Joseph de Maistre – ist repräsentiert im Henker: Er ist executor, der Repräsentant der Exekutive, und terminator, der das Ende der drohenden Kontingenz darstellt, freilich das Ende mit Schrecken. Der Henker ist der Realisierer. Er steht für die Exekutive insgesamt, er realisiert die Gewalt; und zwar gleichgültig, ob sie gut oder böse ist. In ihm zeigt sich der unausweichliche Absolutismus des Kommenden – unversöhnt, moralfrei, er ist weder gut noch böse. Der Absolutismus der kommenden Gewalt, die den Menschen sein Leben kosten wird, verbreitet gerade deshalb Schrecken, weil nicht klar ist, ob sie sich als gut oder böse erweist. Die Zukunft liegt nach der Logik der Geschichtsphilosophie jenseits von und damit vor gut und böse. Erst wenn sie sich verwirklicht, wird Zukunft prädizierbar. Hier zeigt sich die diätetische Moral der Geschichtsphilosophie: Was bekömmlich ist, ist gut, was unbekömmlich ist, ist tödlich böse.

Wenn das Kommende als das Absolute begriffen wird, besteht die Reaktion des Menschen auf den Schrecken des Erhabenen in Furcht und Zittern. Insofern hat die Zukunft nachgerade den Charakter des Göttlichen, freilich des unversöhnt Göttlichen, des Göttlichen noch ohne moralische Prädikate. Das Göttliche ist als pure Macht gefürchtet; und der Umgang mit dieser Macht ist archaisch. Es wird unterstellt, daß diese Macht etwas mit Wille und Herrschaft zu tun hat, daß sie Unterwerfung verlangt. Symbol der Unterwerfung ist das Opfer, Zweck des Opfers ist die Versöhnung, d.h. Begütigung der göttlichen Macht. Mit dem Opfer soll dem Göttlichen seine bedrohlich bösartige Möglichkeit genommen werden. Die Bedrohung besteht im unberechenbaren Absolutismus der Macht, die dem Menschen absoluten Gehorsam bis zur Selbstaufgabe, dem Tod, abverlangt. Opfer haben deshalb den Zweck der Erhaltung eines höheren Gutes, das vom Zugriff des Absoluten verschont werden soll.

Das Opfer funktioniert nach dem Modell einer unterstellten Schutzgelderpressung, nur weiß man nicht, ob sie wirklich funktioniert. Stets wird vom dem Absoluten unterworfenen, geängstigten Menschen unterstellt, daß das Absolute Anspruch auf das Beste und Höchste erhebe. Das kann mehr sein als das eigene Leben. Der Anspruch Jahwes auf die Opferung Isaaks zeigt das deutlich. Isaak ist Abrahams einziger Sohn, wunderbarerweise noch von seiner alten Frau Sara geboren. Ob sich Abraham nicht lieber geopfert hätte, um seinen Sohn zu retten? Aber dem Absoluten wird unterstellt, es verlange das Höchste. Und in der Tat ist noch das Christentum definiert durch diese archaische Anstrengung, durch ein Opfer den Zorn Gottes zu versöhnen.

Das bedeutet, mit dem Opfer wird versucht, seinen Gott zu entbösen. Das Kreuzesopfer Christi ist das höchste mögliche Opfer, das gebracht werden kann. Christus ist nicht nur der beste Mensch, der in einem Unterwerfungsakt Gott geopfert wird, er wird sogar als Sohn Gottes verehrt, als der, der als gottmenschlich Anteil an dem göttlich Absoluten hat, zu dessen Besänftigung er geopfert wird. Dieses Opfer ist schlechterdings unüberbietbar. Daraus folgen nun zwei bedeutende Konsequenzen: 1. Dem Absoluten ist das Höchste angeboten worden was denkbar ist. Es muß sich nun als versöhnt zeigen. Damit wird die Prädikation Gottes als gut geradezu erzwungen. 2. Weil das Opfer des Gottessohnes unüberbietbar ist, ist es historisch das letzte Opfer. Danach sind keinen neuen Opfer mehr sinnvoll. Liturgisch zeigt sich das darin, daß die Messe als „Gegenwärtigsetzung des Kreuzesopfers" definiert wird. Damit ist im Christentum nicht nur die Entbösung Gottes geradezu erzwungen, sondern auch das Ende aller wirklich riskanten Opfer.

Das Ergebnis diese Prozesses heißt Versöhnung. Gegenüber dem lateinischen *reconciliatio* hat der deutsche Terminus Versöhnung einen personalistischen Charakter. Nach der Besänftigung des Absoluten sieht man sich in einem Kindschaftsverhältnis zu Gott; in Verwandtschaft und Abhängigkeit zugleich. Damit verbindet sich die Hoffnung, daß das Antlitz des Herrn seinem Kinde gegenüber dauerhaft leuchtet, daß seine Gnade stabiler bleibt als nur dem Knecht und Mietling gegenüber. Das impliziert aber: Ein weiterer wesentlicher Schritt zur magischen Bewältigung des Göttlichen ist seine Personalisierung. Als personal und durch Vater- und Kindschaft verwandt wird das Göttliche zu dem, was dem Menschen ähnlich ist. Dem entspricht die Entwicklung der Gottesvorstellung, die in der Religionsgeschichte konstatiert wird. Von den Göttern an, die als Mischwesen von Tier und Mensch dargestellt wurden, entwickeln sich die Götterbilder immer stärker anthropomorph.

5. Theogonie und die Entstehung des Bösen. Einige Spekulationen

Der Absolutismus dessen, was als Zukunft nicht wissbar ist, und als Gewalt unwiderstehlich, dieser Absolutismus kann als die Emanation der Realität in der Zeit beschreiben werden. In jedem Augenblick geschieht dieses Ereignis neu, und es ist doch ständig. Es ist ein ständiger Anfang einer sich kontinuierlich ereignenden Realität. Wie kann man das begreifen?

Es geht um den Begriff des Anfangs. Mit seinem Anfang wird etwas aus seiner Unbestimmtheit entlassen, es wird konkret und faßbar; erst mit seinem Anfang existiert etwas. Das ist der Prozeß, in dem sich die Zukunft ständig vergegenwärtigt. In metaphysischer Terminologie: Das Indifferente Allumfassende, Undefinierte wird zum Differenten, Gefaßten, Definierten, zum konkret Individuellen im realen Hier und Jetzt. Es wird zugleich zum Begreifbaren, wenn wir es denn ertragen können und nicht an ihm zugrunde gehen.

Daß wir den Absolutismus der Zukunft ertragen können, liegt letztlich nicht an unserer Kapazität, denn unser Widerstand gegen die Zukunft ist nicht von Dauer - schließlich sind wir sterblich. Unsere zeitlich begrenzte Beständigkeit gegen die Zukunft hat ihren Grund darin, daß der Absolutismus des Zukünftigen auch ein Moment der Versöhnung hat. Theologisch heißt das: Gottes Güte besteht darin, daß er uns von seinem Absolutismus verschont, weil er selbst versöhnt ist.

Dieses Versöhnungsmoment kann man sich vorstellen als das zu-sich-selbst-Kommen des Absoluten im Prozeß des anfänglichen und ständigen Werdens. Daß es sich um ein Werden handeln muß, zeigt sich noch in der Zeit. Die Realität, die aus der Zukunft wird, dehnt die modale Folge des Werdens zeitlich aus. Ohne Anfänglichkeit, die als ständiger Anfang Folge und Kontinuität generiert, ist Zeit nicht denkbar.

Die Figur der Selbstfindung des Absoluten ist von Plotin bis Schelling immer wieder beschrieben worden: Das Indifferente, das unbegreifbar Eine, das zugleich alles ist, wird in sich different. Diese ursprüngliche Entzweiung ist ein durchaus doppeldeutiger Prozeß: Es ist der Verlust der unvermittelten Einheit und der Beginn von Prozessualität überhaupt. Als Verlust und Trennung ist dieser Prozeß nicht frei von Negativem, potentiell schmerzhaft-Bösem; als Beginn der Versöhnung läßt er das Gute ahnen.

Die ursprüngliche Trennung des Indifferenten vom Definierten ist der absolute Anfang: Hier wird eine Zäsur gesetzt zwischen einem indifferenten Vorher und einem differenten, das heißt definierten Nachher. Jetzt erst ist Begrifflichkeit möglich, und mit dem Anfang wird zugleich die Folge faßbar. Die Entgegensetzung von Sein und Nichts, vorher und nachher wird denkbar. Zugleich werden die Muster aller Affektion und jeden Bezuges sichtbar: Wenn Differenz sich gezeigt hat, dann kann die Folge auch begriffen werden als Bezug des Anfangs auf sein Ziel; und Bezug des Ziels auf seinen Anfang. Das anfänglich Indifferente wird zum in sich Differenten, das sich harmonisch-spannungsreich auf sich selbst bezieht. Unterstellt man diesem anfänglichen Prozeß das idealistische Moment von Bewußtheit und Affekt, dann „erkennt" und „liebt" sich das Subjekt, der Anfang dieses Prozesses, in seinem Objekt, dem Gewordenen, und das Gewordene bezieht sich wissend und liebend auf seinen Anfang. Beide sind sich ihr höchstes, einziges Gut.

Dieser spekulative Prozeß der ursprünglichen Erzeugung von Harmonie hat viele Fassungen: In pythagoräischen Traditionen wird dieses Verhältnis als qualitative Zahlenlehre von 1, 2 und 3 dargestellt, in der christlichen Tradition als Trinität: Gott in drei Personen. Allemal geht es um Erkennbarkeit, Harmonie und Versöhnung.

Mit dieser Spekulation wird der göttliche Schrecken gebannt; Gott wird selbst als harmonisch begriffen, denn das Göttliche hat sich als höchstes Gut selbst gefunden und ist mit sich versöhnt. Dieses in sich selbst Harmonische braucht keine Opfer mehr, es ist entböst. Hier zeigt sich auch der anthropologische Sinn einer theologisch-spekulativen Dogmatik: Ein berechenbarer Gott, der sich selbst das absolut Gute ist, ist zugleich ein erträglicher. Er ist selbstbezogen, und man erhofft von ihm zukünftig Anteil an dem Guten, das er selbst ist.

Hier feiert die rationale Metaphysik als selbstkonstitutive spekulative und zugleich entängstigende Wissenschaft Triumphe.

Dieses sich selbst konstituierende Gute hat alles Böse hinter sich gelassen. Freilich: Verschwunden ist das Böse doch nicht, es lauert nur hinter dem harmonisch Guten. Denn hinter dieser rationalen Selbstkonstitution ist es als zweifache Negation begreifbar: 1. Es ist das, was als Macht des Werdens unvordenklich unberechenbar nicht in der Selbstversöhnung Gottes aufgehoben wurde. 2. Es ist alles, was außerhalb dieser Selbstversöhnung und seinem absoluten Harmonieanspruch steht und stehen „will", sich also dem Absolutheitsanspruch der göttlich guten Selbstkonstitution nicht fügt. Es ist das, was als Schmerz über die ursprüngliche Trennung noch in jeder Harmonie mitschwingt.

Und so bleibt das Geheimnis des Unpassenden, das Mysterium iniquitatis als das Geheimnis des *non serviam* übrig; hinter aller Harmonie und Versöhnung, hinter der Identifizierung des Guten und hinter den metaphysischen Garantien für die Hoffnung aufs Kommende; ein Unberechenbares, Beängstigendes, das als Ungrund hinter dem Licht der in sich selbst verliebten guten Berechenbarkeit nur noch schwärzer lauert.

Rüdiger Safranski

Das Böse und die Freiheit

Whitehead hat einmal gesagt, dass die Philosophie der letzten zweieinhalbtausend Jahre nichts anderes gewesen sei als eine Fußnote zu Platon. Ich zweifle, ob das zutrifft. Es ist vielleicht doch nur ein Bonmot. Aber sicherlich gibt es in der griechische Antike einen Konflikt der Denkformen, der sich bis zum heutigen Tage wiederholt und immer wieder ausgetragen wird. Der Konflikt zwischen einer moralisierenden, anthropomorphen Weltbetrachtung, für die das Gute und das Böse universelle, kosmische Gegebenheiten sind; und einer Betrachtung, welche die Natur und die Menschenwelt neutralisiert, von anthropomorphen Projektionen reinigt, also eine Welt sehen lässt jenseits von Gut und Böse. In der ersten Sichtweise ist die Wirklichkeit selbst moralisch, in der zweiten Sichtweise gibt es nur eine moralische Interpretation einer Wirklichkeit, in der tatsächlich nur Kausalität aber keine Moral herrscht.

Nehmen wir Hesiod. Sein Denken spiegelt noch die mythische Tradition der Antike, wenngleich schon erheblich rationalisiert. Hesiod erzählt in seiner „Theogonie", wie es dazu kam, dass die Welt ein einigermaßen geordneter Kosmos wurde, zwar nicht durchgängig verlässlich, aber doch für den Menschen halbwegs bewohnbar. Es gibt noch genügend Gründe für die Angst, doch auch das Weltvertrauen bekommt seine Chance. Hesiods Denken ist ein früher Versuch, im beängstigenden Chaos eine Art Ordnung zu entdecken. Für die griechischen Mythen, an denen Hesiod anknüpft, war die Welt ein wahres Inferno aus Gewalt, Inzest, Mord, Verfeindung. Diese Mythen sind eine Erinnerung daran, welchem Grauen die Zivilisation abgerungen ist. Es handelt sich um die Übermacht der Naturgewalten zusammen mit der zerstörerischen Gewalt, welche die Menschen sich gegenseitig antun. Am Anfang gebar, so erzählt Hesiod, die „breitbrüstige" Gaia (die Erde) den Uranos, den Himmel. Der bedeckte sie ganz und begattete sie dann. Der erste Inzest. Daraus geht die zweite Göttergeneration hervor. Das sind die Titanen, unter ihnen Okeanos und Kronos, und die Titaniden, einäugige Zyklopen und einige Hundertarmige. Uranos aber hasste diese Kinder, die er mit seiner Mutter gezeugt hatte. Er stopfte sie zurück in ihren Leib. Gaia will sie nicht bei sich behalten und spricht zu ihnen: „Ihr Söhne, die ihr aus mir und einem Zornigen hervorgegangen seid..., wir werden den verbrecherischen Frevel eines Vaters rächen, auch wenn er euer eigener Vater ist, denn als erster hat er schändliche Werke geplant." Kronos, einer der Söhne, übernimmt die Aufgabe des Rächers. Mit einer Sichel kastriert er seinen Vater. Er wirft die Geschlechtsteile ins Meer. Aus dem Schaum, der sich bildet, entsteht Aphrodite.

Kronos tritt nun an die Stelle seines Vaters. Mit seiner Schwester zeugt er die dritte Göttergeneration, unter ihnen Demeter, Hades, Poseidon und schließlich Zeus. Es entbrennt ein furchtbarer Kampf zwischen Zeus und den anderen Göttern. Zeus, der Sieger in dieser Titanomachie, etabliert klugerweise *ein System der Gewaltenteilung*: Das Meer gehört Poseidon, die Unterwelt Hades und er selbst regiert im Himmel, als der Erste unter den Gleichen. Nun hat Zeus niemand mehr zu fürchten - außer die Göttin der Nacht, eine Titanide aus dem Uranos-Geschlecht. Auch Zeus hütet sich, sie zu reizen und holt bisweilen Rat von ihr ein. Die Olympier wissen, dass sie zur hellen Seite der Welt gehören und nicht mehr die Tiefe der Nacht erfüllen.

Irgendwann in diesen theogonischen und kosmogonischen Turbulenzen taucht das Menschengeschlecht auf. Dreimal wird es vernichtet, teils infolge von Neid und Eifersucht von Seiten der Götter; teils sind es die Menschen selbst, die sich wechselseitig ausrotten. Wie dann doch wieder ein neuer Anfang mit den Menschen gemacht wurde, darüber geben die Mythen, von denen Hesiod erzählt, unterschiedliche Auskunft. Ich will das nicht mehr weiter verfolgen und nur den Grundsatz festhalten, dass in diesen Mythen die Menschen ihren Ursprüngen so entkommen, wie man einer Katastrophe entkommt. Eine Ordnung des Zusammenlebens ist für Hesiod und die mythische Tradition nur möglich als System der Gewaltenteilung; sie ermöglicht den Triumph über das anfängliche Chaos aus Gewalt, Mord und anderen furchtbaren Dingen. Mit der mythischen Erinnerung schärfte die Antike das Bewusstsein dafür, dass die Zivilisation kostbar und zerbrechlich ist und dass man sie aktiv bewahren muss gegen die Kräfte der Zerstörung, die in der äußeren Natur und im Menschen selbst wirken. Wichtig ist: die Natur wird mit moralischen Be-griffen - wenn man die mythischen Bilder als ‚Begriffe' nimmt - verstanden. Und aus diesem Weltbild werden sogleich moralische Konsequenzen für die Organisation des menschlichen Zusammenlebens gezogen.

Zwischen Hesiod und Demokrit ist auf der Ebene des Weltbildes ein ungeheurer Wandel geschehen. Demokrit experimentiert mit einer Weltsicht, die der modern-naturwissenschaftlichen sehr verwandt ist. Beispiellos kühn bricht er mit dem Anthropomorphismus und zieht alle moralischen Projektionen aus dem Weltbild heraus, das dadurch neutralisiert, versachlicht also ‚kalt' erscheint. Es gibt nur die fallenden Atome, den leeren Raum. Da die Atome infolge ihrer unterschiedlichen Größe unterschiedlich schnell fallen, so stoßen sie wie Billardkugeln aneinander, verwirbeln sich und bilden Gestalten, wie es sich eben ergibt. Die menschliche Seele und der Geist sind auch nur Verkettungen und Verwirbelungen besonders winziger Atome. *Nichts existiert, als die Atome und der leere Raum, alles andre ist Meinung*, lehrt Demokrit. Zu diesem herumschwirrenden Meinungen, die aber das Wesen der Dinge nicht treffen, gehört auch die Vorstellung, dass die Natur von Zweckursachen, also von einem Ziel her, bestimmt wird. Solche Teleologie enthüllt Demokrit als eine anthropomorphen Projektion. So wie der Mensch sich Ziele setzt, Absichten verfolgt und dementsprechend handelt, so stellt man sich auch das Universum vor. So darf man es sich aber nicht vorstellen, erklärt Demokrit. Es geschieht zwar alles nach strenger Notwendigkeit, wie die Atome fallen, zusammenstoßen und sich verketten, es ist dies aber eine Notwendigkeit ohne Zweck. Eine ‚blinde' Notwendigkeit, die auf keine Zwecke absieht und die deshalb auch keinen ‚Sinn' verfolgt. Demokrits Atom-Universum ist ‚sinnlos', wenngleich darin nichts dem Zufall überlassen bleibt. Die Sinnesqualitäten, die der Mensch den Dingen beilegt, sind irreführend, *nur in der Meinung*, sagt Demokrit, *besteht das Süße, das Kalte, die Farbe; in Wahrheit besteht nichts als die Atome und der leere Raum*. Mit dieser Formel *in Wahrheit* sprengt Demokrit die ganze vertraute Lebenswelt in die Luft, so wie das die heutigen Naturwissenschaften auch tun. Wir sehen die Sonne aufgehen, wissen aber, dass es nicht so geschieht. Die Wissenschaft von Demokrit bis zur Moderne belehrt einen, dass man seinen Sinnen durchaus nicht trauen kann. Schon Demokrit setzt auf die Mathematik. Die Wahrnehmungsprothesen wie Mikroskop oder Teilchenbeschleuniger waren ihm noch nicht zur Hand. Natürlich werden die Menschen weiterhin empfinden und moralische Überzeugungen haben, aber das sind, erklärt Demokrit, nur die ungeheuer verwickelten Bewegungen der feinstoffigen Atome. Bei Demokrit gibt es keinen Geist als weltbildende Kraft, sondern nur dieses atomare Geschehen, das sich, hätte man nur eine genügende Rechenkapazität, auch berechnen ließe. Nun aber befindet man sich nicht nur in der Natur sondern in einer Menschenwelt, in der alle möglichen Torheiten und Bosheiten geschehen, darum lehrt der Materialist Demokrit eine Lebenskunst der Vermeidung von Schmerz und Unglück. Das Angenehme, wo es sich zeigt, soll man genießen und keinen Chimären nachjagen, und man soll das tun, was seinen Wert und Lohn in sich trägt. Das Leben hat keinen Sinn, außer man gibt ihm einen. Die Ethik des Demokrit kennt kein gut und böse, sondern nur die Unterscheidung von lebensklug und töricht. Das Gute und das Böse haben keine kosmische Wirklichkeit, sondern kommen nur vor in den moralischen Einbildungen der Menschen. Demokrits Weltbild ist, da ein universeller moralbegründender Sinn geleugnet wird, nihilistisch - so würden wir das heute bezeichnen. Und so ist es auch von der platonischen Gegenbewegung, die ich als drittes Modell kurz vorführen will, empfunden und attackiert worden. Das mythische Denken eines Hesiod, der Atomismus eines Demokrit und der Idealismus eines Platon - sind drei Modelle des Nachdenkens über Gut und Böse, zwischen denen sich das Denken bis heute bewegt.

Nun also die platonische Opposition gegen den atomistischen Materialismus des Demokrit. Platon habe, so wird erzählt, die Werke des Demokrit verbrannt. Platons Antwort auf das entseelte Universum Demokrits ist die Ideenlehre, worin bekanntlich die Allgemeinbegriffe als Substanzen und damit als wirklicher gelten als jene Wirklichkeit, aus der sie abstrahiert wurden. Die Idee des Baumes ist wirklicher als jeder einzelne Baum; die Idee des Guten ist wirklicher als jede einzelne gute Tat, die Idee der Schönheit ist wirkliche als jedes einzelne schöne Ding usw. Diese Ideen erheben sich so hoch über die Sinnlichkeit und die mit Sinnen zu erfassende Wirklichkeit, dass sie immer leerer werden. Aber da sie von Platon so intensiv ergriffen werden, weil er ja mit ihrer Hilfe das sittliche Leben umwälzen will, kann es nicht ausbleiben, dass er diese Ideen in mythische Bilder kleidet und auch eine eigenartige Mystik der Teilhabe am Sein der Ideen entwickelt. Das Denken wird zur Einübung des gelingenden Lebens. Es vermag über eine Hierarchie von Begriffen, auf einer Himmelsleiter von Abstraktionen aufzusteigen. Wohin? Zu jenem Punkt, von dem aus sich das Seins insgesamt als das wohlgeordnete Gute zeigt. Man muss dabei allerdings den Sinnentrug überwinden und überhaupt die Macht des Körpers und seiner Begierden einschränken. So wie - makrokosmisch - das Ganze von einem guten Geist erfüllt ist, so muss auch - mikrokosmisch - der Geist den Körper regieren. Platon illustriert diesen Vorgang am Höhlengleichnis, wo die Gefangenen in der Höhle nur die Schattenbilder an der Wand als vollgültige Wirklichkeit ansehen; der Eingeweihte und Befreite aber dreht sich um, sieht das Licht und die schattenwerfenden Gegenstände, findet den Höhlenausgang und kommt schließlich aus der Finsternis an die Sonne. Sie ist der Ursprung des Seins. Platonisch verstanden ist erkennendes Bewusstsein das Erreichen des wahren Seins. Platon schildert ein beseeltes All, eine sphärische Harmonie, in die das Denken einstimmt. Platonisches Erkennen bedeutet, das Gutsein der Welt entdecken und dadurch selber gut werden. Einen schärferen Gegensatz zu Demokrits leerem Raum mit Atomen und sinn- und absichtsloser Bewegtheit kann man sich kaum vorstellen. Bei Demokrit ist die Natur von erhabener Gleichgültigkeit, jenseits von Gut und Böse. Bei Platon aber ist das Ganze das Gute. Das Böse ist der Mangel an Erkenntnis, denn er bedeutet, dass sich der Einzelne nicht einzufügen weiß in dieses Ganze. Jeder will, was für ihn gut ist, aber nicht jeder weiß, was für ihn gut ist. Nur wenn er die Ordnung des Ganzen erkennt und sich einfügt, gelingt ihm das Leben. Andernfalls irrt er umher, ohne Gleichgewicht, greift dahin und dorthin, stößt an die anderen Menschen, stört und zerstört schließlich sich und die anderen.

Ich werde hier die platonische Ethik nicht weiter entwickeln, es kommt mir nur auf den Aspekt an, dass hier das Gute in der Ordnung des Seins liegt und das Böse darin besteht, dass der Mensch frei genug ist, um sich auch irren und diese Ordnung verfehlen zu können. Platons Ontologie des guten Seins ist die Antwort auf Demokrits neutralisiertes Universum. Es handelte sich um eine energische Remoralisierung und Remythisierung der Weltsubstanz.

Der Motivhintergrund für diesen Schritt ist Platons politische Befürchtung, dass die Entzauberung des Seins und der Triumph einer versachlichenden Aufklärung die moralischen Fundamente der Polis auflösen könnten. Platon kämpft gegen das Gespenst des moralischen Nihilismus.

Es ist erstaunlich, wie ungeheuer erfolgreich dieser Platonismus im christlichen Abendland gewesen ist. Platon wollte den kleinen Kreis der Polis geistig sichern und er hat einem ganzen kulturellen Weltkreis über viele Jahrhunderte hin einen geistigen Zusammenhang verschafft. Durch viele Modifikationen und Entwicklungen hindurch hielt sich doch die platonisch-christliche Sicht, für die das Gute und das Böse nicht als konventionelle Werturteile ohne eigentlichen Wahrheitswert, sondern als ‚wahre' Aspekte der objektiven Welt aufgefasst wurden. So mächtig war dieses spirituelle Weltverständnis, dass es auch für den großen Widersacher christlicher und neuplatonischer Weltinterpretation maßgeblich blieb. Ich meine die Gnosis in späthellenistischer und frühchristlicher Zeit. Dort bekundete sich ein Gefühl dramatischer und verzweiflungsvoller Entfremdung zwischen dem Menschen und dem Kosmos; man fühlte sich in diese Welt ‚geworfen', als Fremdling. Aber im Unterschied zum modernen Nihilismus, woran manche gnostische Beschreibungen des zutiefst fremden Universums erinnern, ist dieser Lebensraum nicht von der großen Gleichgültigkeit und der Abwesenheit von Sinn gekennzeichnet, sondern es ist ein ‚böser' Sinn, der sie geschaffen hat und darin wirkt. Dieser ‚böse' Sinn manifestiert sich für die Gnosis weniger in Dämonen und Teufeln, sondern im gnadenlosen, schon fast naturwissenschaftlich verstandenen Determinismus. Dieser Determinismus ist selbst das Böse. Und die gnostische Sehnsucht strebt nach Befreiung aus dem Weltgefängnis der Kausalität.

Der gute Kosmos und der böse Kosmos gehören zu einer gemeinsamen Erfahrung, für welche das Weltganze zugleich etwas Moralisches ist. Erst die modernen Wissenschaften seit der Renaissance werden wieder die andere Sicht, die des Materialismus eines Demokrit, beleben. Und aus dieser Perspektive entdeckt man - bis heute - wieder eine Welt jenseits von Gut und Böse. Kein gutes, kein böses - sondern eben ein gleichgültiges Universum, das dann jedoch das Verlangen nach Geborgenheit nicht mehr befriedigen kann. Den Schrecken davor hat Blaise Pascal an der Schwelle zur Neuzeit formuliert: *Verschlungen von der unendlichen Weite der Räume, von denen ich nichts weiß und die von mir nichts wissen, erschaudere ich...Das ewige Schweigen der Räume erschreckt mich...Wenn ich bedenke, daß...der Mensch...sich selbst überlassen ist wie ein verirrter in diesem Winkel des Weltalls...dann überkommt mich ein Grauen.*

Es ist ein Kennzeichen der Neuzeit, dass neben den empirischen Wissenschaften mit ihrer entmoralisierenden Methode, die platonische, religiöse, moralische Interpretationen der Welt nicht verschwinden. Es gibt diese zwei Sichtweisen, die nebeneinander bestehen und sogar vom Einzelnen abwechselnd gewählt werden können. Es war Kant, der diese Doppelperspektive sogar als Grundmerkmal des Menschen bezeichnet hat. Zum einen erkennen wir, so lehrt Kant, die Welt nach den Prinzipien von Raum, Zeit und Kausalität. Diese Prinzipien gehören zu unserer Erfahrungsstruktur und zwingen zu einem kohärenten, determinierten Weltbild. Auch sich selbst kann der Mensch als Ding unter Dingen betrachten. Aber es gibt in ihm eine Art Drehbühne: er sieht sich von außen und kann sich zugleich von innen erfahren. Von außen gesehen gibt es nur Kausalität, von innen erfahren gibt es Freiheit. Wir handeln jetzt, und wir werden hinterher immer eine Notwendigkeit, eine Kausalität für unser Handeln finden können. Im Augenblick der Entscheidung nützt es uns nichts, wenn wir wissen, dass wir von der Physiologie unseres Gehirns abhängen: wir können es nicht befragen, wir müssen uns selbst entscheiden. Und da wir uns selbst bestimmen müssen, erfahren wir uns als ein Wesen, das nicht einfach in eine Kette von Kausalitäten verknüpft ist, sondern eine neue Kette von Kausalitäten beginnen kann. Diese *Kausalität aus Freiheit*, erläutert Kant am alltäglichen Beispiel: *Wenn ich jetzt...völlig frei...von einem Stuhl aufstehe, so fängt in dieser Begebenheit, samt deren natürlichen Folgen ins Unendliche, eine neue Reihe schlechthin an.*

Der Mensch erfährt seine Freiheit nicht nur in der Spontaneität des Handelns, sondern vor allem auch - im moralischen Gewissen. Und dort öffnet sich eine ganze Welt des Guten und des Bösen. Als Anthropologe gibt Kant durchaus zu, dass in verschiedenen Kulturen unterschiedliche moralische Bewertungen üblich sind.

Aber das ändert für ihn nichts daran, dass der Freiheitsspielraum der Entscheidung immer gegeben ist, wenn der Mensch zu Bewusstsein und Vernunft erwacht.

Kant setzt deshalb so sehr auf Freiheit und Moralität, weil für ihn nur in dieser Dimension jene Transzendenz zu retten ist, die aus der übrigen Natur gewichen ist. Bei Kant hat es den Anschein, als hätte der alte Gott der Metaphysik sich ins

Gewissen der Menschen zurückgezogen wie in eine Festung, nachdem er aus dem Weltraum verschwunden ist. Und dass er für die erkennende Vernunft daraus verschwand, ist die Folge der ‚Entzauberung' und ‚Rationalisierung' durch die moderne Wissenschaft. Auch Kant, ein Freund und Beförderer dieser Wissenschaft, weiß, dass sie das Sinnverlangen nicht befriedigen kann und zur Einsicht nötigt, dass die Menschen, die einst glaubten, *Endzweck der Schöpfung zu sein*, mit dem Bewusstsein leben müssen, vielleicht doch, *in den Schlund des zwecklosen Chaos der Materie* zurückgeworfen zu werden, *aus dem sie gezogen waren*.

Aber Kant will es dabei nicht bewenden lassen. Dieses *trostlose Ungefähr* einer *zwecklos spielenden Natur* wäre - für ihn jedenfalls - ohne Vertrauen in die Kraft zur moralischen Selbstbestimmung nicht auszuhalten. In der ‚kalten' determinierten Natur kann man das Bewusstsein der Würde nur finden in der inneren Erfahrung der Freiheit. Um die Rettung dieser Würde geht es in der Moralphilosophie Kants.

Auch Kant möchte das Gute und das Böse auf ein Fundament gründen, das substantieller ist als die konventionelle Übereinkunft zwischen den Menschen. Auch Kant sucht nach absoluter Begründung der Moral. Im kategorischen Imperativ des Gewissens verschafft er dem sonst bereits verschwundenen Gott einen letzten Auftritt. Es ist dies offensichtlich eine zugleich aufgeklärte und metaphysische Rückzugsposition in der Moderne. Es wird auch schließlich auch das Gewissen „naturalisiert" und verschwindet als metaphysische Restgröße. Die Erfahrung eines entmoralisierten Universums schlägt durch und zerschlägt diese letzte Zitadelle einer Metaphysik der Moralität. Ich gebe zwei Beispiele, die diesen Vorgang eindringlich dokumentieren. Joseph Conrads Erzählung „Das Herz der Finsternis" und der Marquis de Sade.

Begleiten wir eine Strecke weit Marlow auf seiner Reise ins Herz der Finsternis in der gleichnamigen Erzählung von Joseph Conrad (1900). Marlow erzählt, wie er als junger Schiffskapitän mit einem verrotteten Transportschiff den Kongo hinaufgefahren war im Auftrag einer Handelsgesellschaft. Er sollte Elfenbein an Bord nehmen. Die Stationen der Handelsgesellschaft den Fluss entlang erweisen sich als verkommene Vorposten einer grotesken Zivilisation, verwaltet von korrupten „Pilgern des Fortschritts". Überwältigend aber ist die Wildnis, welche die winzigen Orte umgibt, in denen die Habgier sich sammelt. Die Wildnis, dieses ungeheuer große Etwas, „das nicht sprechen und vielleicht auch nicht hören konnte - würde sie sich vom Willen der Eindringlinge beherrschen lassen, oder würde es umgekehrt sein, und würde sie den Eindringlingen ihre eigene Wildnis enthüllen? Bei den Handelsstationen unterwegs ist überall von dem geheimnisumwitterten Agenten Kurtz die Rede, der sich am weitesten ins Innere des Landes vorgewagt hat. Er ist nicht mehr zurückgekehrt, schickt aber große Mengen Elfenbein den Fluss hinunter. Die Gerüchte verdichten sich, dass Kurtz, der einst einer „internationalen Gesellschaft zur Abschaffung wilder Sitten" angehört und menschenfreundliche Reden gehalten hatte, inzwischen offenbar zu einem Ungeheuer geworden ist. Er beutet seinen Distrikt mit brutaler Furchtlosigkeit aus; er mordet, raubt und hat sich einen ganzen Stamm gefügig gemacht. Er wird als Zauberer verehrt und inszeniert Rituale orgiastischer Ausschweifung. Es ist ihm gelungen, „einen hohen Platz unter den Teufeln des Landes" einzunehmen. Marlow merkt allmählich, dass es ihm bei seiner Reise schließlich nur noch um das eine geht: die Begegnung mit Kurtz. Er findet ihn an seinem Vorposten, krank, bis zum Skelett abgemagert, seine Hütte ist umringt von aufgepfählten, vertrockneten Menschenköpfen. Kurze Zeit später stirbt er, zuletzt flüstert er noch: „*Das Grauen, das Grauen!"*

Aber was war nun eigentlich mit Kurtz geschehen? Marlow's Vermutung: *„Die Wildnis aber hatte schreckliche Rache an ihm genommen für sein unliebsames Eindringen. Ich glaube, sie hatte ihm über sich selbst Dinge zugewispert, von denen er nichts wußte, von denen er keine Vorstellung hatte, bis er mit der großen Einsamkeit zu Rate gegangen war - und dieses Wispern hatte sich als unwi-*

derstehlicher Reiz erwiesen. Es hatte ein lautes Echo in ihm gefunden, weil er hohl war bis aufs Mark ...."

Es kommt alles darauf an zu verstehen, was es hier zu verstehen gibt - wenn die „Wildnis wispert". Die Deutung liegt nahe: die Wildnis ist in Kurtz eingedrungen und hat in ihm die eigene barbarische Wildheit wachgerufen und die zivilisatorischen Grenzen gesprengt. So ist es wohl, aber es ist noch nicht alles. Die Wildnis enthüllt sich als etwas vollkommen Sinnabweisendes, sie ist auf eine Art bedeutungslos, dass der bedeutungssuchende Sinn des Menschen sich unwiderruflich verloren und vereinsamt fühlt. Die Wildnis offenbart gerade in ihrer wuchernden Lebendigkeit die vollkommene Kontingenz. Der am meisten verstörende Aspekt der Wildnis ist nicht ihre Wildheit, sondern ihre sinnabweisende Stummheit. Sie „wispert" dem Menschen zu, dass sie ihm auf überwältigende Weise nichts zu sagen hat. Genau davor graut es Kurtz, vor diesem Nichts an Bedeutung. In diesem überquellenden und doch leeren Raum ist deshalb alles möglich. Wenn die Wildnis eine Botschaft hat, dann diese: Tu was du willst, es wird nicht von Bedeutung sein! Die Wildnis wird gleichgültig darüber hinweggehen, sie wird ihre grünen Tatzen überall hinlegen, als wäre nichts geschehen. Sie wird weiter wuchern, sinnlos, fruchtbar und furchtbar.

Kurtz war in dieser schweigenden Wildnis, die keine Antwort auf die sinnsuchende Frage des Menschen gibt, zur Bestie geworden, wie vor ihm der Marquis de Sade, der seine Karriere auch mit einer Verfluchung der großen Gleichgültigkeit der schweigenden Natur begonnen hatte. Diese Natur, schreibt de Sade, ist dafür verantwortlich, *„daß das unglückselige Individuum namens Mensch, ohne seine Einwilligung in dieses triste Universum geworfen"* wurde. Sie lässt ihn leben und wird ihn wieder verschlingen. Warum sollte man, fragt der Marquis de Sade, die beschränkte Lebensfrist noch zusätzlich belasten durch Moral und daraus folgender Gewissensnot? Man muss sich frei machen von trügerischen Hoffnungen und törichten Ängsten. Warum sollte man nicht *„ein paar Rosen auf* *die Dornen des Lebens streuen"*, indem man „*den Bereich seiner Neigungen und Liebhabereien erweitert"* und alles „*der Lust aufopfert"*?

Die Lüste machen das Asyl des Daseins erträglich. Inmitten eines kalten, gleichgültigen Universums gibt es den sicheren Tod, ein Leben voller Qualen und, wenn man klug und vielleicht auch skrupellos zu Werke geht, einige Augenblicke der Lust. Mehr nicht, jedenfalls nicht für den Marquis de Sade, der an den dunklen Grenzen des Menschenmöglichen experimentiert hat. Er argumentiert vom Standpunkt der *grausamen Natur* aus. Er versucht aus dem Satz *Was die Natur erlaubt, das ist auch moralisch erlaubt* alle möglichen Konsequenzen zu ziehen. Er hat es auf eine Zerstörung der christlichen und auf eine Neubegründung einer naturalistischen Moral abgesehen. Warum, zum Beispiel, sollte man nicht morden dürfen -? Legt die Natur wert auf die Individuen? Nein, antwortet Sade. Vielleicht hat die Natur Interesse an der Gattung. Aber auch hier kann man nicht sicher sein. Warum sollte vom Standpunkt der Natur das Überleben des Menschen bedeutsamer sein als das der Elefanten und Ratten? Bedient sich die Natur nicht der Zerstörung? Aus dem Dung des verendeten Lebens schafft sie neues Leben. Zerstörung ist nichts anderes als „*Verwandlung von Formen"*, woraus folgt: „*Da die Vernichtung eines der ersten Gesetze der Natur ist, kann nichts, was vernichtet, ein Verbrechen sein."* Die Natur verhindert nicht den Mord, sie stiftet sogar dazu an durch die Lust am Veruchten. Wo aber eine Lust ist, da ist auch ein Trieb, und wo ein Trieb ist, da spricht die Natur und gibt ihren Beifall. Wo die Natur etwas gestattet, kann es kein Verbrechen geben, oder, was auf dasselbe hinausläuft: die Natur ist selbst verbrecherisch. *Geh, Freund, du kannst sicher sein, daß alles ... erlaubt ist und daß sie (die Natur) nicht so unvernünftig war, uns die Macht zu geben, sie zu beunruhigen oder aus dem Gang zu bringen. Würde sie uns, blinde Werkzeuge ihrer Inspiration, befehlen, das Universum in Brand zu setzen, so bestünde das einzige Verbrechen darin, sich diesem Befehl zu widersetzen, und alle Verbrecher der Welt sind nur ausführende Organe ihrer Launen ....*

Das Beispiel des Marquis de Sade zeigt die verheerenden Folgen eines Naturalismus auf der Ebene der Moral. Der Marquis hat mit der naturalistischen Moral hauptsächlich imaginär experimentiert. Im 20. Jahrhundert war es Adolf Hitler, der mörderische praktische Konsequenzen aus einer naturalistischen Moral zog. Man hat sich angewöhnt, von Hitlers ‚wirren' Gedanken zu sprechen. Sie sind aber nicht ‚wirr'. Das Erschreckende daran ist vielmehr die unerbittliche Folgerichtigkeit, mit der aus einigen naturalistischen Prämissen ein ganzes System und eine Handlungsstrategie entwickelt wird.

Die Natur ist „grausam", erklärt Hitler in „Mein Kampf". In der Arena des Lebens kann sich nur der Starke behaupten, die Natur ist mitleidlos gegen die Schwachen, sie müssen untergehen. Sollten die „pazifistisch-humanen Ideen" zur Herrschaft gelangen, so wäre Degeneration die Folge. Die mitleidige Menschheit würde sich selbst den Untergang bereiten. *Es mag hier natürlich der eine oder andere lachen, allein dieser Planet zog schon Jahrmillionen durch den Äther ohne Menschen, und er kann einst wieder so dahinziehen, wenn die Menschen vergessen, daß sie ihr höheres Dasein nicht den Ideen einiger verrückter Ideologen, sondern der Erkenntnis und rücksichtslosen Anwendung eherner Naturgesetze verdanken.* Die Natur ist moralisch indifferent und sie vergibt keine Prämien für gute Gesinnungen, es gelten vielmehr die Gesetze der Selbsterhaltung und der Selektion der Stärkeren im mörderischen Daseinskampf. In diesem Kampf gibt es die Feinde und die Schädlinge. Die Feinde sind die Konkurrenten um den Raum- und den Machtbesitz. Schädlinge sind diejenigen, die den Kampf- und Selbstbehauptungswillen des Einzelnen und des Kollektivs beeinträchtigen – beispielsweise durch die ‚hinderliche' Ethik des Tötungsverbotes. Hitler wolle das Judentum ausrotten, weil er in ihm den physischen Träger dieser Ethik des Tötungsverbotes identifizierte. Er erklärte: *Wir stehen vor einer ungeheuren Umwälzung der Moralbegriffe und der geistigen Orientierung des Menschen. Mit unserer Bewegung ist erst das mittlere Zeitalter, das Mittelalter, abgeschlossen. Wir beenden einen Irrweg der Menschheit. Die Tafeln vom Berg Sinai haben ihre Gültigkeit verloren. Das Gewissen ist eine jüdische Erfindung.*

Hitler wollte eine Moral vernichten, indem er ihre ‚Erfinder' und ‚Träger', die Juden, physisch ausrottete. Und diese Moral musste vernichtet werden, um die anderen geplanten und dann auch verwirklichten Mordaktionen großen Stils in den Ostgebiete, die ‚ethnischen Säuberungen', möglich zu machen. *Wir haben die Pflicht zu entvölkern, wie wir die Pflicht der sachgemäßen Pflege der deutschen Bevölkerung haben. Es wird eine Technik der Entvölkerung entwickelt werden müssen. Was heißt entvölkert, werden Sie fragen. Ob ich ganze Volksstämme beseitigen wolle? Jawohl, so ungefähr, darauf wird es hinauslaufen. Die Natur ist grausam. Darum dürfen wir es auch sein ....*

Das ist der Schlüsselsatz des ganzen Hitlerismus: Die Natur ist grausam, darum dürfen wir es auch sein. Tatsächlich lässt sich in der Natur vieles entdecken, was man „grausam" nennen könnte. Beispiele, die häufig angeführt werden: das Fortpflanzungsverhalten der Stockenten, bei denen das Weibchen Gefahr läuft von einer Gruppe von Männchen solange vergewaltigt zu werden bis es ertrinkt. Das Männchen des Blauhais, das erst nach blutigen Attacken auf das Weibchen zur Paarung fähig zu sein scheint. Kannibalismus ist inzwischen für die meisten Tierarten belegt. In einer kanadischen Spezies von Flussbarschen mit charakteristischem Glasauge findet man immer wieder Exemplare mit kleineren Glasaugen im Magen, die ihrerseits wieder kleinere ‚Glasaugen' verschlungen haben. Es finden sich bis zu vier Generationen von Kannibalen in Kannibalen. Der Biologe Edward Wilson schätzt, dass die Wahrscheinlichkeit, dass ein Tier von einem Artgenossen getötet wird, in der Regel höher ist als beim Menschen.

Die Forderung, der Mensch solle sich nach der Natur richten, kann tatsächlich auf Barbarei hinauslaufen. Deshalb haben besonnene Naturforscher schon im letzten Jahrhundert, als die Konjunktur des Naturalismus begann, vor einer Naturalisierung der Moral gewarnt. Thomas Huxley, ein Schüler Darwins, erklärte: *Begreifen wir doch ein für allemal, daß der sittliche Fortschritt der Gesellschaft sich nicht der Nachahmung des kosmischen Prozesses verdankt, auch nicht dem Davonlaufen vor ihm, sondern dem Kampf gegen ihn.*

Der Naturalismus, gegen den Huxley argumentiert, ist ein umgekehrter Platonismus. Denn dieser Naturalismus versucht immer noch, für die Moral ein Fundament zu suchen, das ‚objektiver' ist als die Übereinkünfte und Entscheidungen der Menschen. Der Naturalismus findet dann sein moralbegründendes Fundament in der indifferenten oder ‚grausamen' Natur.

Wenn man aber akzeptiert, dass die Moral ein vom Menschen geschaffenes Instrument der Selbstbindung ist ohne von Gott oder der Natur geboten zu sein, dann zeigt sich die Moral als das, was sie ist: ein Werk der Künstlichkeit, der lebensdienlichen Fiktion. Die Letztbegründung der Moral ist der Wille zu ihr. Man muss sie sich einbilden wollen, damit sie das Leben führt und orientiert. Nehmen wir beispielsweise den ‚Wert' der Menschenwürde. „Alle Menschen sind frei und an Würde und Rechten gleich geboren", verkündet der Artikel 1 der Allgemeinen Erklärung der Menschenrechte. Aber wird der Mensch tatsächlich mit Würde so wie mit Gliedmaßen ausgestattet geboren? Selbstverständlich nicht. Die ‚Würde' wird zuerkannt, aber durch welche Instanz? Die Religion sagt: durch Gott. Der philosophische Idealismus sagt: durch die objektive Vernunft. Ganz gewiss aber wird sie zuerkannt (oder nicht zuerkannt) durch die Gesellschaft. Die Gesellschaft bildet sich den Grundsatz ein und macht ihn verpflichtend, dass man den Menschen, und zwar alle Menschen, als Wesen behandelt, die eine ‚Würde' haben. Mit Recht aber empfindet man die Gründung der Menschenwürde in einer gesellschaftlichen Übereinkunft als ziemlich schwach, denn sie lässt diese ‚Würde' auf dem Treibsand von Übereinkünften und wechselnden Mehrheiten gründen. Beim Hitlerismus hat es sich ja gezeigt, dass es möglich ist, Mehrheiten zu gewinnen für ein Projekt des systematischen Zerstörung von Menschenwürde. Gerade die Verletzung der Menschenwürde zeigt, dass es diese Menschenwürde nicht von Natur aus *gibt*, sondern dass sie *gilt*. Und nur solange und wo sie gilt, gibt es sie auch. Dabei kommt es zu dem paradoxen Versuch, die Würde in der demokratischen Entscheidung zu verankern, sie aber doch als Wert unabhängig zu machen von dieser Entscheidung. Das Grundgesetz der Bundesrepublik bietet ein Beispiel dieser Paradoxie. Dort wird die Würde des Menschen *unantastbar* genannt und ausdrücklich *nicht* einer demokratischen Mehrheitsentscheidung anheim gestellt. Keine Mehrheit darf die aus der ‚Würde' des Menschen abgeleitete Grundrechte antasten. Das ist aber nichts anderes als der Versuch, in einer säkularen Welt ein heiliges Tabu zu errichten. Eine gesellschaftliche Entscheidung wird in eine Angelegenheit umgewandelt, die in Zukunft der gesellschaftlichen Entscheidung entzogen bleiben soll. Dabei lässt man die ‚Würde' nicht nur in einer gesellschaftlichen Entscheidung begründet sein, sondern in etwas Absolutem, in Gott oder das, was von ihm übrig geblieben ist: eine Instanz der Letztbegründung, eine Art Machtwort der moralischen Vernunft. Doch es bleibt eine gesellschaftliche Macht, die eine solche Vernunft ihre Machtworte sprechen lässt. Man kann das Problem drehen und wenden wie man will, die Formel von der Unantastbarkeit der Menschenwürde wird immer auf die menschliche Entscheidungsfreiheit verweisen. Man muss sich für die ‚Würde' entscheiden, damit es sie gibt. Man muss sie gelten lassen, nur dann gilt sie. Nietzsche hat die Menschenwürde eine *Begriffs-Halluzination* genannt. Er wollte sie nicht zerstören, sondern darauf hinweisen, dass ihr Fundament nirgendwo anders liegt als in der Entschlossenheit, sie gelten zu lassen.

Hitler hat sie ausdrücklich nicht gelten lassen wollen und er hat für sein mörderisches Projekt eine moderne industrielle Zivilisation gewonnen. Deshalb ist er ein warnendes Beispiel einer enthemmten Moderne. Seitdem kann jeder wissen, wie bodenlos die menschliche Wirklichkeit ist: Dass es in ihr humane Verpflichtungen nur gibt, wenn man sie gelten lässt; dass man sich von seinem Leben nur etwas versprechen kann, wenn man den Zuspruch der anderen bekommt. Seitdem kann man aber auch ahnen, was der *Tod Gottes* (Nietzsche) eigentlich bedeutet. Wenn man von den guten Geistern verlassen ist und die guten Gründe verloren hat, muss man alles selbst hervorbringen. Wenn man aufhört an Gott zu glauben, bleibt nichts anderes mehr übrig, als an den Menschen zu glauben. Dabei kann man die überraschende Entdeckung machen, dass der Glaube an den Menschen womöglich leichter war, als man noch den Umweg über Gott nahm.

Warum ?

Weil der Mensch die Moral, die Entscheidung über Gut und Böse also, in einem Fundament verankert sehen möchte, das tiefer und umfassender ist als er selbst. Eine Moral, von der man weiß, dass man ihr Erfinder ist, hat nicht dieselbe unbedingte, transzendierende Bedeutung. Der Blick in die Geschichte der Religionen bestätigt diesen Willen zur moralischen Transzendenz. Gott hat Moses die Gesetzestafeln übergeben. Und auch Mohammed empfing seine Lebensvorschriften von Allah. Selbst in säkularisierter Zeit bleibt der Wille zur moralischen Transzendenz erhalten, da man immer noch versucht, das Gute und das Böse in der außermenschlichen Natur zu verankern, sei es dass man, wie Rousseau, auf die Güte der Natur als Orientierung hinweist, oder, wie der Marquis de Sade, auf die grausame Natur, die dem Menschen eben auch die Grausamkeit erlaubt, oder, wie der Sozialdarwinismus, dem Recht des Stärkeren eine biologische Begründung gibt. Der wohlgeordnete Kosmos, Gott und die Natur - das sind die großen Formen der moralischen Transzendenz.

Was ist ‚das Böse', wenn dieser transzendente Definitionsrahmen, sei es der platonische, der christliche oder der naturalistische verschwindet -? Wird die Moral, und damit die Unterscheidung zwischen Gut und Böse, gänzlich zur Angelegenheit der gesellschaftlichen Übereinkunft, der jeweiligen Kultur und ihrer geschichtlichen Wandlung -? Muss das moderne Bewusstsein in einem vollkommenen Relativismus und Kulturalismus der Moral enden oder lassen sich doch gemeinsame normative Kernbereiche ausmachen -? Ist nicht beispielsweise überall und immer der Mord als etwas Böses verfemt worden, in Abgrenzung zu anderen Formen der Tötung, die als notwendig, tapfer oder sonst wie gerechtfertigt wurden -? Gibt es eine moralische Vernunft oder Intuitionen, die immer und überall wirksam sind, sodass man sie als anthropologische Konstanten ansehen kann? Die mögliche Gemeinsamkeit der moralischen Vernunft hatte Kant im kategorischen Imperativ, die mögliche Gemeinsamkeit des moralischen Gefühls hatte Schopenhauer im Mitleid zu begründen versucht. Diese Versuche, - es sind die gelungensten auf ihre Art, alle anderen seitdem sind nur Variationen dieser beiden Grundmuster - waren und sind immer noch strittig.

Weniger strittig ist etwas anderes: die Tatsache nämlich, dass der Mensch eine moralische Einbildungskraft besitzt, wenn sie sich auch in unterschiedlichen Moralen bekundet. Der Mensch kann sich nicht auf seine Instinkte verlassen, er ist darauf angewiesen, seine Selbstregulierung durch Kultur und das heißt eben auch: durch Moral zu organisieren. Wenn es kein transzendentes Fundament der Moral geben sollte, so gibt es doch ein anthropologische Voraussetzung dafür, dass wir Moral als Instrument der Selbstbindung und Selbstregulierung nötig haben und deshalb Moralen finden und erfinden. Das hängt mit der Weltoffenheit, der *Exzentrizität* (Plessner) und der mangelnden Instinktausstattung zusammen. Die moderne philosophische Anthropologie bezeichnet den Menschen als ein Wesen, das von Natur aus auf Künstlichkeit angewiesen ist und als das *nicht festgestellte Tier* (Nietzsche) sich selbst erst seine feste Form gibt, ein Halbfabrikat also, das sich erst noch fertig machen muss. Zu der künstlichen, selbstgemachten Welt gehören nicht nur die Einrichtungen der materiellen Zivilisation von Produktion und Austausch, sondern eben auch die Moral. Sie ist ebenso unser Erzeugnis wie die anderen Erzeugnisse der Kultur. So gesehen aber lassen sich in der Kultur zwei große Bereiche unterscheiden: Ein Teil der Kultur stellt sich in sachlichen Abläufen dar, die einer Logik jenseits von Gut und Böse folgen. Ein anderer Teil ist Spontaneität, Expressivität, Symbolerzeugung verbunden mit Werteinstellungen, die man gewöhnlich ‚Moral' nennt. Der Mensch erzeugt eine Welt von Sachzwängen jenseits von Gut und Böse und er erzeugt ebenso eine Welt der Unterscheidung von Gut und Böse.

Zwischen den Sachzwängen der Produktion und der Welt der Moral gibt es Spannungen, die man, Karl Marx variierend, beschreiben kann als Widerspruch zwischen den technischen Produktivkräften und den moralischen Produktionsverhältnissen. Die technischen Produktivkräfte tendieren dazu, die Moralverhältnisse zu sprengen. Im Wirtschaftsprozess werden moralische Skrupel als eher hinderlich empfunden. Dieser Bereich will sich so organisieren wie die Natur, d.h. jenseits von Gut und Böse. Der Nationalsozialismus hat im Extrem gezeigt, wie man das macht. Die Ermordung der Juden ist als industrielle Produktion organisiert worden mit allem was dazu gehört: Arbeitsteilung, ökonomische Verwertung, rationelle Abläufe, Effektivität. Im schlimmen Sinne zukunftsweisend am Nationalsozialismus ist die entmoralisierte Sachlichkeit bei der Durchführung eines Großverbrechens. Die Arbeitsteilung parzelliert auch die Schuldanteile. Wer die Goldzähne der Ermordeten bei Degussa einschmolz oder Lokführer eines Häftlingstransportes war, konnte sich einbilden, nur seine Arbeit zu tun.

Wir geraten hier an ein Kardinalproblem der Moderne: wie kann die Entfesselung der technischen Produktivkräften moralisch beherrschbar bleiben? In welchem Verhältnis stehen sachbezogene Produktionskultur zur moralischen Kultur? Nehmen wir das Beispiel der Gentechnologie. Noch befinden wir uns am Beginn einer epochalen Wende. Wir werden immer tiefer in die biologische Substanz eingreifen können. Die Domestikationen und Züchtungsvorgänge der Vergangenheit waren Kulturierungen, die sich über Jahrhunderte oder gar Jahrtausende hinzogen. Die Veränderungen erfolgten von außen nach innen. Jetzt wird das Innere der Lebenssubstanz verändert, mit unabsehbaren Folgen, weil die neuen Organismen plötzlich und ohne genügende Adaptionskontrolle in den natürlichen Umwelten auftauchen. Und vor allem: die Gentechnik wird zur Anthropotechnik. Es ist möglich, in die Keimbahn einzugreifen mit der Folge, dass der Mensch umgebaut werden kann. Das Gruselkabinett von Monstren ist bald machbar. Von Gen-Banken werden patentierte Eigenschaften gekauft werden können. Der Standard eines wohlgeratenen Menschen wird neu definiert werden. Und in Verbindung mit der pränatalen Diagnostik wird die Vernichtung des sogenannten lebensunwerten Lebens im Mutterleibe oder in den Brutkästen im großen Maßstab durchgeführt werden können. Die Selektion findet vor der Geburt statt, aber es bleibt doch eine Selektion. Die Eugenik wird Konjunktur haben, und es kann sich eine neue Klassengesellschaft entwickeln von Menschen, die eugenisch modelliert wurden und solchen, die noch naturwüchsig und deshalb minder ‚wertvoll' zur Welt kommen. Der Mensch der Zukunft muss sich vielleicht auf neue Weise als Produkt der Planung empfinden. Die Leibgeber, - früher waren es die Eltern, in Zukunft werden es die Samenspender, Mütter, Leihmütter, Laborangestellten und Genbanken sein - werden ein Menschen-Produkt in die Welt entlassen, das sich selbst als leibhafte Investition empfinden muss. Es entsteht eine Leibeigenschaft neuen Typs. Wer in Zukunft seine Identität erfahren will, wird die Kataloge studieren müssen, mit deren Hilfe seine Eigenschaften zusammengekauft wurden. Sartres Satz, es komme darauf an, etwas aus dem zu machen, wozu man gemacht worden ist, wird auf überraschende Weise die Ethik das neu verfertigte Menschendings bezeichnen können. Es wird Prozesse der Kinder gegen ihre Eltern geben, die einen Schadenersatz einklagen wegen zu billiger Machart, oder, was sogar schon vorgekommen ist, Kinder, die mit ihrem Leben nicht zurecht kommen, werden Eltern verklagen, weil sie es unterlassen haben, sie abzutreiben. Wir werden uns auf ungeheure Entwicklungen gefasst machen müssen, denen unsere Moral wohl noch gar nicht gewachsen ist. Denn dieses Projekt der Neukomposition der menschlichen Substanz, die Enthüllung des genetischen Schicksals und die neuen Möglichkeiten, es abzuwenden, stellen die herkömmlichen Haltungen zu Tod und Krankheit, zur gesellschaftlichen Verteilung von Begabungen und Fähigkeiten, überhaupt das Verhältnis zu Schicksal, Zufall und Notwendigkeit, zum Veränderlichen und Unveränderlichen in Frage. Es handelt sich dabei zweifellos um den Gewinn einer neuen Freiheit. Die Selbstbestimmung erfasst jetzt die biologische Substanz, die Hervorbringung des Menschen durch den Menschen streift die Reste der bisherigen Naturwüchsigkeit ab.

Dieser Prozess verläuft nicht geplant, keine Elite von Frankensteins zieht im Hintergrund die Fäden, maßgeblich ist vielmehr die ‚unsichtbare Hand' aus Ökonomie, Markt, Forschungskonkurrenz und Begehrlichkeit des Publikums, dem die medizinische, wirtschaftliche und sonstige Vorteile der gentechnischen Entwicklung sofort einleuchten. Die Verführungskraft der Nutzungsmöglichkeiten wird über die Bedenken triumphieren. Keine Verschwörung von oben, sondern Angebot und Nachfrage werden die Entfesselung der gentechnischen Zivilisation herbeiführen. Was manche Philosophen, von Platon bis Nietzsche, sich erträumten: die Hochzüchtung des gelungenen Menschen und seine systematische Optimierung bis hin zum Übermenschen kann zur Wirklichkeit werden, allerdings banaler und vielleicht auch barbarischer, als es sich die Übermenschenfreunde erträumen.

Unvermeidbar wird die biologische Revolution, deren Zeitgenossen wir sind, das außerordentlich gefährliche Feld der Biopolitik eröffnen. Gefährlich muss uns dieses Feld vorkommen, weil die bisherige Geschichte der bewusst gehandhabten Biopolitik fast nur grauenhafte Beispiele bietet. Man denke nur an das alte Sparta, das eine systematische Biopolitik betrieb: die Zeugungskonstellation und die Aufzucht wurden streng kontrolliert; Schwache, Kranke und überzählige Mädchen wurden umgebracht. Der Körper des Einzelnen war Staatseigentum. Das neuere katastrophale Beispiel der Biopolitik ist bekanntlich die nationalsozialistische Rassenpolitik.

Doch trotz allem wird es unvermeidlich zur Biopolitik kommen, ganz einfach deshalb, weil die technische Biomacht inzwischen ungeheuer angewachsen ist. Die Bestimmungen des Guten und Bösen auf diesem Feld sind jedoch undeutlich, und es gibt noch nicht das Maß gesellschaftlicher Übereinkunft, das notwendig wäre, um die biotechnologische Entwicklung moralisch beherrschen zu können. Auf diesem Gebiet jedenfalls sind die technischen Produktivkräfte den Moralverhältnissen schon längst entwachsen. Wir befinden uns in einer ziemlich gefährlichen Phase des Abenteuers der Freiheit. Die Freiheit feiert als wissenschaftlich-technische Erfindungsgabe Triumphe, und fordert die andere Freiheit heraus, die sich in unserer moralischen Erfindungsgabe manifestiert. Da der Mensch sich weit über das bisherige Maß hinaus praktisch umgestalten kann, muss ein moralischer Codex ausgehandelt werden, der das Unerlaubte definiert und damit Tabus errichtet oder bekräftigt. Es geht dabei um die Fragen, ob wir das auch wollen, was wir machen können, und wenn wir es wollen, ob wir es auch dürfen, und wie wir das, wovon wir überzeugt sind, dass wir es nicht dürfen, verhindern können. Da kein Moses mehr mit Gesetzestafeln vom Sinai herabsteigen wird, werden wir bemerken können, dass diese Freiheit, eine Moral zu finden und zu erfinden, auch ziemlich anstrengend und risikoreich sein kann. Aber wir haben - auch das ist ein Ergebnis der säkularisierten Moderne, keine andere Wahl als selbst zu entscheiden, was wir mit uns machen und mit uns geschehen lassen. Wer behauptet, es komme darauf an, die Probleme und Entwicklungen sachlich und wertfrei zu sehen, hat die Herausforderung des gegenwärtigen Augenblicks nicht begriffen. Denn die gewachsenen Eingriffsmöglichkeiten ins Leben verlangen seine ebenso erfindungsreiche moralische Bewahrung.

Die Art der moralischen Herausforderung ist neu, aber ob wir eine wirklich neue Moral erfinden müssen oder ob das Neue nicht besser mit einer neu bekräftigen älteren Moral balanciert werden kann, wäre zu bedenken. Welche Moral? Ich meine, um es mit einem Wort zu sagen, die Moral der Ehrfurcht vor dem Leben. Was bedeutet diese Ehrfurcht? Sie bedeutet zunächst einmal anzuerkennen, dass das Leben - das eigene, das fremde und das der Natur - die Verkörperung einer langen Erprobungs- und Erfahrungsgeschichte ist, die stets komplexer und geheimnisvoller bleiben wird, als wir begreifen werden, weshalb wir die ferneren Folgen eines Eingriffs nie abschätzen können. Eingriffe bleiben selbstverständlich nötig und nützlich, aber angesichts der Unabsehbarkeit benötigen wir eine Stärkung des Systems moralischer Hemmungen, die den Handlungsfuror wenigstens etwas abbremsen kann. Die Begründungslasten müssten dabei umgedreht werden: nicht die Hemmung, sondern die Enthemmung ist begründungspflichtig. Bei der Definition der Menschenrechte werden wir in Zukunft darüber nachdenken müssen, ob der Mensch ein Recht darauf hat, geboren und nicht gemacht zu werden; ob er ein Recht darauf hat, dass nur der Zufall, das Schicksal oder, sofern man daran glaubt, die höhere Bestimmung, nicht aber eine planmäßige Herstellung, ihm seine angeborenen Eigenschaften geben darf. Ob er ein Recht darauf hat, sein genetisches Schicksal nicht kennen lernen zu müssen.

Mit Albert Einsteins Warnungen vor der Perversion der wissenschaftlichen Kultur will ich meine Überlegungen zum Bösen abschließen. Der Geist der Wissenschaft, so erklärt Einstein, entspringt der Fähigkeit des Menschen, über seine Grenzen und seine selbstsüchtigen Interessen hinauszugehen, und das Ganze der Natur, zu der er gehört, in den Blick zu nehmen. Die Wissenschaft aber versündigt sich gegen ihren Geist, wenn sie nur noch eigensüchtigen, materiellen Zwecken dient. „*Ein menschliches Wesen*", schreibt Einstein, *ist ein Teil des Ganzen, das wir ‚Universum' nennen, ein in Raum und Zeit begrenzter Teil. Es erfährt sich selbst, seine Gedanken und Gefühle als etwas von allen anderen Getrenntes - eine Art optische Täuschung seines Bewußtseins. Diese Täuschung ist für uns eine Art Gefängnis, das uns auf unser persönliches Verlangen und unsere Zuneigung für einige wenige uns nahestehende Personen beschränkt. Unsere Aufgabe muß es sein, uns aus diesem Gefängnis zu befreien.*"

Für Einstein ist das ‚Ganze' die Einheit von Natur und Geist, und jeder Versuch, den Geist aus der Natur zu vertreiben, sperrt das menschliche Bewusstsein in ein Gefängnis ein. Die Natur wird zum Ding und schließlich wird der Mensch sich selbst auch zum Ding, das sich manipulieren und als Mittel zu allen möglichen Zwecken gebrauchen und missbrauchen lässt. Dieses ‚Vergehen' enthält bereits seine Strafe: Naturzerstörung und Menschenverachtung. Wenn die moderne Zivilisation auch weiterhin den in sich selbst gefangenen Menschen begünstigt, wird sie, so Einsteins düstere Prognose, in der Selbstzerstörung enden müssen. Und zwar deshalb, weil die geistige Verarmung des Menschen durch Selbstverdinglichung einhergeht mit einem ungeheuren Wachstum der technischen Fertigkeiten. Für Einstein besteht das Böse in einer bestimmten Art von technisch hochgerüsteter Dummheit.

Rüdiger Safranski

Ich komme zum Schluss: Der Mensch kann in seinem Handeln und Denken sich in einen Bereich jenseits von Gut und Böse versetzen, aber er bleibt trotz allem ein moralisches Wesen. Denn es ist eine moralische Entscheidung, die Moral zu suspendieren. Darum tun wir gut daran, auch weiterhin vom ‚Bösen' zu sprechen. Man muss aber nicht mehr den Teufel bemühen, um das Böse zu verstehen. Das Böse gehört zum Drama der menschlichen Freiheit. Es ist der Preis der Freiheit.

Regina Ammicht Quinn

Die Theodizeefrage und ihr Kontext.
Ein neuer Blick auf Lissabon und Auschwitz

(1)

„Wir verlangen" - so ein Satz aus einer wenig berühmten Schrift eines berühmten Mannes - „Wir verlangen, der Erdboden soll so beschaffen sein, dass man wünschen könnte, darauf ewig zu wohnen."

Wohlgemerkt: Der Wunsch, von dem hier die Rede ist, bezieht sich nicht primär auf das „ewig", auf die dem Menschen als Geschöpf mangelnde Eigenschaft der Unsterblichkeit. Er bezieht sich nicht auf den Zustand des Menschen, sondern auf den Zustand des Erdbodens. So gut, so heimatlich sollte dieser Erdboden sein, dass ein Wunsch nach Dauer überhaupt entstehen kann und nicht schon im Keim erstickt wird. Was für uns heute in diesem Zusammenhang zum Problem wird, die ökologische Beschaffenheit des Erdbodens, die in der Lage ist, den Wunsch, ewig auf ihm zu wohnen, in eine Schreckensvision zu verwandeln, war für den Autor dieses Aufsatzes noch kein Thema. Er könnte eher den festen Boden unter den Füßen gemeint haben, den festen Grund, der zur nötigen Voraussetzung wird, den gestirnten Himmel über mir und das moralische Gesetz in mir wahrnehmen und in Beziehung zu meiner Existenz setzen zu können.

Nun mag es allerdings sein, dass, bei aller Vorsicht, die bei psychologischen Rückschlüssen zu walten hat, der Autor sich nicht ganz so viel dabei gedacht hat

- jedenfalls nichts Meta-Physisches. Der Satz stammt aus einem geophysikalischen Aufsatz Kants über das Erdbeben von Lissabon[1].

Am 1. November 1755, am Allerheiligentag zur Stunde der Gottesdienste, wurde die Stadt Lissabon zerstört. Die Zahl der Opfer wird in den Quellen unterschiedlich angegeben und schwankt zwischen 10.000 und 60.000.[2] Sicher ist, dass diejenigen, die *nicht* in den Kathedralen und Kirchen beteten und sangen, sondern am Feiertag sündhaftem Müßiggang oder sündhafter Arbeit nachgingen, die weitaus größere Chance hatten, mit dem Leben davonzukommen. Der Erdboden schwankte, und die Kirchen brachen über den Gläubigen zusammen. Dieses Erdbeben von Lissabon zeigte sich als Wendepunkt in der Geistesgeschichte. Der Optimismus der Aufklärung war davon ausgegangen, die Welt sei beherrschbar und Gott sei erklärbar. Leibniz bringt in seiner Theodizee-Schrift (1710)[3] diesen Optimismus auf den Punkt: Unsere Welt ist die beste aller möglichen Welten:

„Wenn somit das geringste Übel, das in der Welt eintrifft, fehlte, wäre es nicht mehr diese Welt, die alles in allem, (tout compté, tout rabattu) von dem sie auswählenden Schöpfer als beste befunden worden ist." (§ 9)

Diese Leibniz'sche *Theodicée* zerbricht in Lissabon - und mit ihr der optimistische Entwurf eines Welt- und Gottesglaubens, der die erste Hälfte des 18. Jahrhunderts bestimmt hatte. Es ist das Jahr 1755, in dem die Berliner Akademie der Wissenschaften - ganz im Trend der Zeit - ihre Preisfrage zu Pope's Satz „What-

---

[1] I. Kant: Geschichte und Naturbeschreibung der merkwürdigen Vorfälle des Erdbebens, welches an dem Ende des 1755sten Jahres einen großen Theil der Erde erschüttert hat. In: Kants Werke, hrsg. v der Königlich Preußischen Akademie der Wissenschaften, Bd. I: Vorkritische Schriften I, Berlin 1910, S. 429-461; S. 455.

[2] Vgl. dazu H. Weinrich: Literaturgeschichte eines Weltereignisses: Das Erdbeben von Lissabon. In: Ders.: Literatur für Leser, Stuttgart/Berlin/Köln/Mainz 1971, S. 64-76.

[3] Zit. wird im folgenden nach G.W. Leibniz: Die Theodizee, übersetzt v. A. Buchenau, Hamburg 1968.

ever is, is right"⁴ ausschreibt. Der Stimmungsumschlag am Ende dieses Jahres, der an ein konkretes äußeres Ereignis gebunden ist und sich daher so genau bestimmen lässt wie kaum je in der Geistesgeschichte, lässt sich ablesen an Voltaires - indirektem - Beitrag zur Akademie-Debatte. Sein Gedicht über das „désastre de Lisbonne" mit dem Untertitel „Examen de cet axiome: tout est bien"⁵ ist ein Gedicht über das désastre seiner zeitgenössischen Philosophie: „Philosophes trompé qui criés: tout est bien."⁶

Die Philosophen erscheinen in Voltaires Text als „tristes calculateurs des misères humaines"⁷, als traurige Buchhalter menschlichen Leids, die nun, im Katastrophen-Jahr 1755, nicht durch einen anderen Philosophen, sondern durch das Universum selbst dementiert werden: „l'univers vous dément"⁸.

Als alter Mann erinnert sich ein anderer zurück an den tiefen Eindruck, den das Erdbeben von Lissabon auf den sechsjährigen Knaben machte, dessen „Gemütsruhe ... zum erstenmal im tiefsten erschüttert"⁹ wurde. Goethe schreibt in „Dichtung und Wahrheit":

„Gott, der Schöpfer und Erhalter des Himmels und der Erden, den ihm die Erklärung des ersten Glaubensartikels so weise und gnädig vorstellte, hatte sich, indem er die Gerechten mit den Ungerechten gleichem Verderben preisgab, keineswegs väterlich erwiesen."

---

⁴ A. Pope: An Essay on Man, ed. by M. Mack. London/New Haven 1951, S. 141.
⁵ Voltaire: Poème sur le désastre de Lisbonne ou examen de cet axiome: tout est bien. In: Oeuvres complètes de Voltaire, nouvelle édition Bd. 9, Paris 1877, S. 473-480.
⁶ Ebd. S. 473.
⁷ Ebd. S. 476.
⁸ Ebd. S. 474.
⁹ J.W.v. Goethe: Aus meinem Leben. Dichtung und Wahrheit, erster Teil. In: Goethes Werke, Hamburger Ausgabe Bd. IX, Hamburg ⁵1964, S. 29.

Wir sehen: Der feste Boden gerät nicht nur ins Schwanken, er wird dem Philosophen wie dem Gläubigen unter den Füßen weggezogen. So stürzt man, und gemeinsam mit der mühsam erbauten Stadt liegt die mühsam erdachte beste aller möglichen Welten in Scherben.

(2)

„Das Erdbeben von Lissabon reichte hin, Voltaire von der Leibniz'schen Theodizee zu kurieren",

schreibt Adorno in der Negativen Dialektik[10]. Das als Heilmittel gedachte Gedankengebäude wird mit einem Mal selbst zur Krankheit, von der man sich kurieren lassen muss.

Nun sind die Erdbeben heute nicht seltener geworden, wohl aber die Erschütterungen - zu Hause, vor dem Fernseher - kürzer und oberflächlicher. Auf andere Weise wird für uns die angemessene Beschaffenheit des Erdbodens in Frage gestellt.

Adorno fährt fort,

„...und die überschaubare Katastrophe der ersten Natur war unbeträchtlich, verglichen mit der zweiten, gesellschaftlichen, die der menschlichen Imagination sich entzieht, indem sie die reale Hölle aus dem menschlich Bösen bereitete".[11]

Adorno spricht von Auschwitz – Auschwitz als moralisches Erdbeben und damit für ihn der notwendige Bezugspunkt jeder künftigen ästhetischen und ethischen Reflexion.

---

[10] T.W. Adorno: Negative Dialektik, Frankfurt/M. 1970, S. 353.
[11] Ebd.

Gilt das noch? Heute, im Jahr 2003?

Auschwitz scheint im Moment wieder im öffentlichen Diskurs allgegenwärtig zu sein; dafür spricht nicht nur die Mahnmal-Diskussion, die Berliner Holocaust-Ausstellung, der Gedenktag am 27. Januar, sondern auch der Begriff der ‚Selektion', der der ganzen bioethischen Debatte unterliegt. Und dennoch ist die Erinnerung schwierig geworden. Zwei Dinge sind dafür wichtig: Zum einen erleben wir im Moment das Ende der autobiografischen Erinnerung, noch einmal punktuiert durch Entschädigungsdebatten, auch als Ende einer unmittelbaren Verantwortung Opfern und Tätern gegenüber. Zum anderen nimmt das, was wir unter dem Stichwort ‚Globalisierung' zusammenfassen, immer mehr Einfluss auf unser Welt-Erleben und Welt-Verhalten. Denn der Rückgang nationalstaatlicher Bedeutung bei gleichzeitiger Kompression von Raum und Zeit bringt neue Fragen hervor: Wie erinnern wir uns in einer globalisierten, beschleunigten, unsteten Welt? Wie erinnern sich türkische Deutsche? Äthiopische Israeli? Israelische Palästinenser?[12]

Erinnerung – und erst recht kollektive Erinnerung[13] – ist dabei, sich zu verändern. Aber Erinnerung war schon immer Wandlungsprozessen unterworfen. Dazu nur einige Stichworte: In der unmittelbaren Nachkriegszeit wurde die versuchte Vernichtung der europäischen Juden in Deutschland innerhalb eines umfassenden *Opferkontexts* gedeutet, der sowohl deutsche Opfer als auch die Opfer der Deutschen umfasst.[14] In den europäischen Nachbarstaaten wurde der Widerstand gegen das Naziregime – die Handlung einer Minderheit - zur staatstragen-

---

[12] Vgl. dazu Daniel Levy / Natan Sznaider: Erinnerung im globalen Zeitalter: Der Holocaust, Frankfurt/M. 2001.

[13] Zum Begriff der « kollektiven Erinnerung » vgl. Marc Bloch: Mémoire collective, tradition et coutume. In : Revue de sythèse historique 40 (1925). Maurice Halbwachs: The Collective Memory, New York 1980.

[14] Der Holocaust erscheint in den ersten Nachkriegsjahren als ein Verbrechen auf einer langen Liste von Kriegsverbrechen. Die Urteile der Nürnberger Prozesse umfassen 226 Seiten; nur drei Seiten davon beschäftigen sich mit der Vernichtung der Juden. Vgl. Levy/Sznaider, a.a.O., S. 68.

den Erinnerung; es entstand ein *Heldenkontext*, in den die Erinnerung an die Judenvernichtung nicht passte. Auch in Israel gab es eher das Bemühen, sich von einer Leidens- und Opferhaltung zu distanzieren; die zentrale Erinnerung war die Erinnerung an den Aufstand im Warschauer Ghetto.[15] In den 60er Jahren nun wird diese Erinnerungslandschaft umgedeutet. Neben dem einsetzenden Generationenkonflikt sind hier vor allem zwei Ereignisse ausschlaggebend: die Aufsehen erregende Prozesse des Jahres 1963 – der Eichmann-Prozess in Israel[16], die Auschwitz-Prozesse in Frankfurt – und das Entstehen neuer sozialer Bewegungen mit neuer Sensibilität und Solidarität für Opfer. Der Holocaust wird zum Mittelpunkt der nationalen Erinnerung. In Israel wandelt er sich vom schamvollen Symbol der Schwäche hin zu einem sakralen nationalen Ereignis. In den 70er Jahren gibt es eine Verfestigung dieser Tendenz, deutlichstes Zeichen dafür ist Brandts Kniefall vor dem Mahnmal für die Toten des Aufstands im Warschauer Ghetto; gleichzeitig etabliert sich der Holocaust gleichzeitig als Me-

---

[15] Obwohl bis 1948 etwa 350 000 Menschen in Israel eintrafen, die den Holocaust überlebt hatten, gab es eine deutliche Tendenz des jungen Staates, sich von der Leidensgeschichte der Juden in der Diaspora und einer passiven Opferhaltung zu distanzieren. „Erinnerungen an den Holocaust erfüllen im israelischen Kontext zwei gegenläufige Funktionen: Zum einen repräsentieren die Opfer des Holocaust eine für die Diaspora typische Passivität; zum anderen wird derjenigen (zionistischen) Märtyrer gedacht, die sich durch ihren Widerstand gegen die Nazis ausgezeichnet haben. Dieses Selbstbildnis bestimmte die ersten beiden Nachkriegsjahrzehnte. In der zionistischen Ideologie und Praxis des ‚wehrhaften' Juden und in der Aufbauarbeit wurde die Dichotomie zwischen positiver nationalstaatlicher israelischer Erinnerung und negativ besetzter jüdischer Erinnerung in der Diaspora noch verschärft." Vgl. Levy/Sznaider, a.a.O., S. 99.

[16] Hier ist Hannah Arendts zunächst höchst umstrittene Studie mit ihrem Beharren auf der Komplexität und Ambiguität des Bösen von bleibender Bedeutung: Hannah Arendt: Eichmann in Jerusalem (1963), München 1986. Zeitgleich zum Eichmann-Prozess führte Stanley Milgram seine Experimente zum Verhalten Autoritäten gegenüber durch. Es „entwickelte sich eine Art Synergie zwischen dem Symbol von Arendts Eichmann und dem Symbol von Milgrams Versuchspersonen... . Zu einem großen Teil war es der Akzeptanz von Arendts Eichmann-Porträt (unter Mithilfe Milgrams) zu verdanken, dass die Wendung ‚einfach Befehle ausführen' im amerikanischen Sprachgebrauch nicht mehr die Bedeutung ‚mildernder Umstände' hatte, sondern zu einer ‚erdrückenden Anklage' wurde". Peter Novick: Nach dem Holocaust. Der Umgang mit dem Massenmord, Stuttgart/München ²2991, S. 184.

dienereignis.[17] 1986 zeigt sich in Deutschland eine bedeutende öffentliche Gegenreaktion: der Historikerstreit; Ernst Nolte bestreitet die Einzigartigkeit des Holocaust im Interesse einer gerechten Umverteilung von Schuld.[18] Etwa gleichzeitig entsteht eine Debatte um die ‚Einzigartigkeit' in Israel – hier allerdings initiiert von der Linken, die sich selbst als postzionistisch definiert und nicht nur das Gedenken an jüdische Opfer bewahren, sondern auch die historische Schuld an den Palästinensern aufarbeiten will.[19] Insgesamt ist ein zunehmender Relevanzverlust der Geschichtswissenschaft zu beobachten; in die frei werdenden Räume drängen Massenmedien.

Heute erleben wir eine Tendenz zur Entsakralisierung, Enttabuisierung des Holocaust. Erste Indizien hierzu sind Roberto Benignis Film *Das Leben ist schön*, der die unwahrscheinliche Verbindung von ‚Auschwitz' und ‚Komik' erprobt; Imre Kertèsz' Autobiografie *Roman eines Schicksallosen*[20], der erst mit mehr als zwanzigjähriger Verspätung in Deutschland erscheint, weil er die Faszination des jugendlichen KZ-Häftlings mit dem System des Lagers und Figuren der SS zeigt; und schließlich die für den März 2002 geplante Ausstellung im jüdischen Museum in New York (*Mirroring Evil: Nazi Imagery / Recent*), in der Nazi-Symbole und Holocaustbilder in neuen, tabu- und respektlosen Kontexten gezeigt werden: Zyklon-B-Kanister mit Parfüm-Designer-Labeln (Tom Sachs), Porträts von Buchenwald-Lagerinsassen, dazwischen der Künstler mit einer Diet-

---

[17] 1978 wurde unter großer Zuschauerbeteiligung die Serie „Holocaust" zunächst in Amerika, dann auch in Deutschland und Israel ausgestrahlt. Schon am Tag nach der Erstausstrahlung setzt die Diskussion um die Repräsentierbarkeit des Holocaust ein; Elie Wiesel wendet sich in der New York Times gegen die Trivialisierung des Holocaust. Vgl. Levy / Sznaider, a.a.O., S. 132.

[18] Vgl. Ernst Nolte: Vergangenheit, die nicht vergehen will. In: Historikerstreit. Die Dokumentation um die Kontroverse um die Einzigartigkeit der nationalsozialistischen Judenvernichtung, München/Zürich 1987, S. 39-47.

[19] Vgl. Levy / Sznaider, a.a.O., S. 136ff.

[20] Imre Kertèsz: Roman eines Schicksallosen, Berlin 1996.

Coke-Dose in der Hand (Alan Schechner) und das „Lego Concentration Camp Set", komplett mit kleinen Baracken, Krematorien, Wachen und Leichen.

Bleibt Auschwitz auch in diesem Umbruch hin zu einer entsakralisierten, enttabuisierten Erinnerung der *Wendepunkt der Geschichte*[21], der *Riss durch die Schöpfung*[22], der globale Zerfall der Gewissheiten, die das historische und soziale Beziehungsgefüge bestimmten und der uns - wie Leo Löwenthal schon 1945 in seiner Studie über „Individuum und Terror" sagt - in ein „moralisches Niemandsland"[23] katapultiert? Die Frage, die sich hier stellt, ist eine doppelte: Warum sollte Auschwitz der Bezugspunkt eines Diskurses über die Frage nach dem Bösen und nach Gott bleiben – zumal wenn das, was in der Erinnerung ‚Auschwitz' gefasst wird, ‚flüssig' geworden ist?[24] Wie erinnern wir uns? Welche Art und Form der Erinnerung ist heute angemessen?

Ich möchte hier, in einer sehr viel unsichereren und tastenderen Weise als noch vor einigen Jahren, die Probe aufs Exempel machen, den Versuch, im Nachdenken über Theodizee Auschwitz als Bezugspunkt zu formulieren. Ausgangspunkt dafür ist nicht ein Begriff, sondern ein Bild – das neben den Bildern der New

---

[21] M. Horkheimer/T.W. Adorno: Dialektik der Aufklärung. Philosophische Fragmente, Frankfurt/M. 1971, S. 179.

[22] Vgl. G. Büchner: Dantons Tod III,1: "Schafft das Unvollkommene weg, dann allein könnt ihr Gott demonstrieren, Spinoza hat es versucht. Man kann das Böse leugnen, aber nicht den Schmerz; nur der Verstand kann Gott beweisen, das Gefühl empört sich dagegen. Merke es dir, Anaxagoras, warum leide ich? Das ist der Fels des Atheismus. Das leiseste Zucken des Schmerzes und rege es sich nur in einem Atom, macht einen Riß in der Schöpfung von oben bis unten." Werke und Briefe, München 1980, S. 44.

[23] L. Löwenthal: Individuum und Terror (1945). In: D. Diner (Hrsg.): Zivilisationsbruch. Denken nach Auschwitz, Frankfurt/M. 1988, S. 15-25; S. 23.

[24] Vgl. Zygmunt Bauman: Liquid Modernity, Cambridge, U.K. 2000.

Yorker Ausstellung stehen bleibt; es ist das Bild einer Geschichte, die in jedem Standardwerk über den Holocaust dokumentiert ist:[25]

Die Kosten für ein Kilogramm Zyklon B, das von der Deutschen Gesellschaft für Schädlingsbekämpfung (DEGESCH) über eine Zwischenfirma an das Vernichtungslager Auschwitz geliefert wurde, betrugen etwa fünf Reichsmark. Bei vollbesetzten Gaskammern wurde so ein Betrag von 1,8 Pfennig pro Kopf und Tötungsvorgang errechnet. Im Sommer 1944 wurde angeordnet, dass kleinere Kinder nicht mehr separat von den Eltern vergast werden sollten; aus Kostengründen wurden sie lebendig in die Krematoriumsöfen oder ins offene Feuer geworfen. „They threw them in alive. Their screams could be heard at the camp."[26]

Von hier aus stellen wir versuchsweise die Theodizeefrage. Was wäre, wenn dieses Feuer unser Lissabon wäre? Keine einzige beliebige theologische Aussage, so fordert der jüdische Theologe Irving Greenberg, soll gemacht werden, die nicht im Angesicht dieser brennenden Kinder aufrecht erhalten werden kann. Und das gilt, so fügen wir hinzu, im besonderen für Aussagen zur Theodizee.

„Tell the children in the pits they are burning for their sins. An honest man - better, a decent man - would spit at such a God rather than accept this rationale if it were true. If this were the only choice, then surely God would prefer atheism."[27]

Gott selbst würde lieber zum Atheisten.

---

[25] Der Vorfall ist in jedem Standardwerk über den Holocaust dokumentiert - Z. B. bei R. Hilberg: Die Vernichtung der europäischen Juden. Die Gesamtgeschichte des Holocaust, Berlin 1982, S. 172.

[26] I. Greenberg: Clouds of Smoke, Pillar of Fire: Judaism, Christianity, and Modernity after the Holocaust. In: E. Fleischner (Hrsg.): Auschwitz: Beginning of a New Era? Reflections on the Holocaust, New York/USA 1977, S. 7-55; S. 9.

[27] Ebd. S. 34.

Wir sind hier konfrontiert mit einer zwar gewagten, aber im Kern theologischen Aussage. Sie bezieht sich auf den Glauben an einen Gott, der sich, wäre er in einem Entweder-Oder gefangen, für den Menschen entschiede - und gegen sich selbst; und sie fällt ein Urteil über theologisches Sprechen, das dort in den Atheismus mündet, wo es nur die Möglichkeit kennt, übermäßiges Leiden in ein Erklärungsraster einzuordnen und die letzte Schuld am Leid beim Opfer selbst zu suchen.

So versuchen wir, die Frage nach Gott und dem Übel in der Welt auf schwankendem Boden zu verankern, mitten im moralischen Niemandsland: im Angesicht der brennenden Kinder.

(3)

Die Frage nach dem Bösen erfährt im Kontext christlicher Theologie eine eigene Zuspitzung – hin zur Frage nach der eigenen Existenzberechtigung: wenn es einen Gott gibt, woher und warum dann die Übel der Welt?

Mit dem Versuch, eine Theodizee nach Auschwitz zu entwerfen, stehen wir nicht nur in einer Tradition, die wohl so alt ist wie die Menschheitsgeschichte, sondern auch in einer Reihe zeitgenössischer Theodizee-Entwürfe, die eine Lösung, eine Antwort und damit Sinngebung bereitzustellen versuchen. Diese Theodizee-Entwürfe im klassischen Sinn haben einen gemeinsamen kognitiven Ausgangspunkt - ein klar definiertes Gottesbild: Gott ist gut und allmächtig - und die Anerkenntnis der Übel auf der Welt, in deren Angesicht die Güte und Allmacht Gottes gerechtfertigt werden muss. Das Ziel des Theodizee-Prozesses ist der Freispruch Gottes; die Mittel sind Argumente, die der Logik der Widerspruchsfreiheit und der systematischen Verallgemeinerbarkeit unterworfen sind.

Im wesentlichen erscheinen diese klassischen zeitgenössischen Theodizee-Entwürfe in zwei Varianten, die eine in augustinischer, die andere in irenäischer Tradition. Beide Varianten fragen nach dem, wofür die Übel der Preis sind.

Die Übel sind, so antwortet die Theodizee in augustinischer Tradition, Preis der Freiheit[28]. Gott hat den Menschen als freien Menschen erschaffen, denn er möchte von ihm aus freien Stücken geliebt werden; so nimmt er es in Kauf, dass Menschen sich auch gegen ihn entscheiden und so das Übel in die Welt kommt.

Die Übel sind, so antwortet die Theodizee in irenäischer Tradition, Preis des Guten[29]. Gott hat den Menschen nicht als perfektes Wesen erschaffen, das immer und von vornherein gut ist, denn sonst wäre sein Gutsein nicht von Wert. Das Übel hat eine pädagogische Funktion: Es hilft dem Menschen, seelisch-moralisch zu reifen.

Die Theodizeefrage zeigt sich so beides Mal als Preis-Frage, die steht und fällt mit der Voraussetzung einer stimmigen Gesamtkalkulation. Schon der Verdacht überhöhter Preise oder gar der, dass der Preis gezahlt wird, ohne dass - im Diesseits oder im Jenseits - ein entsprechender Gegenwert überhaupt vorhanden sei, lässt das System zusammenbrechen. Dass aber die Gesamtkalkulation stimmig ist, das heißt: dass die Übel auf dieser Welt letztlich nicht überwiegen, ist nur von einem absoluten und endgültigen Standpunkt aus zu entscheiden - einem Standpunkt, der uns nicht zur Verfügung steht.

---

[28] Vgl. dazu z.B. R. Swinburne: The Free Will Defense. In: Teodicea Oggi? Archivio di Filosofia LVI, Padova 1988, S. 585-596; ders.: Die Existenz Gottes, Stuttgart 1987. A. Platinga: God, Freedom, and Evil; New York/USA 1974. S.T. Davis: Free Will and Evil. In: Encountering Evil. Life Options in Theodicy, hrsg. v. S.T. Davis, Atlanta,Georgia/USA 1981, S. 69-83.

[29] Am deutlichsten wird diese Position bei J. Hick: Evil and the God of Love, London/GB 1966; ders.: An Irenaen Theodicy. In: Encountering Evil, a.a.O., S. 39-52.

Was geschieht nun mit diesen kontextlosen Theodizee-Entwürfen, stellt man sie in einen Kontext, konfrontiert man sie mit der Erfahrung überwältigenden Übels?

Wenn wir davon ausgehen, dass die Freiheit das höchste Gut ist und Gott darum alle anderen Übel, die sie nach sich zieht, zugelassen hat, dann müssen wir nur fragen, ob diese Aussage im Angesicht der brennenden Kinder naiv - oder zynisch ist.

Die andere, pädagogisch orientierte Theodizee-Variante gleicht der ersten, indem sie in ähnlicher Weise die Perspektive der Opfer negiert:

„Er gab uns Schmerz, damit wir lernen, die Hände aus dem Feuer zu halten, Enttäuschungen, um uns Geduld zu lehren, Unfreundlichkeit der anderen, damit unsere Großmut wächst - usw. Das Problem ist natürlich genau dieses undsoweiter: Folter - um uns was zu lehren? Krebs - um uns wie zu verbessern? Erdbeben, um die Zivilisation wie weiter zubringen? Das ganze blutende, schreiende, sterbende, lügende, betrügende, verrottende Gerippe einer einst schönen Welt - um uns wann zu erhöhen?"[30]

Als Schlussfolgerung bleibt nur ein vernichtendes Urteil:

„If God designed this training program, we need a new coach."[31]

Die Frage nach dem *undsoweiter* wird aber in diesen unterschiedlich akzentuierten und unterschiedlich argumentierenden Theodizee-Entwürfen nicht gestellt.

---

[30] „He gave us pain so we'd learn to keep our hands out of the fire, disappointments in order to teach us preseverance, unkindness from others to help us grow in charity, and so on. The trouble with that, of course, is the and so on: torture, to teach us what? cancer, to improve us how? earthquakes, to advance civilization in what way? the whole bleeding, screaming, dying, lying, cheating, rotting carcass of a once beautiful world to uplift us when?" R. Farrar Capon: The Third Peacock. The Problem of God and Evil, New revisted edition, San Francisco/USA 1986, S. 12.

[31] F. Sontag: Critique. In: Encountering Evil, a.a.O., S. 55-68; S. 56.

Die theoretische Stimmigkeit des Gedankens hat sich so in den Vordergrund gedrängt, dass die Frage nach der Lebbarkeit kaum mehr vorkommt. Die Rechtfertigungen Gottes aufgrund der Freiheit oder aufgrund der moralischen Verbesserung, die die Übel bewirken, bleiben in einem Entweder-Oder gefangen wie in einer Falle - entweder wird Gott gerecht gesprochen oder der geschlagene, geschundene, leidende Mensch. Die Perspektive Gottes bleibt unvereinbar mit derjenigen der Opfer. So hat man Gott gerettet - und fragt sich zu spät, ob *dieser* Gott für uns glaubwürdig ist.

Diesem Dilemma versuchen die nicht-klassischen, uneigentlichen Theodizee-Entwürfe zu entgehen, die die Voraussetzung der logischen Argumentation - die Definition Gottes als gut und allmächtig - diskutieren und nicht selten verändern. Das klassische Dilemma der Vereinbarkeit der Existenz Gottes mit der Existenz der Übel wird damit ins begriffliche Vorfeld der Überlegungen verschoben und zeigt sich dort als Dilemma von Macht und Liebe. Da wird von einem Gott gesprochen, der mitleidet, der in jeder leidenden Kreatur seine Anwesenheit bezeugt; die Frage nach der Macht Gottes, die dieses Leiden beenden könnte, gerät aber aus dem Blick. Oder es wird von einem Gott gesprochen, der Macht ist, von dem wir aber nicht wissen, was Liebe für ihn bedeuten könnte. Jede Entscheidung in diesem Streit der Gottesbilder bleibt problematisch: Ein Gott der Liebe rückt dem Menschen nahe, während die Frage nach dem Sieg der Liebe aber ins Ungewisse entschwindet; ein Gott der Macht dagegen bekommt für den Menschen ein so beängstigend fremdes Gesicht, dass sich die Frage stellt, ob eine Rettung durch diesen Gott besser ist als gar keine.

Was also tun? Es sieht reichlich aussichtslos aus. Alle Denkwege enden in Sackgassen, an deren Ende ein neues Dilemma oder mindestens ein neues Paradox lauern - oder aber, halb Verführung, halb Verfehlung, die Möglichkeit, das Denken selbst zu beenden - und statt dessen zu glauben — oder aber, als Alternative: das Glauben zu beenden und statt dessen zu denken. Die Frage, die man hier aber - ungeachtet dessen, dass es sich ohne eine Rechtfertigung Gottes ganz gut leben lässt - stellen muss, ist: Was bringt's? Was bringt uns dieses Aufgeben der Theodizeefrage? Was bringt es denen, die leiden? Nichts.

Aber: In sinnvoller Weise Theologie zu treiben steht und fällt mit einem sinnvollen Umgang mit der Theodizeefrage. Was also ist zu tun?

Zunächst ziehen wir die Konsequenzen aus dem vielschichtigen, theoretischen und praktischen Misslingen der philosophisch-spekulativen Versuche in der Theodizee. Konsequenz ist nicht das Aufgeben der Theodizee, sondern die Erkenntnis, dass die *Theodizee im theoretischen Bereich allein nicht hinreichend formuliert werden kann.* Nötig wird damit der Entwurf einer Praktischen Theodizee.

(4)

Wenn Gott existiert: woher und warum dann das Übel?

So lautet die grundsätzliche Frage einer Theodizee, die sich dann weiter ausdifferenziert als Frage nach der Güte der Schöpfung:

Wenn Gott das Huhn erschuf, hat er dann auch den Hühnerhabicht erschaffen? Wenn Gott das Kind erschuf, hat er dann auch dessen Hirntumor erdacht?

Sie wird ergänzt durch die Frage nach dem Menschen:

Wie sind wir so geworden, wie wir sind? Wie kommt es, dass der Mensch zu alldem fähig ist, wozu er fähig ist?

Und sie gipfelt schließlich in der Frage, ob der Glaube an einen Gott, dessen Güte und Macht so wenig konkret spürbar sind, nicht ein Luxus der Privilegierten und Davongekommenen ist:

Wo war Gott in Auschwitz?

Wir wissen es nicht. Einzelaspekte dieses Fragenkomplexes können versuchsweise erklärt werden. Eine umfassende und sinngebende Antwort, und nur sie wäre eine Antwort auf die Theodizeefrage, muss aber ausbleiben. Wir kennen sie nicht.

Ohne den spekulativen Versuchen die intellektuelle Leidenschaft abzusprechen und ohne sie ein für allemal zum Schweigen zu verurteilen, so muss doch ihr neuer Ansatzpunkt und ihre neue Sprache erst gefunden werden. Hier und heute - nach Auschwitz - erscheint es weder erkenntnistheoretisch möglich noch theologisch sinnvoll, den Versuch zu unternehmen, sozusagen aus den geheimsten Gedanken Gottes ein Argumentationsgebäude zu konstruieren, das alles Leid, alles Übel, alles Unglück der Gegenwart, Vergangenheit oder Zukunft erklären und gleichzeitig Gottes Liebe und Allmacht nachweisen soll. So bleibt die Theodizee, im Kantischen Sinn, ein „Kampfplatz" theoretisch-theologischer Spekulation - ohne Aussicht darauf, die endgültige Sinngebung, um derentwillen das Unternehmen begonnen wurde, je zu erlangen.

Die endgültige, eindeutige und sinngebende Antwort auf die Fragen der Theodizee bleiben wir schuldig. Dieses Schuldigbleiben der Antwort ist aber zugleich das, was wir der Frage in ihrer Komplexität schuldig sind. Denn für die Theodizee im Besonderen trifft zu, dass eine endgültige Antwort hier nicht mehr wert ist als irgendein goldenes Kalb:

„... nur in der radikalen Offenheit der Frage, also in der Zertrümmerung jedes Götzen einer Antwort, die die radikale Weite der Frage nicht erfüllt und doch dem Fragen Halt gebieten will, weiß man überhaupt, was mit Gott gemeint ist"[32].

---

[32] K. Rahner: Die Frage nach der Zukunft. Zur theologischen Basis christlicher Gesellschaftskritik. In: H. Peukert (Hrsg.): Diskussion zur politischen Theologie, München 1969, S. 246-266; S. 253.

Diese Offenheit der Frage gilt es nicht nur gegenüber vorschnellen theologischen Antworten zu bewahren, sondern auch gegenüber der Bandbreite a-theologischer und a-theistischer Antworten auf das Theodizee-Problem - gegenüber Stendhals Diktum, dass Gottes einzige Entschuldigung seine Nichtexistenz sein könne, gegenüber jedem Sich-Abfinden mit der Absurdität des Daseins und der Unmenschlichkeit des Menschen.

Indem statt der Antwort das Offenhalten der Frage gefordert wird, ist schon ein erster Schritt über die bloße Verweigerung der Antwort hinaus getan. Das Eingeständnis des erkenntnistheoretischen und theologischen Unvermögens reicht allein nicht aus. Die Frage der Theodizee fordert zur Erwiderung heraus. Die der Frage angemessene Erwiderung aber ist nicht primär die einer *spekulativen Antwort*, sondern diejenige einer *praktischen Haltung*.

Kann aber eine praktische Haltung den Platz einer spekulativen Antwort einnehmen, ohne dass das gesamte Theodizee-Geschehen sich auflöst - bestenfalls in Nächstenliebe, schlimmstenfalls in Nettigkeit? Oder, anders gefragt: Gibt es sinnstiftende Haltungen?

Es gibt sie - im seltenen Glücksfall. Im Normalfall wird eine auf die Theodizeefrage erwidernde praktische Haltung auf Sinn verweisen und in Situationen, die von der absoluten Abwesenheit von Sinn geprägt sind, auf der Notwendigkeit von Sinn bestehen.

Eine Praktische Theodizee ist nicht länger dem genauen Wortsinn nach eine Rechtsprechung Gottes, ein Unternehmen also, das schon durch seinen Begriff die Lösung bereitstellt. Sie ist vielmehr - allgemeiner - die Beschreibung eines Geschehens, in dem der Mensch, das Übel und Gott aufeinandertreffen. Der Ausgang dieses Unternehmens ist zunächst offen, so dass in jedem Sinn ein erhöhter Einsatz gefordert ist.

Diese Praktische Theodizee konkretisiert sich in Haltungen, die sich auf drei Grundhandlungen bezieht, die schon immer eine Theodizee charakterisiert haben: *Trost, Anklage* und *Protest.*

Trost, der Hauptnebenzweck traditioneller Theodizee-Entwürfe, hat hier lange eine dubiose, ver-tröstende und letztlich Ungutes stabilisierende Rolle gespielt und muss für eine praktische Theodizee modifiziert werden. Voraussetzung für eine solche Veränderung ist der Versuch, die Verflechtungen zwischen moralischen und physischen Übeln, zwischen beendbarem und nicht beeinflussbarem Leid zu durchschauen und, wo immer möglich, zu lösen. In einer Praktischen Theodizee tritt Trost dort, wo keine äußere Veränderung der leidvollen Situation möglich ist, an die Stelle dieser erwünschten Veränderung. Trost bekommt hier solidarisch-eschatologischen Charakter: Das Da-Sein des Menschen für einen anderen ändert nichts an der äußeren Situation des Leids; indem es die grundsätzliche Einsamkeit des Schmerzes zu durchbrechen sucht, schafft es aber innerhalb dieser Situation Raum für die Ahnung eines möglichen Durchbrechens nicht nur der Einsamkeit des Schmerzes, sondern auch des Schmerzes selbst. Diese Haltung tröstenden Da-Seins wird damit gleichzeitig zur Aussage über Gott. Die Haltung des Trostes also heißt: Anwesenheit.

Anklage ist die psychologische Mitte der traditionellen Theodizee. Die traditionelle Theodizee setzt ein mit einer zumindest impliziten Anklage gegen Gott und betreibt die Zurücknahme dieser Anklage: Der Kläger Mensch wird im Verlauf des Prozesses zum Angeklagten und schließlich zum Verurteilten, während im einstigen Angeklagten der wahre Richter erkannt wird. Die Praktische Theodizee, die grundsätzlich Partei ergreift für die Opfer, wählt zunächst ein anderes Sprachspiel zu ihrem Ausgangspunkt: nicht das Anklage, sondern das der *Klage.* Den Opfern von Leid und Schuld wird die Praktische Theodizee selbst zum Ort und zur Sprache, die Klage ermöglicht. Nicht Identitätssicherung ist so der Zweck der Theodizee, sondern Identitätsfindung, wie sie nach einer destruktiven Erfahrung des Bösen nötig wird: Identitätsfindung durch Sprachfindung. Die Haltung der Klage initiiert Sprachfindung.

Wo Klage sich in Anklage zuspitzt und konkretisiert, geht es um gesellschaftliche Veränderung einerseits und die Prüfung der Gottesbeziehung andererseits. Hier kommt die dritte Haltung der Praktischen Theodizee zum Tragen, die des *Protestes*, die für eine klassische Theodizee allenfalls im weiten Vorfeld der Argumentation einen illegitimen Platz hat.

Der Protest gegen die Übel ist die Kehrseite der Weigerung, vorschnelle und billige Sinnangebote zu machen, pauschale Sonderangebote zum mehrfachen Gebrauch. So richtet sich der Protest gegen den Menschen als Verursacher von Leid und als Verstärker dieses Leids - sei es durch Billigung oder durch Nichtachtung. Unausweichlich muss aus dieser Haltung des Protestes eine Handlung werden; andernfalls entzöge sich die Theodizee nach Auschwitz ihrer sozialen und politischen Aufgabe genau wie ihrem theologischen Auftrag. Der Protest aber richtet sich nicht nur gegen den Menschen, sondern genauso gegen Gott und seine ausbleibende Verheißung; hier wird er zum Hiob'schen Protest gegen Gott - in Gottes Namen. Die Haltung des Protestes zielt auf Veränderung.

Trost als Anwesenheit, Klage als Sprachfindung, Protest als Veränderung. Eine solche Praxis, die hier nur bruchstückhaft beschrieben werden kann, wird auch selbst bruchstückhaft bleiben; im Angesicht übermäßigen Übels wird sie immer wieder als sowieso sinnlos abgetan werden. Es ist eine Praxis, die über den unmittelbaren Nutzen und den unmittelbaren Marktwert hinaus auf Handeln aus Liebe abzielt - und so in den *Augen der Welt* - wenn wir 'Welt' in einem abwertenden, utilitaristischen Sinn verwenden - immer wieder als *Torheit* erscheint. Sie braucht darum einen eigenen Rechtfertigungsgrund. Dieser Rechtfertigungsgrund ist das Bekenntnis.

Das Bekenntnis, das sich - für die theologische Theorie - als Glaubens-Bekenntnis auf Transzendenz bezieht, ist ein selbst- und systemtranszendierender Akt, der eine neue Perspektive ermöglicht. Durch diese neue Perspektive, in der Liebe zum Prinzip der Handlung wird, werden auch Handlungen gerechtfertigt, für die in keiner Gemeinschaft ein demokratischer Konsens zustande käme, weil solche Handlungen aus einer zweckrationalistischen Perspektive blanker Unsinn sind, aus einer anderen Perspektive auf Sinn verweisen und Sinn hervorbringen.

So liefert das Bekenntnis dem Rechtsprechungs- und Rechtfertigungsgeschehen der Theodizee die nötige Rechtfertigungskapazität: *Das Bekenntnis ist das Zentrum der Praktischen Theodizee.*

Gewiss ist dabei nur eines: dass die Erscheinungsform der Theodizee diejenige der Frage ist - und bleibt. Für die Praktische Theodizee verlagert sich das nötige Offenhalten der Frage aus dem spekulativen in den praktischen Bereich. Die Frage wird durch Handeln nicht beantwortet, häufig sogar als Frage verschärft; dennoch bleibt diese Praxis hier und jetzt die einzig menschliche und sinnvolle Form einer Antwort, so dass die Praxis der Theodizee als Verkörperung der Frage und genauso als einzig mögliche Antwort erscheint.

(5)

Kehren wir noch einmal zurück zu Kant.

Seine Formulierung, der Erdboden möge so beschaffen sein, dass man wünschen könne, ewig darauf zu wohnen, ist uns vertraut und verständlich - ohne dass dieses Verstehen darüber hinwegtäuscht, dass keiner von uns sich einbildet, dieser Wunsch könnte - heute oder morgen - in Erfüllung gehen. So reden wir heute anders über unsere Erfahrung mit dem Erdboden.

„Es war Erde in ihnen, und sie gruben."[33]

Knapp zweihundert Jahre nach dem Erdbeben von Lissabon wird die Erde und das Graben in der Erde zum Schlüsselmotiv der Zeit: Paul Celan spricht vom Menschen, dessen Leben eingespannt ist zwischen seiner Erschaffung - der Erschaffung aus Erde, die deutlich macht, dass der Mensch selbst Teil dieser Erde ist und Erde in ihm verbleibt - und seiner Vernichtung.

Das auf die Vernichtung verweisende Motiv des Grabens ist innerhalb des Textes selbst uneindeutig. Es steht zunächst für einen äußeren Vorgang, an dessen Ende der Mensch - nach dem Graben des eigenen Grabs und nach dem Mord - selbst wieder zu Erde wird: *Ein Mann wohnt im Haus*, so liest man in Celans berühmtesten Gedicht, der Todesfuge, ... *er pfeift seine Juden hervor lässt schaufeln ein Grab in der Erde / er befiehlt uns spielt auf nun zum Tanz.*[34]

Genauso aber ist das Graben, von dem das Gedicht spricht, ein innerer Vorgang, ein Graben im Innersten des Menschen, dort, wo die Schöpfungs-Erde verblieben ist: Graben als Erinnerung.

Dies ist nun der Punkt, an dem sich noch einmal die doppelte Ausgangsfrage aufdrängt: Warum Auschwitz als Bezugspunkt? Und: Welche Form der Erinnerung?

Meine – vorsichtige - Antwort: Die Überlegungen zur Theodizee brauchen einen Bezugspunkt, damit nicht die Begriffe die Bilder überlagern und letztlich damit ihre konkrete Deutungskraft für menschliche Wirklichkeit verlieren. Drei Reflexionslinien verweisen auf Auschwitz als diesen Bezugspunkt - eine theologische, eine ethische, eine soziokulturelle:

---

[33] P. Celan: Es war Erde in ihnen (Die Niemandsrose, 1963). In: Ders.: Gedichte Bd I, Frankfurt/M. 1978, S. 211.

[34] Ders.: Die Todesfuge (Mohn und Gedächtnis, 1952), ebd. S. 41ff.

Für den *theologischen Diskurs* ist dessen eigene lange antisemitische Geschichte eine prägende ‚Ursünde', die reflexiv und kontinuierlich zu bedenken ist und die die Frage nach der Rechtfertigung eines Gottes, der Jahwe genannt wird, grundlegend verändert. Eine Theologie, der man die Leidensgeschichte der Menschheit nicht ansieht, verdient ihren Namen nicht.[35] Die *ethische Reflexionslinie*: Auschwitz ist die Chiffre für den Kern der nationalsozialistischen Vernichtungspolitik. Der Begriff der ‚Vernichtung' verweist auf spurloses, entmenschlichtes Beseitigen. Entgleitet uns der Holocaust mit seiner Bürokratisierung, Technisierung und technologischer Entmenschlichung, dann stellt sich die Frage, ob dieses Entglittene als Zukunft auf uns zukommt. Die *soziokulturelle Reflexionslinie*: Im Globalisierungsdiskurs ist viel von der Ortlosigkeit des kosmopolitischen Menschen die Rede. Daniel Levy und Nathan Sznaider haben nun darauf aufmerksam gemacht, dass in den Nationalstaaten des 19. und frühen 20. Jahrhunderts mit ihrer klaren Ideologie einer Homogenität von Raum und Bevölkerung die Juden die Repräsentanten des Universalen, Wurzellosen, Abstrakten waren. „Sie waren es, die die Zweite Moderne innerhalb der Ersten nationalstaatlichen Moderne vorlebten."[36] Die Erinnerung an den Holocaust ist damit auch eine Erinnerung an den Versuch, eine kosmopolitische transnationale Kultur auszulöschen – eine Kultur, deren Entwicklung heute unsere Aufgabe ist.

In diesem theologischen, ethischen und soziokulturellen Kontext erweist sich die Entsakralisierung des Holocaust nicht ausschließlich, aber *auch* als Hoffnungszeichen. Indem das Tabu zum Verbot wird, kann neu über die Einzigartigkeit des Holocaust nachgedacht werden. Es ist *eine Einzigartigkeit*, die sich einer Umverteilung von Schuld verweigert; es ist *keine Einzigartigkeit,* die auf einer Konkurrenz der Opfer beharrt, sondern eine Affiziertheit durch die Opfer, durch

---

[35] Vgl. dazu Johann Baptist Metz: Die Rede von Gott angesichts der Leidensgeschichte der Welt. In: Herbert Irsigler / Godehard Ruppert (Hrsg.): Ein Gott, der Leiden schafft? Leidenserfahrung im 20. Jahrhundert und die Frage nach Gott, Frankfurt/M./Berlin 1999, S. 43-58.

[36] Levy / Sznaider:, a.a.O., S. 24.

die Verletzbarkeit und Sterblichkeit der Anderen entwickelt.[37] Diese Art der Einzigartigkeit könnte – als zukunftsweisende Erinnerung - endlich in eine konkrete Menschenrechtsdebatte und eine sinnvolle Institutionalisierung der Menschenrechte münden.

Gehen wir noch einmal zurück zum Erdboden, zu Celans Fortschreibung der Kantischen Forderung und damit auch zu der theologischen Ebene des Diskurses. Die Doppeldeutigkeit des Motivs des Grabens initiiert die Doppelbödigkeit der gesamten Metaphorik des Textes: Der Text erinnert und beschreibt gleichzeitig den Vorgang der Erinnerung. Gleichzeitig beschreibt dieser Text den Ort der Theodizeefrage, die aufbricht zwischen der theologischen Erinnerung der Erschaffung und der anthropologischen Erinnerung der - historisch erprobten - Vernichtung des Menschen.

„Es war Erde in ihnen, und

sie gruben.

Sie gruben und gruben, so ging

ihr Tag dahin, ihre Nacht. Und sie lobten nicht Gott,

der, so hörten sie, alles dies wollte,

der, so hörten sie, alles dies wußte.

Sie gruben und hörten nichts mehr;

sie wurden nicht weise, erfanden kein Lied,

---

[37] Vgl. Dagmar Mensink: Das Rätsel eines Vertrauensverhältnisses. Über die Autorität von Holocaust-Zeugnissen für die Nachgeborenen. In: Katharina von Kellenbach / Björn Krondorfer / Norbert Reck (Hrsg.): Von Gott reden im Land der Täter. Theologische Stimmen der dritten Generation seit der Shoah, Darmstadt 2001, S. 179-195; S. 190. Vgl. dazu auch: Burkhard Liebsch: Geschichte als Antwort und Versprechen, Freiburg i. Br./München 1999. Paul Ricoeur: Zeit und Erzählung Bd. III, München 1991.

erdachten sich keinerlei Sprache.

Sie gruben.

Es kam eine Stille, es kam auch ein Sturm,

es kamen die Meere alle.

Ich grabe, du gräbst, und es gräbt auch der Wurm,

und das Singende dort sagt: Sie graben.

O einer, o keiner, o niemand, o du:

Wohin gingst, da's nirgendhin ging?

O du gräbst und ich grab, und ich grab mich dir zu,

und am Finger erwacht uns der Ring."

Die Gottesfrage wird hier zunächst eindeutig und eindeutig negativ aufgenommen. Dort, wo man hört, dass Gott „alles dies wollte" und „wusste", kommt schließlich das Hören an sein Ende: „sie gruben und hörten nichts mehr". Keine Botschaft wird die Grabenden mehr erreichen; auch das Denken, das Singen, das Sprechen hört auf. In der wenn auch nur vom Hörensagen bekannten Gegenwart dieses Gottes bleibt die einzige Lebensäußerung des Menschen das 'Graben'.

Dennoch bleibt das Gedicht, ohne die Erinnerung der Vernichtung zu negieren, nicht bei ihr stehen. Der Text ist das Zeugnis eines Versuchs, noch im 'nirgendwo' ein 'irgendwo', in der Ortlosigkeit eine Heimat, im Untergang eine Richtung zu entdecken. Das wird möglich, weil sich aus der Anonymität - „einer", „keiner", „niemand" - ein „du" herauskristallisiert, das dem Graben eine Richtung und ein Ziel gibt: „ich grab mich dir zu". Diese neu entstehende Frage nach dem „du" könnte auch auf einer der Ebenen des Gedichts als veränderte Gottesfrage gelesen werden. Ein Gott, der mit diesem „du" angesprochen wird, ist kein

Gott der Philosophen, der die Welt organisiert, alles weiß und bestimmt; er ist kein Gott der Macht und Gewalt, der in der Stille, im Sturm oder im Meer erscheint. Er ist auch kein a-pathischer Gott. Auf der untersten Ebene der Kreatur gibt es ein „du", das keinen Namen mehr hat, das aber das durch Graben entstandene Grab verwandelt in ein neues, der Zukunft zugewandtes Bündnis.

Paul Celans Text zeigt uns zweierlei: Er zeigt uns die Sprache, in der wir nach Auschwitz noch sprechen können vom Menschen, von Gott und von der Zukunft der Welt - und er zeigt uns den Ort, an dem solches Sprechen ansetzt. Für Celan war Auschwitz dieser Ort. Ohne dass wir Auschwitz je hinter uns lassen werden und ohne dass eine künftige Theodizee je anders als eine Theodizee *nach Auschwitz* sein kann, stellt sich doch die Frage, welches ein neuer und nächster Ort sein wird, an dem sich symbolhaft die Erschütterung der Welt konkretisiert und die Theodizeefrage neu aufbricht. Jede und jeder einzelne hat diese individuellen Orte - der Tod eines geliebten Menschen, eine Tür, die für eine Lebensplanung endgültig zugeschlagen wird. Gibt es aber für uns heute verbindende, gemeinsame, öffentliche Orte der Theodizeefrage? Der 11. September, der sehr schnell in einer nationalstaatlichen Heldenrhetorik – statt in einer Sprache der Opfer – gedeutet wurde, scheint doch eher kein solcher Ort zu sein. Heißt es heute: Lissabon - Auschwitz - und ein Vergewaltigungslager in Bosnien? Oder Lissabon - Auschwitz und jenes Dorf in Zentralafrika, in dem zuerst alle Neugeborenen aidsinfiziert sind? Oder Lissabon - Auschwitz und eines der Ausbildungslager für Kindersoldaten in Sierra Leone oder im Kongo, von denen einige als Aufnahmeprüfung ihre eigene Familie töten mussten? Ich weiß es nicht.

Vielleicht geht es darum, ein ‚*Nie wieder!*' in Bezug auf Auschwitz in der Sprachform zu verstehen, in der das ‚*Nächstes Jahr in Jerusalem!*' – der Abschluss des Seder-Abends vor dem Pessachfest - ausgesprochen wird: Nicht als konkrete Hoffnung, aber als die bleibende Erinnerung an eine Hoffnung.[38]

Literatur in Auswahl:

Ammicht Quinn, Regina: Von Lissabon bis Auschwitz. Zum Paradigmawechsel in der Theodizeefrage, Freiburg i.Ue./Freiburg i.Br. 1991.

Dies.: „...hinter dornverschlossenem Mund". Theodizeemotive in der deutschsprachigen Literatur des 20. Jahrhunderts. In: Die Bibel in der deutschsprachigen Literatur des 20. Jahrhunderts, 2 Bde., hrsg. v. Heinrich Schmiedinger, Mainz 1999, Bd. 1, S. 592-613.

Arendt, Hannah: Eichmann in Jerusalem (1963), München 1986.

Bauman, Zygmunt: Liquid Modernity, Cambridge, U.K. 2000.

Ders.: Moderne und Ambivalenz. Das Ende der Eindeutigkeit, Frankfurt/M. 1995.

Celan, Paul: Es war Erde in ihnen (Die Niemandsrose, 1963). In: Ders.: Gedichte Bd I, Frankfurt/M. 1978, S. 211.

Davis, S.T. (Hrsg.): Encountering Evil. Life Options in Theodicy, Atlanta 1981.

Diner, Dan (Hrsg.): Ziviliasationsbruch. Denken nach aushwitz, Frankfurt/M. 1988.

Greenberg: Clouds of Smoke, Pillar of Fire: Judaism, Christianity, and Modernity after the Holocaust. In: E. Fleischner (Hrsg.): Auschwitz: Beginning of a New Era? Reflections on the Holocaust, New York 1977, S. 7-55.

Eschebach, Insa (Hrsg.): Gedächtnis und Geschlecht. Deutungsmuster in Darstellungen des nationalsozialistischen Genodzids, Frankfurt/: 2002.

Hilberg, Raul: Die Quellen des Holocaust: Entschlüsseln und interpretieren, Frankfurt/M. 2002.

Kertész, Imre: Roman eines Schicksallosen, Berlin 1996.

Leibniz, G.W.: Die Theodizee, übersetzt v. A. Buchenau, Hamburg 1968.

Levy, Daniel / Natan Sznaider: Erinnerung im globalen Zeitalter: Der Holocaust, Frankfurt/M. 2001.

Liebsch, Burkhard: Geschichte als Antwort und Versprechen, Freiburg i. Br./München 1999.

Mensink, Dagmar: Das Rätsel eines Vertrauensverhältnisses. Über die Autorität von Holocaust-Zeugnissen für die Nachgeborenen. In: Katharina von Kellenbach / Björn Krondorfer / Norbert Reck (Hrsg.): Von Gott reden im Land der Täter. Theologische Stimmen der dritten Generation seit der Shoah, Darmstadt 2001, S. 179-195.

---

[38] Vgl. dazu David Rieff: Schlachthaus. Bosnien und das Versagen des Westens, München 1995, S. 35.

Baptist Metz, Johann: Die Rede von Gott angesichts der Leidensgeschichte der Welt. In: Herbert Irsigler / Godehard Ruppert (Hrsg.): Ein Gott, der Leiden schafft? Leidenserfahrung im 20. Jahrhundert und die Frage nach Gott, Frankfurt/M./Berlin 1999, S. 43-58.

Novick, Peter: Nach dem Holocaust. Der Umgang mit dem Massenmord, Stuttgart/München ²2001, S. 184.

Ricoeur, Paul: Zeit und Erzählung Bd. III, München 1991.

Die Autoren

AMMICHT QUINN, REGINA, Prof. Dr., Studium der Katholischen Theologie und Germanistik, Referendariat und Lehrerin am Gymnasium; Promotion und Habilitation im Fach Theologische Ethik an der Universität Tübingen; Privatdozentin für Theologische Ethik am Interfakultären Zentrum für Ethik in den Wissenschaften, Tübingen; verheiratet, zwei Kinder. Ausgewählte Publikationen: Von Lissabon bis Auschwitz. Zum Paradigmenwechsel in der Theodizeefrage, Freiburg i.Ue./Freiburg i.Br. 1992. Körper-Religion-Sexualität. Theologische Reflexion zur Ethik der Geschlechter, Mainz 3. Aufl. 2003.

BISER, EUGEN, Prof. Dr. Dr., geb. 1918, durch den Krieg unterbrochenes Theologiestudium in Freiburg. 1956 promovierte er zum Dr. theol., 1961 zum Dr. phil. Seine Habilitation erfolgte 1965. 1965 – 1969 war er Professor für Fundamentaltheologie an der phil.-theol. Hochschule Passau, 1969 – 1974 Professor für Fundamentaltheologie an der Universität Würzburg und 1974 – 1986 Professor für Christliche Weltanschauung und Religionswissenschaften an der Universität München. Seit 1987 ist er Leiter des dortigen Seniorenstudiums. Er ist korrespondierendes Mitglied der Heidelberger Akademie der Wissenschaften sowie Dekan der Klasse VII der Europäischen Akademie der Wissenschaften und Künste. Außerdem ist er Träger des Guardini-Preises 1997; Träger des Bayerischen Verdienstordens, Träger des Österreichischen Ehrenkreuzes für Wissenschaft und Kunst sowie Preisträger des Gertrud von le Fort-Preises 1999 und des Peter-Wust-Preises 2000. Professor Biser ist Verfasser zahlreicher Bücher, Zeitschriftenbeiträge und Lexikonartikel zu religionsphilosophischen und theologischen Themen.

BONß, WOLFGANG, Prof. Dr., geb. 1952, Dipl. Soz., Dr. sc. pol., Professor für Allgemeine Soziologie an der Universität der Bundeswehr, München. Arbeitsschwerpunkte: Soziologische Theorie, Unsicherheit und Risikoforschung. - Arbeitsschwerpunkte: Soziologische Theorie, Unsicherheit und Risikoforschung, Modernisierungsforschung und sozialer Wandel, Arbeit und Arbeitslosigkeit.

BREUNINGER, RENATE, PD Dr., geb. 1956. Studium der Germanistik, Geschichte und Mathematik und Philosophie an der Universität Freiburg sowie der Universität Tübingen; 1989 Promotion an der Universität Stuttgart; 2001 Habilitation an der Universität Stuttgart. Seit 1989 Geschäftsführerin des Humboldt-Studienzentrums der Universität Ulm. Veröffentlichungen: Wirklichkeit in der Dichtung Rilkes (1991), Philosophie der Subjektivität und das Subjekt der Philosophie (1997, Hrsg.), Herausgeberin der interdisziplinären schriftenreihe „Bausteine zur Philosophie".

GANTKE, WOLFGANG, Prof. Dr., geb. 1951. nach zehnjähriger Tätigkeit als Reisebürokaufmann in Trier Studium der Vergleichenden Religionswissenschaft, Philosophie und Systematischer Theologie in Bonn. 1983 Magister, 1986 Promotion, 1994 Habilitation. Von 1917-1994 Mitarbeiter im Philosophischen Seminar B der Universität Bonn, von 1989-1994 Lehrauftrag in Vergleichender Religionswissenschaft, 1991-1993 Habilitationsstipendium der DFG, 1994-1999 Privatdozent, 1996-1997 Forschungsstipendium der Görres-Gesellschaft, 1999-2001 Lehrstuhlvertretung in Vergleichender Religionswissenschaft, Bonn, 1999 Ernennung zum apl. Professor, Okt. 2001- März 2002 Lehrstuhlvertretung in München (Guardini-Lehrstuhl für christliche Weltanschauung, Kultur- und Religionstheorie). Seit März 2002 Tätigkeit als apl. Professor in Vergleichender Religionswissenschaft in Bonn. Lehrauftrag an der Universität Siegen. – Forschungsinteressen: Religionsphänomenologie, Hermeneutik, Interkultureller Dialog, Hinduismus, Grundfragen im Grenzgebiet zwischen den Natur- und Geisteswissenschaften. –

Buchveröffentlichungen: Der umstrittene Begriff des Heiligen, Marburg 1998; Religion, Wissenschaft und Leben. Cuxhaven/Dartford 1998; W.G., Karl Hoheisel, Wassilios Klein (Hg.), Religionsbegegnung und Kulturaustausch in Asien, Wiesbaden

GERIGK, HORST-JÜRGEN, Prof. Dr., geb. 1937. Lehrt seit 1974 als Professor für Russische Literatur und Allgemeine Literaturwissenschaft an der Universität Heidelberg; hier 1964 Promotion zum Dr. Phil. mit einer Dissertation über Dostojewskijs „Jüngling" und 1971 Habilitation für Russische Literatur und Allgemeine Literaturwissenschaft. 1998 wurde er in New York zum Präsidenten der Internationalen Dostojewskij-Gesellschaft gewählt. Zu seinen Schwerpunkten in Forschung und Lehre gehören die Geschichte der Ästhetik von Kant bis Heidegger sowie die russische und die amerikanische Literatur. Neueste Veröffentlichungen: „Dostojewskij, der ‚vertrackte Russe'. Die Geschichte seiner Wirkung im deutschen Sprachraum von Fin de siècle bis heute". Tübingen 2000; „Lesen und Interpretieren". Göttingen 2002.

HEMMINGER, HANSJÖRG, Dr. rer. nat. habil., geb. 1948. Er studierte Biologie im Hauptfach und Psychologie im Nebenfach an den Universitäten Tübingen und Freiburg. Er promovierte in Freiburg über das Thema „Zentralnervöse Datenverarbeitung beim Farbensehen des Menschen". Nach einem Forschungsaufenthalt in den USA habilitierte er sich an der Universität Freiburg für das Gebiet Verhaltensbiologie des Menschen. Ehren- und nebenamtlich war er für das Öko-Institut in Freiburg mit Fragen des Umweltschutzes befasst. In den Jahren 1984 – 1996 war er wissenschaftlicher Referent bei der Evangelischen Zentralstelle für Weltanschauungsfragen (EZW) in Stuttgart, einem Institut der Evangelischen Kirche in Deutschland. Seit März 1997 ist er Beauftragter für Weltanschauungsfragen der Evangelischen Landeskirche in Württemberg. Außerdem war Hansjörg Hemminger Mitglied der Enquête-Kommission „Sogenannte Sekten und Psychogruppen" des 13. Deutschen Bundestags. Er publizierte zahlreiche Artikel und Bücher zu den Themenbereichen „Evolution des Menschen", „Psychotherapie und Seelsorge", „alternative Psychoszene" und „Psychologie sektiererischer Gruppen". In letzter Zeit erschienen zum Beispiel die Bücher „Scientologie – Der Kult der Macht", „Was ist eine Sekte?", „Seele aus zweiter Hand" und „Aberglaube".

HILGERS, MICHA, Dipl. Psych., Psychoanalytiker DGIP/DGPT, Gruppenanalytiker (DAAG), Dozent, beauftragter Supervisor und Lehranalytiker am Alfred-Adler-Institut Aachen-Köln. Zahlreiche Veröffentlichungen zu Schamaffekten (Scham. Gesichter eines Affekts, Vandenhoeck & Ruprecht 1996), Psychoanalyse (Das Ungeheure in der Kultur, Vandenhoeck & Ruprecht 1999), Liebesbeziehungen (Leidenschaft, Lust und Liebe. Psychoanalytische Ausflüge zu Minne und Mißklang, Vandenhoeck & Ruprecht 2001), Motivationsfragen der Umweltpolitik, Gewalt und Rechtsextremismus, aktuellen politischen Fragen, forensischer Psychiatrie. Arbeitet in eigener Praxis in Aachen. Supervisor psychiatrischer Einrichtungen, Supervision und Coaching von Verbänden und Parteien, Medienberatung, regelmäßige publizistische Tätigkeiten in bundesdeutschen Tageszeitungen.

KEUL, HANS-KLAUS, Dr. phil. Wissenschaftlicher Koordinator des Ethisch-Philosophischen Grundlagenstudiums am Humboldt-Studienzentrum der Universität Ulm. Studium der Philosophie, Germanistik, Politikwissenschaften und Promotion in Philosophie an der Universität Tübingen. Danach Lehrbeauftragter in Tübingen und Ulm, DAAD-Dozent in Sofia, Bukarest und Klausenburg (Cluj). Veröffentlichungen: Kritik der emanzipatorischen Vernunft. Zum Aufklärungsbegriff der Kritischen Theorie, Kants praktische Philosophie (zusammen mit M. Flonta, in rumänischer Sprache.

OESTERREICH, PETER L., Prof. Dr. phil., geb. 1954, seit 1995 Inhaber des Lehrstuhls für Philosophie an der Augustana-Hochschule zu Neuendettelsau. Veröffentlichungen: Philosophie, Mythos und Lebenswelt. Schellings universal-historischer „Weltalter"-Idealismus und die Idee eines neuen Mythos

(1984); Fundamentalrhetorik. Untersuchungen zu Person und Rede in der Öffentlichkeit (1990); Philosophen als politische Lehrer. Beispiele öffentlichen Vernunftgebrauchs (1994); Das gelehrte Absolute. Metaphysik und Rhetorik bei Kant, Fichte und Schelling (1997); Rhetorik und Philosophie (Hg.) (1999); Rhetorica movet. Studies in Historical and Modern Rhetoric. In Honour of Heinrich F. Plett (Mhg.) (1999); Schellings philosophische Anthropologie (Mhg.) (2002); Philosophie der Rhetorik (2003).

RICHTER-BERNBURG, LUTZ, Prof. Dr., geb. 1945. Nach Lehr- und Forschungstätigkeit in Los Angeles (UCLA), Göttingen, Aleppo, Tübingen, Bonn, New York (Columbia), Kairo (AUC),Berlin (FU) und Leipzig seit 2000 o. Professor für Islamkunde in Tübingen. Publikationen zur (graeco-) islamischen Medizin- und Wissenschaftsgeschichte einerseits sowie andererseits zur politischen, Handels- und Geistesgeschichte des Fruchtbaren Halbmonds, Irans und Hispaniens im Mittelalter.

SAFRANSKI, RÜDIGER, Dr., geb. 1945, ist Philosoph und Schriftsteller in Berlin. Dr. Safranski wurde mit folgenden Preisen ausgezeichnet: Friedrich-Märker-Preis für Essayisten (1995), Wilhelm-Heinse-Medaille der Mainzer Akademie (1006), Ernst-Robert Curtius-Preis für Essayistik (1998), Friedrich-Nietzsche-Preis (2000). Dr. Safranski ist Mitglied in der Deutschen Akademie für Sprache und Dichtung in Darmstadt sowie im Pen-Club-Deutschland. Zusammen mit Peter Sloterdijk ist Dr. Safranski Gastgeber in der ZDF-Sendung „Philosophisches Quartett". Seine zahlreichen Veröffentlichungen wurden in 17 Sprachen übersetzt: E.T.A. Hoffmann. Das Leben eines skeptischen Phantasten (1984), Schopenhauer und Die wilden Jahre der Philosophie (1987), Wieviel Wahrheit braucht der Mensch? Über das Denkbare und das Lebbare (1990), Ein Meister aus Deutschland. Heidegger und seine Zeit (1994), Das Böse oder Das Drama der Freiheit (1997), Friedrich Nietzsche. Biographie seines Denkens (2000), Wieviel Globalisierung verträgt der Mensch (2003).

SCHMIDT-BIGGEMANN, WILHELM, Prof. Dr., geb. 1946, Studium der Philosophie, Germanistik, Theologie und Geschichte. Promotion 1974 mit einer Arbeit über Jean Paul. 1974-79 Mitarbeiter der Herzog-August-Bibliothek Wolfenbüttel. Habilitation 1981 mit einer Arbeit über Geschichte der Enzyklopädie in der Frühen Neuzeit. Seit 1989 Professor für Geschichte der Philosophie und der Geisteswissenschaften an der Freien Universität Berlin. Gastprofessuren in Prag, Princeton, Cambridge, Kopenhagen, Philadelphia. Inhaber der Comenius-Medaille und der Goldenen Medaille der Universität Prag. Zahlreiche Veröffentlichungen, z.B.: Sinn-Welten Welten-Sinn: eine philosophische Topik (1992); Philosophia pennis: historische Umrisse abendländischer Spiritualität in Antike, Mittelalter und Früher Neuzeit (1998); Blaise Pascal (1999).

SCHWARZ, HANS, Prof. Dr. Dr., geb. 1939, ist Professor für Systematische Theologie und theologische Gegenwartsfragen an der Universität Regensburg. Vorträge und Vorlesungen auf Einladung von zahlreichen Universitäten und Theologischen Hochschulen in den USA, Asien und Australien machten ihn international bekannt. Professor Schwarz ist Autor von mehr als 25 Buchveröffentlichungen, zahlreichen Artikeln in Zeitschriften und seit 1988 Herausgeber des Jahrbuchs der Karl-Heim-Gesellschaft mit dem Titel „Glaube und Denken". Sein besonderes Interesse gilt dem Dialog zwischen Theologie und Naturwissenschaften, der Theologiegeschichte (speziell des 19. Jahrhunderts) der Ökumene und den Kirchen in Asien und Osteuropa. 2001 erhielt er einen Ehrendoktor der Universität Oradea in Rumänien. Er ist Mitglied der American Academy of Religion, der Griechisch-Deutschen Initiative Würzburg, der Deutsch-Skandinavischen Gesellschaft für Religionsphilosophie und 1. Vorsitzender der Karl-Heim-Gesellschaft.

WELSEN, PETER, Prof. Dr., geb. 1956. Studium der Anglistik, Romanistik und Philosophie an der Universität Regensburg und der Indiana University, Bloomington (U.S.A.); 1983 Staatsexamen; 1985 Promotion in Philosophie;

1994 Habilitation in Philosophie; 1994-97 wissenschaftlicher Angestellter an der Universität Regensburg; 1997 Gastdozent an der Friedrich-Schiller-Universität Jena; 1997-99 Gastprofessor am Humboldt-Studienzentrum der Universität Ulm; 1999-2000 Vertreter eines Lehrstuhls an der Universität Trier; 2000 Gastdozent an der Friedrich-Schiller-Universität Jena, Ernennung zum außerplanmäßigen Professor an der Universität Regensburg; 2001-2002 Vertreter einer Lehrstuhls an der Universität Regensburg; seit 2002 Professor für Philosophie an der Universität Trier; zahlreiche Veröffentlichungen zur philosophischen Anthropologie, Ethik, französischen Philosophie, Geschichte der Philosophie, philosophischen Hermeneutik, Phänomenologie und Religionsphilosophie.

BAUSTEINE ZUR PHILOSOPHIE

1   Bonus u.a.: Wirtschaftsethik. 1991.
2   Hösle u.a.: Wissenschaftsethik. 1991.
3   Pietsch: Beiträge zur Entwicklung der Philosophie bei den Ostslawen im 19. Jh.
4   Gierer u.a.: Natur in der Philosophie. 1992
6   Altner u.a.: Risiko. 1992.
7   Fr. Das u.a.: Religionen und medizinische Ethik.1993.
8   Kesselring u.a.: Ökologie. 1994.
10 Kaiser / Oesterreich: Die Rede von Gott und der Welt. 1996.
11 von Weizsäcker u.a.: Teilen. 1996.
12 Liebsch: Zu denken geben: Identität und Geschichte. 1997.
13 Ricoeur: Erinnerung – Entscheidung – Gerechtigkeit. 1999.
14 Ricoeur u.a.: Andersheit – Fremdheit – Toleranz. 1999.
15 Rüsen: Das Andere denken. 2000.
16 Böckenförde: Recht – Sittlichkeit – Toleranz. 2001.
17 Däubler-Gmelin u.a.: Macht und Gewalt. 2001.
18 Schütt u.a.: Geist und Welt. 2001.
19 Ottmann u.a.: Leben, Tod, Menschenwürde. 2002.
20 Ammicht Quinn u.a.: Das Böse, 2003

Auslieferung:

Humboldt-Studienzentrum der Universität Ulm, 89069 Ulm